五訂版

視覚障害教育に携わる方のために

編著 **香川邦生**

共同執筆 猪平眞理・大内 進・牟田口辰己

慶應義塾大学出版会

はじめに（初版）

　近年，視覚障害教育の世界も人事異動が頻繁に行われるようになり，それまで一般の小・中・高等学校で，障害のない児童生徒の教育に当たっていた教員が，突然この教育に携わることになる例も少なくありません。このようにはじめてこの教育に携わる教員は，右も左もまったく分からない状態で，一様に大きな戸惑いを感じるようです。

　こうした初任者の先生方や，この教育に関心をもっておられるボランティアの方々，あるいは視覚に障害のあるお子さんをおもちの保護者の方々などから，この教育の全体像を大まかに概観するための手引き書がほしいという声をこのところよく聞きます。こうした要望に応えるため，視覚障害教育を中心に，その周辺の諸問題をも若干加味して，広く浅く分かりやすく記述することをモットーとして作成したのがこの本です。

　お読みになる方々の読みやすさとちょっとした疑問点に即座に答える便利さを兼ね備えるため，ゴシック体の小項目をできるだけ沢山設定いたしました。最初から順を追ってお読みいただくのが最も望ましいのですが，そうした時間的余裕のない場合や，疑問点を即座に知りたい場合などは，後ろの索引から必要部分を抜き出して，その部分だけ読むという活用の仕方もできるのではないかと思います。

　繰り返して申し上げるようですが，この本は，深く掘り下げた専門書ではありません。あくまでも，この教育にはじめてかかわりをもつ方々のための入門書として書き下ろしたものです。ですから，この本を手がかりに，もっと詳しい情報を得たい方は，それぞれに詳しい専門書が出版されていますので，そちらで勉強していただきたいと思います。

　この本を一人でも多くの方々が活用されることにより，視覚障害教育とのスムーズな出会いのお手伝いができれば，これに勝る喜びはありません。

1996年1月　　著　者

五訂にあたって

　本書は，1996年3月に初版を出版以来，盲学校（視覚特別支援学校）や小・中学校の弱視学級の先生方をはじめ，この教育に関心を持たれている方々に広く活用され，好評のもとに所期の目的を果たしてまいりました。

　このように，長年にわたって関係者に活用されていくためには，この教育を取り巻く状況や制度の変化を踏まえて内容を改めていく必要があります。そこで，2000年の4月には，1999年3月に改訂された学習指導要領をはじめ，初版出版以来の視覚障害教育を取り巻く状況の変化等を踏まえて改訂版を作成し，表紙の装丁も新たにして出版いたしました。また，その後の障害児教育を取り巻く状況にも大きな変化がみられたため，2005年6月にはこの変化を踏まえて大幅に内容の改訂を行い，三訂版として出版いたしました。さらに，2007年4月から我が国の障害児教育が「特殊教育」から「特別支援教育」へ移行したこと，2009年3月に「特別支援学校学習指導要領」が改訂されたこと，2008年6月に「障害のある児童及び生徒のための教科用特定図書等の普及の促進等に関する法律」（教科書バリアフリー法）が制定され，弱視児のための拡大教科書を取り巻く状況が大きく変わってきたこと等，近年における状況の著しい変化に対応するために，2010年に四訂版として修正・刊行いたしました。

　この四訂版発行以来，すでに6年が経過しようとしていますし，初版発行以来20年の歳月が流れている今日，障害児を取り巻く環境はさらに大きな変化をみせています。インクルーシブ教育からユニバーサル教育への指向，共生社会に向けた法律等の改正，情報端末の劇的進展と教科書や教材のデジタル化，教員を核としながらも他職種連携による教育の

質の向上指向等数え上げれば枚挙にいとまがないほどです。こうした状況の変化に対応すべく加除修正を行って，この度，五訂版として出版しました。

　この本の出版の趣旨は，初版の「はじめに」で述べていますように，あくまでも視覚障害教育に初めて携わることになった先生方や，この教育に関心を持っていらっしゃる方々に，広い視野からこの教育を理解していただくところにあります。また今回の改訂は，状況の変化等に応じて手を加えた部分を含め，この教育に長年携わってこられた先生方にも，最新の情報を提供することができるのではないかと思っております。

　なお，この五訂版は，2016年9月に初版を発行しましたが，出版以来数年を経た今日，この分野の教育を取り巻く状況にもいくつかの変化が見られます。これらを踏まえて，2刷においては，必要最小限度の修正を加えることといたしましたので，この点をご了承願います。

　この本が今後とも多くの方々に活用され，視覚障害教育を理解したり，この教育への関心を深めたりする上で，少しでもお役に立てば幸いに思います。

　最後になりましたが，今回も含めて度重なる改訂に際して慶應義塾大学出版会の西岡利延子さんにひとかたならぬお世話になりました。この場をお借りして衷心より厚く御礼申し上げます。

2020年4月　　著　　者

目　　次

第1章　眼の機能と視覚障害 ―――――――――――― 1
1　視覚障害の概要　　1
2　視覚機構と視覚障害　　5
3　視機能の検査　　10
　(1)　視力の検査　　10
　(2)　視力以外の視機能の検査　　13
4　視覚障害児童生徒の実態　　15
　(1)　主な眼疾患　　15
　(2)　視力別比率　　16
　(3)　小・中学校等の通常の学級に在籍する弱視児童生徒の実態　　17

第2章　視覚障害教育のあゆみ ―――――――――――― 18
1　明治期から昭和初期までの視覚障害教育　　18
　(1)　視覚障害教育の先駆　　18
　(2)　近代視覚障害教育の成立　　19
　(3)　明治期から昭和初期にかけての盲学校の増設と発展　　21
　(4)　日本訓盲点字の完成と普及　　24
　(5)　職業教育の変遷　　25
2　戦後における視覚障害教育　　26
　(1)　判別基準と教育措置　　26
　(2)　対象児童生徒の実態　　29
　(3)　教育課程の変遷　　37
　(4)　教科書等の刊行　　44
　(5)　弱視教育　　48
　(6)　重複障害教育　　50
　(7)　職業教育の充実　　50
3　特別支援教育に向けて　　52

第3章　特別支援教育と視覚障害教育 ──────── 54
1　特殊教育から特別支援教育へ　54
2　障害者の権利に関する条約の批准とインクルーシブ教育　57
3　特別支援教育と視覚障害教育　61
4　視覚特別支援学校(盲学校)に期待される
　　　　センター的機能への取り組みと課題　66
　(1)　求められるセンター的機能　66
　(2)　求められるセンターとしての主な機能　68
　(3)　視覚特別支援学校(盲学校)の抱える課題　70
5　諸外国における盲学校等のセンター的機能　72

第4章　視覚障害児童生徒の教育と就学支援 ──────── 86
1　視覚に障害がある児童生徒と学校教育　86
2　現実的な対応の実態と問題点　92
3　視覚障害教育の場の状況　94
　(1)　視覚特別支援学校（盲学校）の概要　94
　(2)　弱視特別支援学級の概要など　98

第5章　教育課程と指導法 ──────── 102
1　教育課程と指導計画の作成　102
　(1)　教育課程と指導計画　102
　(2)　特別支援学校の教育課程の基準の特色　103
　(3)　重複障害児に対する指導計画作成　106
2　盲児に対する指導内容・方法等　114
　(1)　点字の指導　114
　(2)　空間概念の指導　121
　(3)　漢字・漢語の指導　127
　(4)　ことばと事物・事象の対応関係の指導　129
　(5)　運動・動作を伴う指導　132
　(6)　盲児に対する指導上の配慮　134

3　弱視児に対する指導上の配慮　135
　（1）弱視児の理解　135
　（2）弱視児指導の基本　138
　　ア．視覚によって明確に認識させるための方策（外的条件整備）　138
　　イ．視覚認知能力を高める方策（内的条件整備）　143
　　ウ．弱視という状態の理解を促す方策　147
　　エ．精神的負担軽減のための方策　149
　（3）弱視児と文字の選択　150

第6章　自立活動の基本と指導―――――154
　1　自立活動の本質と性格　154
　（1）自立活動の位置づけと本質　154
　（2）自立のとらえ方　157
　（3）改善・克服すべき障害のとらえ方　160
　2　学習指導要領に示されている内容と具体的指導事項　164
　（1）障害種別や学部を越えて共通の内容を示している意図　164
　（2）具体的な指導事項の選定　167
　（3）教科と自立活動との関係　169
　（4）自立活動のＬ字構造　172
　3　個別の指導計画作成の課題　173
　（1）指導の充実に直結する個別の指導計画　173
　（2）個別の指導計画作成のシステム　176
　（3）具体的で達成可能な目標の設定　177
　（4）共通の概念に裏づけられた言語の使用　179
　4　視覚障害児童生徒に対する自立活動の指導　179
　（1）空間に関する情報の障害　179
　（2）情報障害改善の手だて　182
　（3）核になる体験の重視　183
　（4）自立活動の中心的な指導内容　187
　（5）具体的指導内容をとらえる観点　189

第7章　視覚障害児のための教材・教具 —————— 192

1　教科書　192
　(1)　点字教科書　192
　(2)　拡大教科書　195
2　補償機器　196
　(1)　点字を書き表すための器具　196
　(2)　凸図等を書き表すための器具　200
　(3)　凸教材　201
　(4)　計算のための器具　206
　(5)　作図のための器具　209
　(6)　感覚を代行する器具　212
　(7)　視覚を補助する器具　212
　(8)　歩行を補助する器具等　214
　(9)　情報機器　216

第8章　乳幼児期における支援 —————————— 224

1　0歳からの早期支援　224
　(1)　早期支援の場　224
　(2)　両親への支援　225
　(3)　早期の発達と育児への配慮　226
2　幼児期の支援の内容と配慮点　231
　(1)　基本的生活習慣　231
　(2)　人・物・環境との対応　234
　(3)　弱視幼児に対する特別の支援　238
　(4)　保護者への対応　241
3　幼稚部における教育の基本　242
　(1)　幼稚部における教育の特性　242
　(2)　視覚障害児のための保育環境の整備　246
　(3)　保育の実際　250
4　幼稚園や保育所等に通う視覚障害児への援助　251

第9章　視覚障害者の職業 ——————————260

1　視覚特別支援学校（盲学校）における職業教育　260
2　視覚特別支援学校（盲学校）以外の施設における
　　職業教育・訓練　262
3　視覚障害者が従事する，その他の職種　264
4　視覚障害者の職業における諸問題　265
5　視覚障害者の職業の課題　267

第10章　視覚障害と福祉 ——————————272

視覚障害児（者）に関わる主な福祉制度　274
　(1)　手帳　274
　(2)　各種手当　276
　(3)　年金等　277
　(4)　税金の減免　277
　(5)　日常生活の援助　278
　(6)　医療費の援助　279
　(7)　各種料金の割引　280

視覚障害教育に関わる基礎的文献 ——————————284

索　引　296

第1章　眼の機能と視覚障害

1　視覚障害の概要

視覚障害の意味

　視覚障害は，視機能の永続的低下の総称を意味します。視機能に低下がみられても，それが治療等によって短期間に回復する場合は，教育的にみた場合の視覚障害とはいいません。視機能は，視力，視野，色覚，暗順応，眼球運動，調節，両眼視等の各種機能から成り立っていますので，視覚障害には，視力障害，視野障害，色覚障害，暗順応障害，眼球運動障害，調節障害，両眼視障害等が含まれることになります。しかし，このうち教育的にみて問題となるのは，主として視力障害，視野障害及び暗順応障害ですので，ここではこれらについて述べることとします。

視力の障害

　視覚障害の中でも，教育的な観点からみた場合，最も問題になるのは視力障害です。近視や乱視などの屈折異常がある場合には，それらを矯正しない視力（裸眼視力）が低くても，眼鏡やコンタクトレンズで矯正した視力（矯正視力）が高ければ問題ありません。また，片眼の視力が低くても，他眼の視力がよければ学習上大きな問題は生じません。つまり，両眼で見た場合の矯正視力が教育上は問題となるのです。学校教育法施行令の中で，両眼の矯正視力が教育措置の基準として示されているのはこのためです。両眼の視力とは，左右の眼を両方とも開いて視標を見た場合の視力ですが，一般には左右の眼を別々に測定した視力のうち，よい方の眼の視力が両眼の視力と考えてまちがいありません。しかし，潜伏眼振といって，両眼で見た場合は眼球の揺れ（眼振）が現れませんが，片眼ずつで見ると眼球の揺れが現れて視力が極端に低くなる者がいる点に留意する必要があります。

さて、一般に視力（以下単に視力という場合には、両眼の矯正視力を意味します）が0.3未満になると、黒板に書かれた文字や教科書の文字などを見るのに支障をきたすようになり、教育上特別な取扱いが必要となります。これらの子どもたちが教育的にみた場合の視覚障害児です。この視覚障害児も、学習の場面で主として視覚を用いることが可能かどうかで盲児と弱視児に分けられます。

視野の障害

視野の障害は、求心性視野狭窄、暗点、半盲の三つに大別できます。

求心性視野狭窄は、網膜色素変性等によって網膜の周辺部分から見えなくなって、視野が狭くなる状態をいいます。この場合、単に視野が狭くなるのみならず、夜盲の状態が現れます。夜盲の状態は暗順応が悪く、うす暗い所では視力が低下します。しかし、極端に視野が狭くなっても、明るい所では中心の視力が1.0と良好に保たれる場合もあります。

暗点は、視野の一部が見えない状態をいいますが、なかでも最も問題となるのは中心暗点です。中心暗点は、黄斑部変性等によって、中心窩付近の網膜に異常があって、その部分が見えない状態をいいます。後で述べるように、視力は中心窩付近で良好ですが、ちょっと離れると急速に低下します。ですから、中心暗点があると良好な視力は得られません。また、色の見え方等にも異常が生じます。

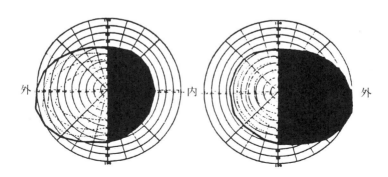

図1-1　右側同名半盲

半盲は，右半分とか左半分とか，ほぼ全体の半分が見えなくなった状態をいいます。図1-1に示したのは，右側同名半盲ですが，これとは逆の左側同名半盲，内側の視野が残った両耳側半盲，外側の視野が残った両鼻側半盲等があります。

盲児と弱視児

　従来，視力が0.02未満の者を盲児，0.02以上0.04未満の者を準盲児，0.04以上0.3未満の者を弱視児という区別が一般的に用いられていました。盲児の中には，全盲，明暗弁（光覚），手動弁（眼前手動），指数弁（眼前指数）等が含まれているわけです。こうした区分が行われた背景には，0.02未満の者は，視覚を活用した教育が困難であり，聴覚や触覚の活用を中心にすえて，点字を常用した教育を行う必要があるという考え方があったのです。ところが近年，弱視レンズやテレビ型拡大読書器，あるいはタブレット端末等の性能が飛躍的に向上し，また一般に普及したため，0.01の視力であっても，普通の文字を常用する者の比率が高まる等，従来の区分は適当とはいえない状況になってきています。そこで，こうした状況を踏まえて，今後は次のように盲児と弱視児を定義したほうがいいと思います。

　　弱視児　　視力が0.3未満の者のうち，普通の文字を活用するなど，主として視覚による学習が可能な者。このうち，視力が0.1未満の者を強度弱視，0.1以上0.3未満の者を軽度弱視という場合がある。

　　盲　児　　点字を常用し，主として聴覚や触覚を活用した学習を行う必要のある者。

　なお，近年では準盲という用語は用いられなくなっていますので，この点にも留意してください。

弱視児の見え方

　弱視児の視力値には，一人一人かなり大きな違いがありますし，同じ視力の者であっても，眼疾患によって見え方に大きな違いが認められま

す。ですから，弱視児の見え方には，一人一人大きな個人差があるといえますが，こうした個人差を，私たちは次のような経験によって理解することができるのではないかと思います。

① 　ピンボケ状態：カメラのピントが合っていない状態。弱視児の屈折異常を矯正するのは大変難しいため，ピントが合っていないようなピンボケ状態で見ている者は多い。

② 　混濁状態：スリ硝子を通して見ているような状態。透光体（角膜，水晶体，硝子体等をいう）が何らかの疾病によって混濁すると，光が乱反射してきれいな映像が網膜に達しない。こうした状態の弱視児は，大変まぶしがる者が多い。

③ 　暗幕不良状態：暗幕が不良な室内で映画を上映しているような状態で，周囲が明るすぎて映像がきれいに見えない。何らかの疾病によって，瞳孔の収縮がうまくいかなかったり，あるいはぶどう膜（虹彩，毛様体，脈絡膜）に病変があったりすると，眼球内を暗室状態に保てなくなってまぶしくて見えにくくなる。白子眼の場合も暗幕不良状態と考えてよい。

④ 　光源不足状態：暗幕状態がよくても，映写機の光源が弱ければ，スクリーンの映像は暗く薄いものになる。網膜色素変性などの疾病によって求心性視野狭窄の状態になると，うす暗いところでは外界がよく見えなくなる。いわゆる夜盲の状態であるが，これは一種の光源不足状態である。

⑤ 　振とう状態：本などを左右に小刻みに揺すると，文字などが見えにくくなる。弱視児の多くに眼球が不随意に揺れ動く眼振が認められるが，この眼振は，弱視児の見えにくさを倍増させている。

⑥ 　視野の制限：視野の障害の項で述べたように，視野の異常がどの部分に及んでいるかによって，見えにくさが異なる。

弱視児は，これらの見えにくくする要因を複数抱えていますので，ま

すます見えにくさの個人差が大きいのです。

2　視覚機構と視覚障害

視覚機構

　見る仕組み（視覚機構）は，眼球，視神経，及び大脳視覚中枢等で構成されています。視覚障害は，この視覚機構のいずれかに障害がある場合に起こります。

　眼球の構造と大脳視覚中枢への信号伝達の経路を，図1-2と図1-5に示しますので，それぞれの位置と名称を覚えていただきたいと思います。以下においては，この図にそって若干の説明を加えてみます。

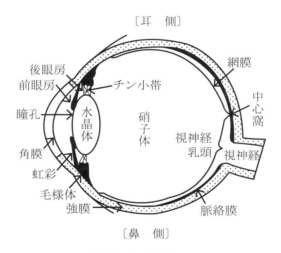

図1-2　眼球の構造

透光体

　光に託された外界の情報は，角膜，房水（眼房を満たす透明な液体）を経て，瞳孔から水晶体に入り，さらに硝子体を通って網膜に至ります。この光の通る道筋に当たる角膜，房水，水晶体，硝子体を，「透光体」

といいます。この透光体が何らかの疾病によって濁ると，濁った部分で光が乱反射され，光をうまく網膜まで運ぶことができませんので，視覚障害の原因になります。角膜が炎症を起こして白く濁る角膜混濁，水晶体が白く濁る白内障等はこの透光体混濁の典型的な例といえます。

瞳孔と虹彩

私たちの眼においては，茶眼に当たる部分が虹彩で中央部の黒眼の部分が瞳孔です。この瞳孔を通って光が眼の中に入ってきますが，瞳孔は明るいところでは縮小し，暗いところでは拡大してカメラの絞りと同様に眼の中に入る光量を調節しています。

ところで，弱視児が眼を細めて本や黒板などを見ている場面にしばしば遭遇しますが，これはまぶしさを回避したり文字等を見やすくする工夫の一つだと思われます。つまり，瞳孔を縮小するだけではまぶしさの回避が不十分な場合に眼を細めるという行動が見られますが，それだけではなく，眼を細めることによって瞳孔から入る光量を最小限にした「ピンホール効果」を狙った行動でもあります。

ピンホール効果は，小穴から入ってくる光情報の焦点深度を深め，近方から遠方まで網膜に焦点を合わせることができるという原理を表しています。黒い画用紙などに釘などで小さな穴を開けて，その穴からのぞいて見ると，近方から遠方までの映像を鮮明に見ることができますが，これがピンホール効果です。遠視や近視などのために眼鏡で視力を矯正している方は，眼鏡を外して小穴からのぞいて見てください。その効果を確かめることができると思います。

光の屈折

光の屈折にあずかるのは，レンズの役割をする水晶体と思っている人が多いのではないかと思いますが，光の屈折の主要な役割を果たしているのは，水晶体のほかに角膜があります。

光の屈折力は，ジオプトリー（diopter）という単位を用い，Dで表します。＋1D（1ジオプトリー）とは，焦点距離が1mの凸レンズ

の屈折力を意味します。ですから，２Ｄは，50cmの焦点距離の凸レンズ，４Ｄは，25cmの焦点距離の凸レンズということになります。なお，－２Ｄとは，焦点距離が50cmの凹レンズを意味する点に留意してください。

　さて，角膜は，通常43.05Dの屈折力をもっているといわれています。それに対して水晶体は，19.11Dにすぎません。角膜の屈折力の大きさと，水晶体が思ったより屈折力をもっていないことに驚かされますが，水晶体のこの19.11Dという屈折力は，遠方を見ている場合の値で，水晶体が一番弛緩している状態です。つまり，水晶体は，毛様体筋の働きによって，遠方を見るときは弛緩して薄くなり，近方を見るときは，膨らんで光の屈折を調節してピント合わせを行っているのです。年少の子どもでは，この水晶体で光の屈折を調節する力（調節力）が14D程度あるといわれています。この調節力は，10歳では12D，20歳では９Ｄと，歳とともに減退していきます。この調節力の減退によって，40歳〜50歳代になると老眼という状態になるのです。

網　膜

　網膜は，写真機ではフィルムに相当します。網膜には錐体細胞と杆体細胞が分布しています。形態覚や色覚に関与している錐体細胞は，中心窩付近に多く存在し，その数は500万から700万個といわれます。一方，光に主として反応する杆体細胞は周辺部に密に存在し，その数は１億から１億3,000万個といわれています。

　網膜上における錐体細胞や杆体細胞の分布状態，それと視力値との関係を図に示すと図1-3，図1-4のようになります。

　視力値は，中心窩で最も高い値を示しますが，中心窩から５度ずれると0.15，10度ずれると0.05と急激に減退することが分かります。様々な原因によって網膜の中心がやられる（中心暗点）と，視力が非常に低下するのはこのためです。

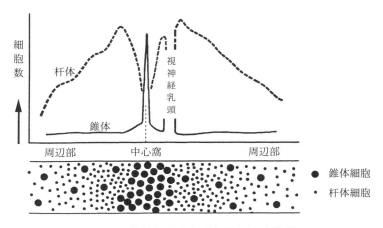

図1-3 錐体細胞と杆体細胞の分布状態

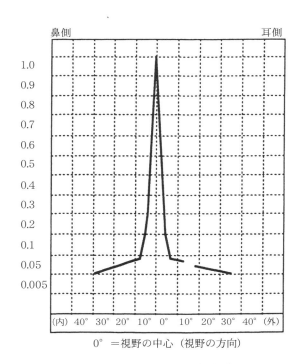

図1-4 網膜の部位と視力値

ぶどう膜

虹彩，毛様体，脈絡膜はぶどう膜とも呼ばれ，色素に富んでいて眼球内部を暗室状態に保つ役割を担っています。これらのいずれかに障害が起こると，暗室状態を保つことができなくなるため，視力の著しい低下をまねきます。また，白子眼など，ぶどう膜の色素が少ない場合にもよい暗室状態が保てないため，明るいところではまぶしく，良好な視力も得られません。

視神経から視中枢へ

視神経は，網膜の反応を中枢に伝える伝導路の役割をしており，図1-5に示すような経路をたどって中枢へ至ります。視中枢として最も重要な役割を果たしているのは，大脳後頭葉皮質にある線条野（又は有線野）と呼ばれるエリアです。網膜に写った外界の映像は，すべてここに再現され，さらに高度の中枢と結びついて，必要な映像を重点的に知覚することになります。

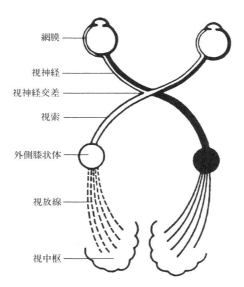

図1-5　中枢への信号伝達路

3　視機能の検査

(1) 視力の検査
遠距離視力の検査

　視力は，ランドルト環を視標とした万国式試視力表を用いて測定されるのが一般的です。視標となるランドルト環は，図1-6のような構造をもっています。7.5mm四方の正方形に描かれた環の1.5mmの切れ目を，5m離れた距離から見た場合，視角がちょうど1分になります。これを見分けることができる視力値が1.0で，視力値を求める基準となっています。

　ですから，5mの距離から，視角2分に相当する切れ目を見分けることができれば，視力値は0.5，10分に相当する切れ目を見分けることができれば，視力値は0.1ということになります。

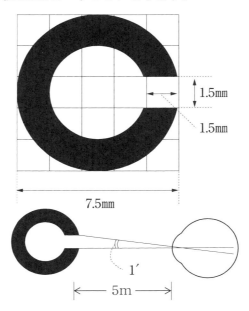

図1-6　ランドルト環視標及び視標と距離の関係

視力検査は，5mの距離から視力1.0に相当するランドルト環の視標を正解して，それよりも小さい視標が正解できなければ，視力1.0と判定されます。ランドルト環の切れ目の方向を4回変えて提示し，そのうち3回正しく判断すれば正解とするのが一般的です。

　視力検査は，通常片眼ずつ行いますが，学習や日常生活上の実用的な視力は，両眼視ですから，そのことも踏まえて視力の測定をすることが大切です。どこで教育を受けるのが望ましいかの視力の基準も，両眼の矯正視力となっていますので，この点にも留意してください。

　ところで，視力表では，普通0.1のランドルト環が一番大きい視標ですから，それよりも低い視力を5mの距離から測定することはできません。このような場合には，距離を縮めて測定する方法が便宜的に取られます。例えば，0.1の視標を4mの距離で正解すれば0.08，2mの距離で正解すれば0.04というように換算するわけです。弱視用に作成された視力表には，5mの距離から0.05まで測定できるものもあります。

　また，視力の値は，例えば，0.1(1.0×−5.0D)というように記載されますが，この場合，0.1は裸眼視力，括弧内の1.0は矯正視力，×の後の−5.0Dは5ジオプトリーの近視用凹レンズで矯正していることを意味します。なお，−は凹レンズを意味し，＋は凸レンズを意味する点に留意してください。

字づまり視力と字一つ視力

　一般の視力表は，上からランドルト環の大きな順にたくさんの視標が配列されています。これが字づまり視力表です。このようなたくさんの視標の中から，一つの視標に着目して見ようとする場合，周りの視標に影響されて見る力が十分発揮できない場合があります。これをクラウディング現象（混雑現象）といい，年少の子どもや発達の遅れた子ども，あるいは弱視の子の場合は，特に現れやすいといわれています。このような子どもの場合には，図1-7のような字一つ視力検査用の視標を用いて検査に当たるのが有効です。

近距離視力の検査

視力検査といえば、普通は5mの距離から測定する遠距離視力をさすのが一般的ですが、30cmの距離から測定する近距離視力もあります。この測定には、市販されている近距離視力表を用います。

図1-7　字一つ視力検査用の視標

最小可読視標（最大視認知力）

視力に障害がない者は、本を読んだり作業をしたりする場合、本や作業対象から30cm以上眼を離して見るのが一般的です。しかし、多くの弱視児は、本や作業対象にかなり眼を接近させて見ています。ですから、30cmの距離からどの程度小さなものが見えるかよりも、自分の一番見やすい位置まで眼を近づけて、どれほど小さな対象が見えるかのほうが、より実用的な見る力といえます。このような実用的な見る力を表したものが最小可読視標（最大視認知力）です。

最小可読視標は、近距離視力表を用い、一番見えやすい距離までよく

見えるほうの眼を接近させた場合，どこまで小さな指標が見えるかで表します。例えば，最小可読視標が「右，0.3/5 cm」と表されている場合は，右の眼を5 cm の距離まで接近させれば，近距離視力表の0.3の視標を読み取ることができるということを意味しています。

(2) 視力以外の視機能の検査

視力以外の視機能の検査として大切なものは，視野の検査と色覚の検査です。以下にこの検査について述べます。

視野の検査

見える範囲を視野といいます。両眼を開いて見える範囲を両眼性視野といい，片眼をつぶった場合の左右それぞれの視野を単眼性視野といいます。一般には，視野計によって単眼性視野の検査が行われます。

視野の測定は，視野計の中央にある白色の固視目標を注視させ，直径1 cm の円形白色移動視標を固視目標の近くに出して，固視目標を注視したままで見させます。最初は固視目標の近くに出すわけですから，何の苦もなく見えますが，この白色移動視標を，だんだん外側に動かして，見えなくなる限界の角度を読み取り記載していきます。こうした作業を，左右，上下，斜めの8方向について行い，見えなくなる限界の角度をプロットしてそれをつなぎ合わせたものが視野となるのです。なお，白色移動視標を外側から内側に向けて動かし，見えだしたところの角度をプロットするという方法が有効な場合もあります。正常の視野を表1-1に示しますので参考にしていただきたいと思います。

一般に「視野」は，白色の移動視標を用いて測定したものをさしますが，色視標を用いたものは「色視野」といわれます。表1-1に示してあるように，色視野は，青，赤，緑の順序で狭くなります。

さて，この視野の検査は，固視目標を注視したままで行われるわけですが，固視目標を注視しているか否かの判定に，マリオットの盲点が活用されます。マリオットの盲点は，固視目標の外側（耳側）15度付近に

あり，横の直径が5度で，縦に細長い楕円形をしています。このマリオットの盲点は，視神経乳頭に当たる部分で，神経の束の集まりなので，移動視標がすっぽり見えなくなります。マリオットの盲点がうまく証明されれば，固視目標を注視しているとみていいわけです。

しかし，弱視児の場合，眼振があったり，固視目標がよく見えなかったり等の要因から，固視目標の注視は必ずしも簡単ではなく，視野の正確な測定が困難な場合が少なくありません。知的障害のある子どもや年少の子どもの視野検査も同様の理由で，それほど簡単なものではありません。このような場合にも，検査しながら様々に観察して大まかな視野の見通しをもつことができるようにすることが大切です。

表1-1　正常な視野の値

	上	内	下	外
白	60°	60°	70°	100°
青（黄）	50°	50°	60°	90°
赤	40°	40°	50°	80°
緑	30°	30°	40°	70°

白色視標による視野と色視野（石原忍による）

色覚の検査

色覚の検査といえば，一般的に色盲検査表を思い浮かべる人が多いと思います。色覚の異常には，先天的色覚異常と後天的色覚異常とがあって，色盲検査表は前者の異常を調べるためのもので，後者の異常を調べるのには適していません。

先天的色覚異常は，いわゆる色盲とか色弱とかいわれるものをさし，我が国では男子は数パーセントで，女子はその1/10程度に現れるといわれています。これに対して後天的色覚異常は，眼に何らかの病変があるために，色の見え方に異常をきたしているものです。弱視児の場合も，前述の比率で男女に先天的色覚異常が現れると考えて差し支えないと思いますが，弱視児の場合はそれだけではなく，様々な病変のために，色

の見え方に問題が生ずることが少なくありません。特に，黄斑部変性や視神経萎縮の者は，色の見え方にかなり問題がありますし，透光体混濁も，光の乱反射によって色と色との境界線や微妙な色合いが識別できない場合が少なくありません。また，0.01とか0.02とかいうように視力が非常に低い場合には，小さな面積の色を識別することが難しくなります。このような弱視児の色覚を調べるのは，色盲検査表は適当でありませんので，この点に留意する必要があります。

では，弱視児の色覚の検査は，どのようにすればいいのでしょうか。基本的な色が識別できるかどうかを調べるには，ランタンテストに類する方法を用いるのが有効です。

ランタンテストは，医学的見地から厳密に行われるものですが，弱視児の場合は，薄暗い部屋で，懐中電灯の先を赤・青・緑・黄色等のセロファン用紙で覆い，懐中電灯をつけて目前に示し，何色かを答えさせるという方法で十分です。要するに明確に見える色光を提示し，その色名が分かるかどうかを調べればいいのです。

また，もう少し実用的な色の識別能力を調べるには，10cm×10cm程度の大きさの色紙を用意し，それぞれの色名を言わせたり，色のマッチングをさせたりするといいでしょう。この場合，色紙がどのくらい大きいと色の識別ができるか，くすんだ色や淡い色はどの程度分かるか等も調べると，実用的な色の識別能力を把握することができます。

4　視覚障害児童生徒の実態

(1)　主な眼疾患

筑波大学では，盲学校（視覚特別支援学校）の幼児児童生徒及び小・中学校弱視学級の児童生徒を対象として，5年ごとに視覚障害原因等調査を行っています。

最近では，2015年度（平成27）に調査を行っていますが，これによっ

て盲学校（視覚特別支援学校）在籍幼児児童生徒の主な眼疾患をみますと、未熟児網膜症（18.4％），網膜色素変性症（15.1％），視神経萎縮（10.9％），小眼球・虹彩欠損（10.9％），緑内障・牛（水）眼（6.2％），視中枢障害（4.1％），視神経疾患（3.2％），白内障（摘出後を含む）（3.1％），硝子体疾患（3.1％），糖尿病網膜症（3.0％）等となっています。詳しくは「第2章　視覚障害教育のあゆみ」において，盲学校（視覚特別支援学校）幼児児童生徒及び小・中学校弱視学級児童生徒の主な眼疾患の推移を示しましたのでご覧ください。

　それぞれの眼疾患が，どのような部位に起こり，どのような症状を呈するかについては，専門書で調べてください。なお，教育との関連でやさしく解説したものとして，原田政美先生がお書きになった「眼疾患と指導上の配慮」があります。この論文は，「弱視教育」という雑誌の第27巻1号から第31巻1号まで17回にわたって掲載されていますので，ぜひ読んでみてください。

(2)　**視力別比率**

　前述した視覚障害原因等調査においては，盲学校（視覚特別支援学校）幼児児童生徒及び小・中学校弱視学級児童生徒の視力についても調査しています。

　2015年度（平成27）の調査結果によりますと，視覚特別支援学校（盲学校）幼児児童生徒の両眼の矯正視力の程度別比率は、0.02未満の者36.2％，0.02以上0.04未満の者6.7％，0.04以上0.1未満の者16.2％，0.1以上0.3未満の者19.2％，0.3以上の者17.3％，不明者4.1％という状況です。

　詳しくは「第2章　視覚障害教育のあゆみ」の「表2-1　盲学校（視覚特別支援学校）幼児児童生徒の視力程度の推移」（32ページ）及び「表2-3　小・中学校弱視学級児童生徒の視力程度の推移」（33ページ）を掲載していますのでご覧ください。

(3) 小・中学校等の通常の学級に在籍する弱視児童生徒の実態

　文部科学省は平成21年度（2009）に，「小・中・高等学校等に在籍する弱視児童生徒に係る調査」を行っています。この調査は，小・中学校の通常の学級及び高等学校等（中等教育学校後期課程を含む）に在籍する弱視児童生徒数と学校として主に使用することが望ましいと判断している教科書の種類と児童生徒数を把握するために行ったものです。

　この調査から，小学校については各学年250〜260人程度の弱視児童が，中学校及び高等学校等については各学年170人程度の弱視生徒が在籍していることが明らかになっています。その後，この種の調査は行われていませんが，現在においてもこの程度の数の弱視児童生徒が通常の学級に在籍していると推測していいのではないかと思います。

《注意》「盲学校」と「視覚特別支援学校」の表記について
　　本書においては，「視覚特別支援学校（盲学校）」の表記を原則とするが，歴史的な説明において盲学校の時代が中心的な記述においては「盲学校（視覚特別支援学校）」の表記を用いる場合がある点に留意いただきたい。

【参考文献】
1）　原田政美：「眼のはたらきと学習」，慶應義塾大学出版会，1989．
2）　丸尾敏夫：「目の一生［改訂版］」，真興交易医書出版部，1992．
3）　原田政美：「眼疾患と指導上の配慮1〜17」，『弱視教育』第27巻第1号〜第31巻第1号，日本弱視教育研究会，1989〜1993．
4）　菅謙治：「眼疾患−説明の仕方と解説−［改訂2版］」，金芳堂，2000．
5）　柿澤敏文：「全国視覚特別支援学校及び小・中学校弱視特別支援学級児童生徒の視覚障害原因等に関する調査研究−2010年調査−」（科学研究費助成事業研究成果報告書），2012．
6）　中泊聡：「眼科トピックス，1〜11」『弱視教育第48巻第1号〜第50巻第4号』，日本弱視教育研究会，2010〜2013．

第2章　視覚障害教育のあゆみ

1　明治期から昭和初期までの視覚障害教育

(1)　視覚障害教育の先駆
明治以前の視覚障害教育

　近代的な学校教育の体裁を整えた視覚障害教育が，我が国で始まったのは，明治維新による近代国家の建設が急ピッチに進められた過程と時期の中であったといえます。

　しかしながら，江戸時代には，当道座とか瞽女，盲僧等の職能組織を持った盲人の間で，琵琶，三味線，琴等の音曲や鍼治，按摩等の医業に類似した行為が徒弟的な教育によって伝授されていたことが知られていますし，同時代の末期には，各地の寺子屋で視覚障害者も教育を受ける例がかなりの数あったもようです。前者は受け継がれて近代盲学校の職業教育に大きな影響を及ぼしました。

視覚障害教育に関する海外からの情報

　ところで，明治時代に入って，近代的な視覚障害教育の必要性やこの教育の可能性等に関する認識を深めさせたのは，海外から移入された特殊教育に対する知識や実地の見聞等でした。

　海外の特殊教育事情は，江戸時代の末期に舶載の漢訳洋書，洋書あるいは来朝外人によって我が国にもたらされ，一部の知識人等の間で知られていました。これらの情報は，幕末の海外使節団や海外留学生等によって直接確かめられ，見聞記，日記，紀行類等の中で紹介されています。盲児のための教育施設，凸字や点字の触読法，職業教育，教育成果等もこうした見聞記の中で紹介されています。

　このような海外の特殊教育に関する情報は，我が国特殊教育の大きな啓蒙思潮を育てました。こうした状況の中で，山尾庸三の「盲啞学校ヲ

設立セラレンコトヲ乞フノ書」（明治4年9月）をはじめとする盲唖学校設立に関する建白書や，京都の盲唖院や東京の楽善会訓盲院の設立の過程にみられる具体的な運動として発展していったのです。

(2) 近代視覚障害教育の成立
学制の頒布と盲・聾教育の始動

明治5年（1872）に公布された「学制」の中には，学校の種類の一つとして「此外廃人学校アルヘシ」という記述がみられます。これは，海外における特殊教育に関する情報の影響もあって，欧米学制にみられる「盲院」，「唖院」，「痴院」等を旧来の我が国の廃人観で一括して総称したものと考えられます。政府や府県は小学校の設置促進に奔走していたこともあって，廃人学校に対するなんらの対策も取られませんでしたが，小学校の開設が進められる中で，民間では盲・聾者を教育しようという企てが促されていったのです。

文部省第四年報（明治9年）によれば，明治9年（1876）に東京麹町の盲人学校が，私立廃人学校として記載されています。これは盲人の熊谷実弥という人が同年に開業したものですが，一年余りで廃業となったもようです。

京都の盲唖院の開業

我が国における近代視覚障害教育の創始を担うのは，京都の盲唖院でした。盲唖院が創設されるそもそもの発端は，明治7，8年（1874，1875）ごろ，京都府下の第19番校（後の待賢小学校）において，古河太四郎（戸籍上は古川）という人たちによって開設された聾児の教育でした。同8年には同校に「瘖唖教場」が設置され，同10年（1877）からは，この中に一人の盲児も託されて教育を受けています。

古河らは，さらにこの教育の規模を拡大する計画を立て，遠山憲美とも合同して，公的学校の設置運動を京都府知事に向けて行いました。こうした運動が実って，明治11年（1878）5月に盲唖院の開業にこぎつけ

たのです。

古河による初期の盲教育の工夫

　この盲唖院における教育は，基本を普通教育においています。しかし，具体的な教具や指導法等は，古河によって様々な工夫が行われています。例えば，触読のための各種訓盲文字，書き方としての掌書法・背書法や鉄筆法，算数指導としての手算法や半玉算盤，遊技や体育のための鬼遊び，大将遊び，盲生体操法，直行練習場，方向感覚渦線場等がそれです。これらは，それぞれに盲児の特性を十分にとらえ，触覚や聴覚を主体とした独自の工夫を行ったものです。これらの工夫の数々は，文部省発行の「古川氏盲唖教育法」に収録されています。

楽善会訓盲院の設立とその教育

　一方東京においては，英国人宣教師フォールズの提唱により，明治8年（1875）5月，楽善会を組織して，訓盲所設立のための運動を開始しています。フォールズが訓盲所設立に意欲を燃やしたのは，当時我が国には多くの盲人がおり，これらの盲人が街頭で物乞いをしている姿に度々出くわして大変驚かされたことに端を発しているといわれています。この会は，再三にわたり訓盲所設立の請願を東京府知事に行い，明治9年3月に設立の認可を得ています。その後楽善会の規則の制定，募金活動，校舎の竣工等の訓盲院開設のための準備を経て，明治13年（1880）1月，楽善会訓盲院の事務を開始したのです。

　楽善会訓盲院における教育は，基本を小学校の体裁にならった学科目で構成し，具体的な指導方法として，凸字の工夫やその解読法に力を注ぎました。

　京都の盲唖院における教育が，盲児の特性を生かした特別な方法によろうとしたのに対して，楽善会訓盲院における教育は，どちらかといえば，一般の小学校における教育の内容・方法をできるだけ取り入れようとしました。このように，東西2院における教育は，それぞれに大きな特色をもってスタートし，以後の全国に広がる視覚障害教育発展の要と

なったのです。
東西2院の発展
　京都の盲唖院は，その後明治12年（1879）には京都府立盲唖院に，同22年（1889）には京都市立盲唖院に，さらに大正14年（1925）には聾を分離して京都市立盲学校となり，昭和6年（1931）には再度京都府に移管されて京都府立盲学校となるなどの変遷をたどって発展していきました。また一方の楽善会訓盲院も明治17年（1884）に校名を訓盲唖院と改称し，さらに同18年（1885）には文部省の直轄学校となり，東京盲唖学校と改称しました。以後国立又は国立大学附属として多くの変遷をたどりながら発展し，現在は筑波大学附属視覚特別支援学校となっています。

(3) 明治期から昭和初期にかけての盲学校の増設と発展
明治10年代から20年代における盲唖学校の設立
　京都の盲唖院及び東京の楽善会訓盲院のほかに，明治10年代には，大阪模範盲唖学校（明治12年開設）をはじめ，金沢，鹿児島，高知，埼玉等で盲唖学校の設立が計画されていますが，それらはいずれも開設後まもなく廃校になったり，計画の途中で挫折したりしています。
　明治23年（1890）に制定された「小学校令」には，盲唖学校の設立及び廃止の規定が設けられました。これを契機として，盲人鍼按家や宗教家等によって，小規模ながら私立の盲唖学校が各地で設立されるようになりました。同20年代には9校の開校をみています。

明治30年代から40年代における学校設立等の動き
　また，明治33年（1900）に改正された「小学校令」では，盲唖学校を小学校に付設することが認められたので，同35年（1902）以降，宮城県，長野県，岡山県などで「特別学級」や「唖教場」等を小学校に付設する形で教育を行う試みがなされています。しかし，これらはいずれも短期間の実施にすぎませんでした。なお，同30年代には29校の盲唖学校が設立されています。

さらに明治40年（1907）の「師範学校規程」の設定に際して，文部省は，「成ルヘク盲人，唖人又ハ心身ノ発育不完全ナル児童ヲ教育センカ為特別学級ヲ設ケ之カ教育ノ方法ヲ攻究センコト」を要望しました。これに基づいて，北海道，徳島，千葉，高知，和歌山，三重等の師範学校付属小学校に特別学級が設けられています。また，一般の学級においても，盲・聾児の教育が試みられています。しかしこれらは，高知と徳島を除きまもなく廃止されるか又は私立の盲唖学校に発展していっています。なお，この同40年代には，27校の盲唖学校が設立されています。

大正から昭和初期における盲学校の整備

　大正年代に入り，同11年（1922）までの約10年間に新たに設置された盲唖学校は，23校を数えていますが，この時期は，宮城，和歌山，大分，広島，新潟，長岡，石川等の盲唖学校が私立から県立に移管されているのが特徴的です。

　大正12年（1923）に公布された「盲学校及聾唖学校令」によって，我が国の盲・聾唖学校の教育は，新たな発展の基礎が固められました。同令の第1条には，盲・聾学校における教育目標として，普通教育とともに，生活に必要な知識・技能を授ける職業教育を施すことを掲げ，第7条で初等部と中等部を置く基本的な学校形態を規定しています。これにより，普通教育と職業教育とをはっきり分離して共に充実を図る方向性が明確になったのです。また同令で，府県の設置義務を盲学校と聾学校とに分離して規定しましたので，以後私立から道府県に移管されたり，盲学校と聾学校とに分離されたりするようになっていきました。

　明治から昭和20年（1945）までの盲学校数及び在籍児童生徒数の推移を，図2-1と図2-2に示しましたので，参考にしてください。また，大正10年（1921）までは盲学校と聾学校はまだ分離された状態での統計がない点にご留意願います。

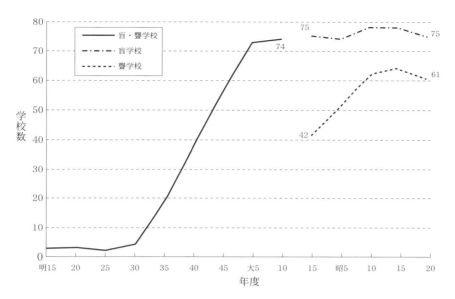

図2-1　戦前における盲・聾学校数の推移

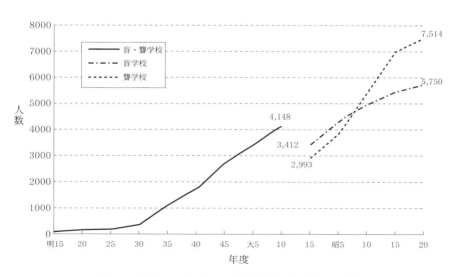

図2-2　戦前における盲・聾学校児童生徒数の推移

(4) 日本訓盲点字の完成と普及

訓盲点字の完成

　京都の盲唖院や東京の楽善会訓盲院においては，盲児の特性に応じた配慮として，凸字の工夫に努力しています。しかし，凸字は，教材の製作や指導において，大変非能率的であるため，盲児に適した文字考案の必要性が関係者の間で高まっていきました。

　最初，ブライユ点字をローマ字方式で実際に盲児に教えたのは，東京盲学校の小西信八校長でした。明治20年（1887）のことです。彼はこの経験から，点字が盲人用の文字として最適なものであることを確信しました。そこで，我が国の仮名文字への翻案を石川倉次らに呼びかけたのです。こうして，石川倉次をはじめ多くの人々の努力によって，いくつかの考案がなされましたが，明治23年（1890）11月，東京盲唖学校の第4回点字選定会で，石川案の五十音点字を採用することに決定しました。その後石川案による点字拗音符も採用され，先に決定した五十音点字をあわせて，同34年（1901）4月，官報に「日本訓盲点字」として掲載されたのです。

訓盲点字の普及

　日本訓盲点字は，盲児の読み書きに画期的な変換をもたらすものでしたので，急速に全国に普及し，視覚障害教育の充実のために大きな力となりました。

　日本訓盲点字の完成により，明治26年（1893）以降は，我が国においても点字印刷による教材が作成されるようになりました。また，点字の教科書は，同42年（1909）から民間で「尋常小学国語読本」等が点訳発行されています。文部省においても昭和4年（1929）「盲学校初等部国語読本巻一」を発行し，以後年々その数を増して視覚障害教育の充実を図っていったのです。

(5) 職業教育の変遷

草創期の職業教育

　視覚障害教育の草創期，京都府立盲啞院と楽善会訓盲院において，鍼按，音曲のほかに，紙撚細工，籐工，封筒製作等の指導が行われていますが，これらはいずれも短期間の試みに終わっています。盲学校における職業教育は，鍼按と邦楽を中心とした音楽によって発展してきたといえます。

理療教育の経緯

　明治18年（1885）には，マッサージが我が国に紹介されています。また，谷口富次郎や奥村三策らによって，鍼按等に関する体系化の努力も行われています。

　ところで，明治30年代には，我が国の都市化が急速に進み，人口の都市集中が始まって失業者が増加しました。このような背景の中で，按摩を業とする晴眼者が次第に増える傾向をみました。これに対し，盲人団体が中心となって按摩を盲人の専業とする運動を展開しました。按摩は盲人の専業とはなりませんでしたが，この運動の中で高揚された盲人保護の思想は，明治44年（1911）の8月に公布された「按摩術営業取締規則」及び「鍼術灸術営業取締規則」に反映されたのです。

職域開拓への取り組み

　また，鍼按，音楽以外の盲人の新職業については，明治41年（1908）第2回全国盲啞学校教員会で協議されたのをはじめとして，大正末期から昭和にかけて活発に論じられています。こうした中で，盲人に適した職業として，ブラシ職，靴工，商業，速記術，印刷工，タイプライター，畳工，籠細工等があげられていますが，具体的な職業教育には至りませんでした。

2 戦後における視覚障害教育

(1) 判別基準と教育措置
義務制の実施と判別基準の作成

戦後の学制改革によって、盲学校教育は昭和23年度（1948）より学年進行で義務制に移行しました。これに伴い、その対象とすべき児童生徒の範囲を明確にし、その拡充整備を図ることが緊要となったのです。

そこで、文部省は、昭和28年（1953）6月、「教育上特別な取扱を要する児童生徒の判別基準について」を作成し、障害の種類・程度に応じて施すべき適切な教育的取扱いを明らかにしました。また、この基準の解説書も刊行され、広く教育関係者に活用されました。このうち、視覚障害関係については、まずおおむね点字教育を必要とする者を盲者、盲教育以外の特殊な方法を必要とする者を弱視者と定義し、判別の基準として、眼鏡を使用してもその矯正視力が両眼で0.02に達しない者を盲、0.02以上で0.04に達しない者を準盲、0.04以上で0.3に達しない者を弱視とし、さらに、視力以外に視機能障害が高度の者と視力欠損が治療可能な者についてもそれぞれ項目を起こして規定しました。教育措置としては、盲及び準盲は盲学校で、弱視は盲学校又は特殊学級で教育することとし、視機能障害が高度な者についても、盲学校又は特殊学級で教育できることとしました。また、視力欠損が治療可能な者で、その治療が長期を要する場合については、就学の猶予を考慮することとしています。

昭和37年（1962）の学校教育法施行令の改正

その後、昭和37年（1962）3月、学校教育法施行令が改正され、その第22条の2において、盲学校の教育対象となる盲者（強度の弱視者を含む）の程度が次のように定められました。

1　両眼の矯正視力が0.1未満のもの。
2　両眼の矯正視力が0.1以上0.3未満のもの又は視力以外の視機能障害が高度のもののうち、点字による教育を必要とするもの又は将

来点字による教育を必要とすることとなると認められるもの。
　この改正に伴い，同37年7月，「学校教育法および同法施行令の一部改正に伴う教育上特別な取扱いを要する児童・生徒の教育的措置について」の通達が出されました。この通達において，盲者及び弱視者に対する教育的措置は，次のように規定されたのです。
　　ア　学校教育法施行令第22条の表（以下「施行令の表」という。）盲者の項に規定する程度の盲者（強度の弱視者を含む。）は盲学校において教育すること。
　　イ　両眼の視力が矯正しても0.1以上0.3未満の者または視力以外の視機能障害が高度の者で，その視機能障害の程度が施行令の表盲者の項に規定する程度に達しない者については，必要に応じて特殊学級を設けて教育するかまたは普通学級において留意して指導すること。
　なお，二つ以上の障害を併せもつ者については，併せもつ障害の種類や程度などを考慮して，最も適切な教育的措置を講ずることとしています。
　また，同38年（1963）12月，「盲者，聾者等の就学の適正な措置と指導について」の通達が出され，具体的な就学に関する指導が行われたのです。
　さらに，昭和53年（1978）8月，養護学校教育義務制の円滑な実施を目的として，学校教育法施行令の一部改正が行われましたが，これに伴い同53年10月，新たに「教育上特別な取扱いを要する児童・生徒の教育措置について」の通達が出されました。この通達における視覚障害に関する部分は，同37年の通達とほぼ変わりのないものでした。
　この通達は，平成12年（2000）4月の地方分権一括法によって通達の意味を失い，就学を進める際の参考として用いられることとなりました。

平成14年（2002）の学校教育法施行令の改正
　盲学校の対象となる児童生徒の教育措置の基準は，前述したように昭

和37年（1962）に改正された学校教育法施行令によって長年行われてきましたが，医学の進歩や学習を支援する機器の進歩，あるいは社会情勢の変化等を踏まえて，平成14年（2002）4月に学校教育法施行令が大幅に改正され，新たな視点で就学基準が示されるとともに就学手続の弾力化が図られました。

　この改正によって，盲学校への就学基準は，「両眼の視力がおおむね0.3未満のもの又は視力以外の視機能障害が高度のもののうち，拡大鏡等の使用によっても通常の文字，図形等の視覚による認識が不可能又は著しく困難な程度のもの」（学校教育法施行令第22条の3）と規定されました。また，たとえ全盲の者であっても，受け入れ態勢があるという特別な事情がある場合には，小・中学校の通常の学級において教育を行うことができる「認定就学者」の制度もこの改正によって規定されました。

通級による指導と教育措置

　平成5年（1993）1月，学校教育法施行規則の一部が改正され，その第73条の21及び22において，通級による指導を行う場合の教育課程の特例が示されましたが，この一部改正に伴い，「通級による指導の対象とすることが適当な児童生徒について」の通達が出されています。この通達において，通級による指導が適当と考えられる弱視児童生徒について次のように規定しています。

　　　両眼の視力が矯正しても0.1以上0.3未満の者又は視力以外の視機能障害が高度の者のうち，点字による教育を必要としない者で，通常の学級での学習におおむね参加でき，一部特別な指導を必要とするもの。

　この通級による指導が平成5年度から制度化されたことによって，小・中学校における弱視児童生徒の教育は，通常の学級における教育を基盤にしながら特別な指導を通級指導教室や弱視学級で行うという方途が，全国的に主流を占めるようになっていったのです。なお，近年にお

いては，センター化の一環として通級による指導を行う視覚特別支援学校（盲学校）がみられるようになってきています。

(2) 対象児童生徒の実態
実態調査の実施

　文部省は，昭和30年度（1955）及び同42年度（1967）に視覚障害児童生徒の実態調査を行いました。昭和30年度の調査では，盲者は0.03％，準盲者は0.04％，という推定出現率を得ました。また，同42年の調査では，盲・弱視教育の対象となる両眼の矯正視力0.3未満の児童生徒の出現率は，0.08％（0.04未満の者0.015％，0.04以上0.1未満の者0.016％，0.1以上0.3未満の者0.049％）という結果でした。こうした実態調査による推定出現率に基づいて，盲学校や弱視学級の整備計画が立てられたのです。

　しかしながら近年においては，この0.08％という数字の信頼性は低く，教育上特別な配慮を要する視覚障害児童生徒は，様々な角度から考えて0.02％～0.03％程度ではないかと推定されます。

特別支援教育への移行とインクルーシブ教育

　平成19年度（2007）から，我が国の障害児教育は，特別な教育の場において行う「特殊教育」から，どのような教育の場にいる障害児であってもそのニーズに応じた教育を提供しようという「特別支援教育」へと大きくシフトしました。また，この「特別支援教育」システム下においては，特殊教育の時代には障害児教育の範疇に含まれていなかった学習障害（LD：Learning Disabilities），注意欠陥／多動性障害（ADHD：Attention Deficit / Hyperactivity Disorder），高機能自閉症（High Functioning Autism）などの障害児も対象となったため，特別支援教育の対象となる児童生徒は，一気に全児童生徒の８％程度を占めることとなりました。小・中学校の通常の学級に，発達障害児を含む軽度の障害児が約６％程度在籍していると推定されていますので，これらの児童

生徒を視野に入れた教育が今後の大きな課題となります。

　こうした制度改革に大きく影響したのは，平成18年（2006）に国連総会において採択された「障害者の権利に関する条約」でした。この条約は，障害者の人権及び基本的自由の享有を確保し，障害者の固有の尊厳の尊重を促進することを目的として，障害者の権利の実現のための措置等について定めたものであり，「共生社会の実現」というキャッチフレーズのもと，我が国の障害者施策にも大きな影響を及ぼしてきています。我が国は平成19年（2007）9月にこの条約に署名をしましたが，必要な国内法等の整備を進める必要があったため，ようやく平成26年（2014）1月に批准を終了しました。批准に至るまでの経緯において，平成21年（2009）12月に政府は，「障がい者制度改革推進本部」を設立し，条約締結に向けて集中的に国内法制度改革を進めました。これにより，障害者基本法の改正（平成23年〔2011〕8月），障害者総合支援法の成立（平成24年〔2012〕6月），障害者差別解消法の成立及び障害者雇用促進法の改正（平成25年〔2013〕6月）など，制度改革のための法整備が行われました。

　障害児の教育分野においては，特に，インクルーシブ教育システム（inclusive education system）を構築するための検討が最も重要な課題でした。「インクルーシブ教育システム」とは，人間の多様性の尊重等の強化，障害者が精神的及び身体的な能力等を最大限に発揮して，自由な社会に効果的に参加することを可能とするとの目的のもと，障害のある者と障害のない者が共に学ぶ仕組みであり，障害のある者が教育制度一般（general education system）から排除されないこと，自己の生活する地域において初等中等教育の機会が与えられること，個人に必要な「合理的配慮」が提供されること等が必要とされる教育システムをいいます。

　なお，ここで用いられている「合理的配慮」とは，①教員・支援員等の確保，②施設・設備の整備，③個別の教育支援計画や個別の指導計画

に対応した柔軟な教育課程の編成や教材等の配慮等を財政的な側面を配慮して進めることを意味していると解釈されます。

　今後は，特別支援教育の理念（どのような教育の場に在籍する障害のある児童生徒に対しても，ニーズに応じた教育的支援を提供する）と，インクルーシブ教育システムへの移行という課題を踏まえた障害児教育が推進されることになります。こうした流れの一環として，平成25年（2013）8月に学校教育法施行令の一部が改正され，就学先を決定する仕組み（第5条及び第11条関係）が改められました。

　具体的には，学校教育法施行令第22条の3に示されている障害の程度の者は，特別支援学校に就学するという従来の原則を改め，子ども一人一人の障害の状況等を総合的な観点から判断して（障害の状態，本人の教育的ニーズ，本人・保護者の意見，教育学・医学・心理学等専門的見地からの意見，学校や地域の状況等を踏まえた総合的な観点），就学先を決定するという仕組みに変更されたのです。これによって「認定就学者」の制度は廃止され，代わりに特別支援学校に就学する子どもは「認定特別支援学校就学者」と称されるようになりました。なお，従来の「就学指導委員会」は，「教育支援委員会」のような形に変革されていくことになりました。

視力程度及び眼疾患の推移の状況

　1980年代以降における盲学校（視覚特別支援学校）在籍児童生徒の視力程度の推移及び主な眼疾患の推移を表2-1と表2-2に，小・中学校弱視学級児童生徒の視力程度の推移及び主な眼疾患の推移を表2-3と表2-4に，それぞれ示しましたので参考にしていただきたいと思います（いずれも5年ごとに行われている筑波大学の調査による）。

　盲学校（視覚特別支援学校）児童生徒の視力程度の比率には，この30年間大きな変化はみられませんが，強いて言うならば，0.3以上の者の比率が若干上昇傾向にあるといえます。これはおそらく，ある程度視力はあるものの，重複障害のため盲学校に就学した，という者が若干増加

表2-1　盲学校（視覚特別支援学校）児童生徒の視力程度の推移　　（％）

視力程度の区分　　　年度	1985	1990	1995	2000	2005	2010	2015
0.02未満	39.5	38.8	38.8	36	38.4	35.4	37.0
0.02以上0.04未満	9.4	9.2	8.1	9.4	9.1	8.1	6.5
0.04以上0.1未満	18.2	18.4	17.9	17.2	17	16.2	10.5
0.1以上0.3未満	19.8	19	18.3	19	17	17.6	18.6
0.3以上	10.1	11.5	13.2	13.6	13.9	14.8	16.7
不明	3	3.1	3.7	4.8	4.6	7.4	4.7
調査対象人数（人）	6,667	5,526	4,540	3,965	3,746	3,375	2,951

表2-2　盲学校（視覚特別支援学校）児童生徒の主な眼疾患の推移　　（％）

	眼疾患の部位と症状	1990	1995	2000	2005	2010	2015	（人数）
01	未熟児網膜症	11.9	12.1	14.2	17.3	18.6	18.4	(543)
02	網膜色素変性症	11.1	12.1	14.4	14.9	13.9	15.1	(446)
03	小眼球・虹彩欠損	8.7	7.9	7.3	8.2	8.7	10.9	(321)
03	視神経委縮	13.0	13.7	12.0	11.9	11.8	10.9	(321)
05	緑内障・水（牛）眼	6.9	6.9	6.2	5.7	5.8	6.2	(182)
06	視中枢障害	0.9	1.9	1.8	3.0	3.5	4.1	(120)
07	視神経欠損	0.3	0.1	0.4	1.6	2.2	3.2	(93)
08	白内障(摘出後を含む)	11.9	8.5	7.2	4.4	3.0	3.1	(92)
09	硝子体疾患	1.0	1.2	2.6	3.3	3.8	3.1	(90)
10	糖尿病網膜症	1.9	2.9	3.5	3.5	4.2	3.0	(87)
11	網膜芽細胞腫	3.3	3.4	2.5	2.1	2.8	2.9	(86)
12	網脈絡膜疾患	1.9	2.7	2.9	2.6	3.1	2.9	(84)
13	角膜白斑・角膜混濁	1.8	2.0	1.0	2.1	1.9	2.7	(81)
14	黄斑変性・錐体杆体ジストロフィー	2.3	2.0	2.6	3.2	3.7	2.6	(78)
15	網膜剥離	2.7	1.9	1.9	1.9	2.2	2.0	(60)
16	眼振	1.3	−	0.8	1.4	0.8	1.3	(39)
17	弱視	2.4	1.7	2.1	0.9	1.1	1.3	(37)
18	白子	1.4	1.4	0.9	0.9	0.9	1.1	(33)
19	網脈絡膜萎縮症	2.7	2.4	1.9	2.6	1.6	1.1	(32)
20	角膜疾患・その他	1.3	0.9	1.9	0.7	1.2	0.8	(24)
21	上記以外の疾患(不明を含む)	11.3	14.3	11.9	7.8	5.2	3.3	(102)
	合　　　計	100	100	100	100	100	100	(2,951)

〔注〕　表2−1と表2−2は，筑波大学の調査を元に作成した。

しているためではないかと思われます。また，盲学校（視覚特別支援学校）児童生徒の眼疾患では，未熟児網膜症や糖尿病網膜症が増加傾向に

表2-3　小・中学校弱視学級児童生徒の視力程度の推移　　　　　　　　（％）

視力程度の区分 \ 年度	1990	1995	2000	2005	2010	2015
0.02未満	1.4	1.7	10	9.2	9.7	11.1
0.02以上0.04未満	4.4	4.7	3.5	3.8	2.7	2.9
0.04以上0.1未満	18.7	20.2	20.4	23.8	16.1	15.9
0.1以上0.3未満	39.3	39.1	33	30	31.2	25.1
0.3以上	35.5	33.1	32.6	30.8	36.9	40.3
不明	0.7	1.2	0.4	2.3	3.4	4.8
調査対象人数（人）	273	233	230	260	298	315

表2-4　小・中学校弱視学級児童生徒の主な眼疾患の推移　　　　　　　（％）

眼疾患の部位と症状 \ 調査年度	1995	2000	2005	2010	2015	（人数）
01　未熟児網膜症	9.9	12.2	21.2	21.5	18.7	(59)
02　小眼球・虹彩欠損	11.2	8.7	8.5	8.4	12.1	(38)
03　視神経委縮	9.9	10.9	6.5	6.0	8.3	(26)
04　白内障（含む摘出後）	15.0	9.6	7.3	6.4	6.3	(20)
05　視中枢障害	0.9	1.3	7.7	3.4	5.7	(18)
05　弱視	6.4	7.8	1.2	8.7	5.7	(18)
07　網膜色素変性	3.9	3.5	4.6	6.0	5.4	(17)
08　屈折異常	8.2	3.5	4.6	1.7	4.4	(14)
09　白子	3.4	3.5	1.5	5.7	3.8	(12)
09　網脈絡膜疾患　その他	3.4	1.3	4.6	3.4	3.8	(12)
11　眼振	−	4.3	2.7	3.4	3.5	(11)
12　黄斑変性	1.3	4.3	2.7	3.4	2.9	(9)
13　緑内障・水（牛）眼	7.7	4.3	3.8	3.4	2.5	(8)
13　視神経欠損	0.4	0.9	2.7	1.7	2.5	(8)
13　全色盲	2.6	3.0	3.1	1.0	2.5	(8)
16　硝子体疾患　その他	0.4	2.6	3.1	2.7	2.2	(7)
17　網脈絡膜萎縮症	1.7	2.2	0.4	1.7	1.9	(6)
17　網膜芽細胞腫	1.7	3.0	5	4.7	1.9	(6)
19　角膜疾患　その他	0.4	0.9	1.2	0.3	1.6	(5)
19　その他（含む不明）	0.9	7.8	1.9	2.0	1.6	(5)
21　角膜白斑	1.3	0.0	1.2	1.0	1.3	(4)
22　網膜剥離	1.3	2.2	2.3	0.7	1.0	(3)
23　上記以外の疾患	8.1	2.2	2.2	2.8	0.4	(1)
合　　計	100	100	100	100	100	(315)

〔注〕　表2−3と表2−4は，筑波大学の調査を元に作成した。

あることが分かります。未熟児網膜症の増加傾向は，弱視学級にもみられますので，これは今後も留意していかねばならない疾患だといえるでしょう。

盲学校等在籍幼児児童生徒数の推移

平成19年度（2007）から，我が国の障害児教育は，特殊教育から特別支援教育へと制度上の大改革が行われました。この改革に伴って文部科学省の年次報告も，学校種別ごとの在籍者を示す統計から，特別支援学校に在籍する視覚障害幼児児童生徒数を示す統計に変わりました。図2-3に示すグラフも，この点を踏まえて見ていただきたいと思います（ただし，図2-3は，年度の間隔が4年刻みなので，平成17年度までが盲学校在籍幼児児童生徒数で，それ以降が特別支援学校に在籍する視覚障害幼児児童生徒数）。

平成18年度（2006）までの盲学校に在籍する幼児児童生徒数の推移について見てみますと，昭和34年度（1959）をピークとして，平成18年度（2006）まで減少の一途をたどっています。平成19年度（2007）以降の幼児児童生徒数の推移に関しては，新たな視点からその推移を注意深く

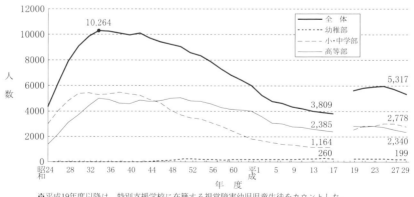

図2-3　盲学校等在籍幼児児童生徒数の推移（平成29年度まで）

見守っていかねばならないと思います。また，視覚障害教育を専門としない特別支援学校に在籍する幼児児童生徒の教育の充実をどのように実現していくかは今後の大きな課題として受けとめなければならないように思います。

弱視学級在籍児童生徒数等の推移

一方，小・中学校に設置されている弱視学級についてみますと，学級数については，図2-4に示すように，昭和55年度（1980）から平成4年度（1992）までの十数年間は，小・中学校合わせて80学級台と横ばい状態にありましたが，これ以降は急激な増加傾向を示し，平成29年度（2017）においては，477学級となっています。これに対して児童生徒数は，図2-5に示すように，昭和54年度（1979）の341名をピークとして減少傾向をたどり，平成7年度（1995）には152名となりましたが，それ以降は増加に転じ，平成29年度（2017）には547名を数えています。ここで注目すべきは，学級数の増加の割には，児童生徒数の増加が緩やかだという点です。これは，一人学級が非常に多いことを意味しています。

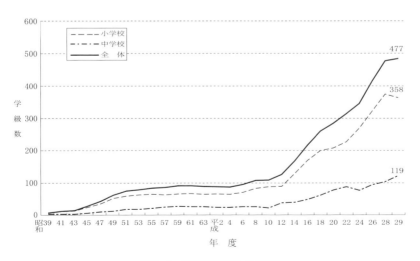

図2-4　弱視学級数の推移

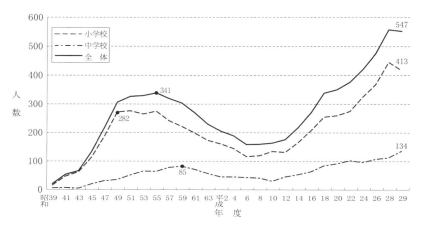

図2-5　弱視学級在籍児童生徒数の推移

特に近年においては、一人でも弱視児童生徒がいれば、一学級を設置するという自治体が増えているのです。

また、平成29年度（2017）において通級による指導を受けている弱視児童生徒は、小学校で176名、中学校で21名を数えていますが、盲学校において通級指導を行っている学校も数校みられます。

重複障害児童生徒の比率の推移

次に重複障害児童生徒の比率についてみてみます。筑波大学が5年ごとに行っている視覚障害原因調査において、昭和55年（1980）以降、盲学校に在籍する重複障害者の実態についても併せて調査していますので、ここではそのデータを表2-5に示してみました。

ここで注意しなければならないのは、重複障害児童生徒の比率の増加は、重複障害児童生徒の実数の増加を必ずしも意味するものではないという点です。全体の児童生徒数が急激に減少するなかで重複障害児童生徒数は横ばい状態ないしは緩やかな減少傾向なので、相対的に比率が増加しているのです。

また、筑波大学の平成27年（2015）調査によると、小・中学校の弱視

表2-5　視覚特別支援学校児童生徒の年齢群別重複障害児の推移

年齢群	調査年	重複障害 ／ 在籍者全体	（％）
6-12歳	1980	643 ／ 2,142	(30.02)
	1985	561 ／ 1,567	(35.80)
	1990	488 ／ 1,109	(44.00)
	1995	472 ／ 953	(49.53)
	2000	449 ／ 823	(54.56)
	2005	478 ／ 825	(57.94)
	2010	474 ／ 789	(60.08)
	2015	458 ／ 771	(59.40)
13-15歳	1980	250 ／ 1,221	(20.48)
	1985	347 ／ 1,226	(28.30)
	1990	309 ／ 876	(35.27)
	1995	277 ／ 648	(42.75)
	2000	232 ／ 523	(44.36)
	2005	222 ／ 518	(42.86)
	2010	235 ／ 505	(46.53)
	2015	234 ／ 473	(49.47)
16-18歳	1980	178 ／ 1,463	(12.17)
	1985	265 ／ 1,392	(19.04)
	1990	302 ／ 1,202	(25.12)
	1995	243 ／ 812	(29.93)
	2000	181 ／ 613	(29.53)
	2005	186 ／ 496	(37.50)
	2010	187 ／ 522	(35.82)
	2015	209 ／ 519	(40.27)

学級に在籍している児童生徒の重複障害児の比率は，小学校で43.8％，中学校で45.7％と高い比率を示しています。

(3) 教育課程の変遷

最初の教育課程の基準

　文部省は，昭和24年（1949）に盲学校教育課程研究協議会を開き，盲学校学習指導要領の作成に着手しました。しかし，適切な成案が得られなかったので，「青鳥会案」として印刷し，各盲学校の参考に供しました。
　その後，昭和30年度（1955）から再び盲学校学習指導要領の作成に取

りかかり，同32年（1957）3月に「盲学校小学部・中学部学習指導要領一般編」を，また，同35年（1960）2月に「盲学校高等部学習指導要領一般編」を作成し，文部省事務次官名で通達しました。これらの学習指導要領の特色は次の通りです。
① 教育の目標は，小学校，中学校，高等学校における教育目標に準じるが，盲児童生徒の視覚障害との関連にかんがみ，その目標の達成に当たって盲児童生徒の特性と発達に応じて，必要な方法を取るべきであるとしたこと。
② 盲児童生徒は，視力障害の程度，失明の時期，入学年齢，教育歴等を異にする者が多いので，教育課程の基準に弾力性をもたせるようにしたこと。
③ 小・中学部の各教科については，小・中学校の目標を掲げ，これを達成するための留意事項を掲げるにとどめ，教科の内容等については，当分の間，小・中学校の学習指導要領各教科編に準ずるとしたこと。
④ 高等部の各学科の目標を規定し，各学科における教科・科目及び単位数等を定めたこと。

文部省告示による教育課程の基準

これらの学習指導要領は，改訂作業が進められ，昭和39年度（1964）「盲学校学習指導要領小学部編」，同40年度（1965）「盲学校学習指導要領中学部編」，同41年度（1966）「盲学校学習指導要領高等部編」と順次文部省告示により制定され実施されました。この期の学習指導要領の特色は次の通りです。
① 教育の目標，各学年別の目標・内容について，盲学校独自の立場で規定したこと。
② 各教科の目標・内容等は，全盲児童生徒を対象として記述したこと。
③ 教科等の時間数（高等部は単位数）については，ほぼ小学校，中学校，高等学校に準ずることとしたこと。

教育課程の改訂と特別な領域の位置づけ

　次いで昭和46年（1971）3月「盲学校小学部・中学部学習指導要領」及び同47年（1972）10月「盲学校高等部学習指導要領」と改訂されました。この期の教育課程の基準の特色は次の通りです。
① 児童生徒の障害の種類・程度，能力・適性等に適合した適切な指導ができるように，基準の弾力化を図ったこと。
② 重複障害者に対しては，特別の教育課程が編成できるようにしたこと。
③ 養護・訓練を領域として新設したこと。

　とりわけこの期の改訂において，養護・訓練が領域として位置づけられた点の意義は大きいものがあります。

　さらに昭和54年（1979）7月「盲学校，聾学校及び養護学校小学部・中学部学習指導要領」「盲学校，聾学校及び養護学校高等部学習指導要領」が告示されました。この期の教育課程の基準は，学校種別を越えて一本で示された点に形式上の大きな特色がありますが，内容的な特色は次の通りです。
① 重複障害者にかかる教育課程編成上の特例を明確にしたこと（精神薄弱養護学校の各教科との代替措置，養護・訓練を主とした指導等）。
② 訪問教育にかかる教育課程を明確にしたこと。
③ 交流教育を教育課程に位置づけたこと。

　また，平成元年（1989）10月，学習指導要領はそれぞれ改訂されました。この期の教育課程の基準の特色は，次の通りです。
① 「盲学校，聾学校及び養護学校幼稚部教育要領」を新たに作成したこと。
② 小学部の1・2学年に「生活」の教科が設けられたこと。
③ 小・中・高等部については，各教科共通の基本的な配慮事項を5項目に精選して示したこと。
④ 養護・訓練の内容については，実施の経験等を踏まえて全面的に

整理しなおしたこと（内容の柱が，身体の健康，心理的適応，環境の認知，運動・動作，意思の伝達となった）。
　⑤　専攻科の標準的な学科として，保健理療科が位置づけられたこと。
　次いで，平成11年（1999）３月に学習指導要領が改訂されましたが，その改訂の主な点は次の通りです。
　①　小・中・高等部を通して，「総合的な学習の時間」が設けられたこと。
　②　「養護・訓練」領域の名称が「自立活動」と改称され，この領域が，自立を目指した児童生徒の積極的な活動であることを明確にしたこと（内容の区分が，健康の保持，心理的な安定，環境の把握，身体の動き，コミュニケーションに改められ，22項目が示された）。
　③　重複障害者等の特例規定が整理されるとともに，小・中学部において，障害の状態により学習が困難な児童生徒について特に必要な場合には，幼稚部教育要領に示す各領域のねらい及び内容の一部を取り入れることを可能にしたこと。
　④　高等部に，教員を派遣して教育を行ういわゆる「訪問教育」が位置づけられたこと。
　⑤　重複障害児童生徒の指導計画及び自立活動の指導計画は，個別の指導計画の作成が基本である点が示されたこと。
　⑥　特殊教育諸学校は，地域における特殊教育の相談センターとしての役割を果たすよう努めることが明記されたこと。
　以上が主な改正点ですが，小学校及び中学校の学習指導要領に，特殊学級や通級による指導に関する明確な規定が設けられるとともに，特殊教育諸学校との交流教育についても明記されたことを付け加えておきます。

平成21年（2009）に告示された教育課程の基準の特色

　平成19年度（2007）から我が国の障害児教育は，特殊教育から特別支援教育へと移行しましたが，この制度的改革を受けて教育課程の基準が，

平成21年（2009）3月に改善・告示されました。その特色を9項目にまとめて次に示してみます。
① 教育目標の見直し：学校教育法における特別支援学校の目的の改正を踏まえ，特別支援学校の学習指導要領等の目標が見直されたこと。
② 自立活動の改善：多様な障害に応じた適切な指導を一層充実させるため，従来の5区分に加え，新たな区分として「人間関係の形成」を設け，それぞれの区分と項目の関連を整理したこと。
③ 重複障害者等の指導の充実：重複障害者の一人一人の実態に応じて，より弾力的な教育課程を編成することができるようにしたこと。特に必要な場合は，医師，看護師，理学療法士，作業療法士，言語聴覚士，心理学の専門家等の助言や知見などを指導に生かすことを明確にしたこと。
④ 各教科等を含めた個別の指導計画の作成：従来，自立活動及び重複障害者の指導に当たっては，個別の指導計画を作成することとしていたが，各教科等における配慮事項なども含めた個別の指導計画を作成することを明確にしたこと。
⑤ 個別の教育支援計画の作成：家庭や，福祉，医療，保健，労働関係機関等との緊密な連携を図り，一人一人のニーズに応じた適切な支援を行うための個別の教育支援計画の策定やその活用を図ることを明確にしたこと。
⑥ 特別支援学校のセンター的機能の充実：特別支援学校は，従来，教育相談に係る地域の特別支援教育のセンターとしての役割を果たすよう努めることとされているが，これを更に進め，地域の特別支援教育のセンターとしての役割を果たすように，教育課程に関連する事項として位置付けたこと。
⑦ 交流及び共同学習の一層の充実：幼稚園，小学校，中学校及び高等学校等の子どもたちとの交流及び共同学習については，双方の子

どもたちの教育的ニーズに対応した内容・方法を十分検討し，早期から組織的，計画的，継続的に実施するよう一層努めること。
⑧ ICF の視点の活用：ICF（国際生活機能分類）の考え方を踏まえ，自立と社会参加を目指した指導の一層の充実を図る観点から，子どもの的確な実態把握，関係機関等との効果的な連携，環境への配慮などを盛り込んだこと。
⑨ 教師の専門性の向上や教育条件の整備等：特別支援学校の教師の専門性の向上を図るため，特別支援学校教諭免許状の取得の促進，国や都道府県等における研修や校内研修の充実などの施策を一層推進すること。

また，幼稚園・小学校・中学校・高等学校における特別支援教育に関しては，次のような点が示されています。
① 小・中学校の特別支援学級及び通級による指導：小・中学校の特別支援学級や通級による指導は，小・中学校における教育の一形態であることを，すべての教職員が十分認識し，その指導が学校全体で行われるようにするための改善を図ること。また，家庭や関係機関等との連携が重要であることから，必要に応じて，個別の教育支援計画の策定やその活用を図ること。
② 幼稚園，小学校，中学校及び高等学校等の通常の学級における指導の充実：小・中学校の通常の学級において，LD（学習障害），ADHD（注意欠陥多動性障害）等の子どもが約6％程度の割合で存在する可能性が示されており，これらの子どもの障害特性などを十分に理解し，各教科等において適切な指導を行う必要があることから，必要に応じて，個別の指導計画の作成や個別の教育支援計画の策定を行うこと，特別支援学校や特別支援学級における指導方法を参考とした指導を行うようにすることなど，個々の障害に応じて必要な配慮が適切に行われるようにすることを明確に示したこと。

③ センター的機能の活用：幼稚園，小学校，中学校及び高等学校等においては，特別支援学校のセンター的機能を活用し，障害のある子どもへの適切な指導及び必要な支援を行うための体制を整備すること。
④ 交流及び共同学習の充実：障害のある子どもと障害のない子どもとの交流及び共同学習については，双方の子どもたちの教育的ニーズに対応した内容・方法を十分検討し，早期から組織的，計画的，継続的に実施するよう努めること。
⑤ 教師の専門性の向上や教育条件の整備等：特別支援教育についての教師の資質の向上を図るため，特別支援学校教諭免許状の取得を通じた専門性の向上，国や都道府県等における研修や校内研修の充実などの施策を一層推進すること。また，必要な教職員定数等の改善を進めるとともに，特別支援教育支援員を含めた教職員の専門性の向上，スクールカウンセラーや学校医，外部の専門家の一層の活用，バリアフリーに対応した施設・設備の整備など，特別支援教育を推進する観点に立ち，きめ細かな教育条件の整備を進めること。

時代の変化に即応した学習指導要領改訂に向けた取り組み

　文部科学大臣は，平成26年（2014）11月に教育課程審議会に対して「初等中等教育における教育課程の基準等の在り方について」諮問を行いました。

　今回の諮問は，グローバル化の中で，大きく変化する我が国の社会情勢の変化等に対応して，未来を切り開いていくことのできる人材を育成するため，初等中等教育における教育課程についても新たな在り方を構築していくことが必要であるという観点からの検討を課題としたものです。障害児教育に関連した検討の視点としては，「障害者の権利に関する条約に掲げられたインクルーシブ教育システムの理念を踏まえ，全ての学校において，発達障害を含めた障害のある子どもたちに対する特別支援教育を着実に進めていくためには，どのような見直しが必要か。そ

の際，特別支援学校については，小・中・高等学校等に準じた改善を図るとともに，自立と社会参加を一層推進する観点から，自立活動の充実や知的障害のある児童生徒のための各教科の改善などについて，どのように考えるべきか」が掲げられています。

　この諮問を受けて教育課程審議会において検討が行われ，平成29年4月に「特別支援学校小学部・中学部学習指導要領」が告示されました。この学習指導要領の特色は次の通りです。
　①　各学校におけるカリキュラムマネジメントの確立などの重視を規定したこと。
　②　障害のある子どもたちの学びの場の柔軟な選択を踏まえ，幼稚園・小・中・高等学校との教育課程の連続性を重視したこと。
　③　障害の重度・重複化，多様化への対応と卒業後の自立と社会参加に向けた指導の充実を図ったこと。
　④　知的障害児のための各教科等の目標や内容について，育成を目指す資質・能力の観点から整理し，連続的な学習が可能なように改善したこと。
　⑤　生涯学習への意欲を高めることや生涯を通してスポーツや文化・芸術活動に親しみ，豊かな生活を営むことができるよう配慮することを規定したこと。

　インクルーシブ教育システムの理念のもと，障害児教育の一層の充実のために，今期の学習指導要領の改訂が大きな契機となることを期待したいと思います。

⑷　**教科書等の刊行**
盲学校用点字教科書刊行の経緯
　文部省では，昭和23年度（1948）から盲学校用の点字教科書の編集を開始し，昭和24年度（1949）「盲学校小学部国語教科書第一学年用，よ

にんの　いい　こ」を刊行し使用できるようにしたのをはじめ，順次編集・発行していきました。教科は，小学部にあっては国語，算数，理科，音楽，中学部にあっては国語，社会，数学等に及びました。これらはいずれも盲学校用としての独自の編集であり，昭和33年度（1958）ないし昭和40年度（1965）ころまで使用されました。しかし盲学校用として独自の編集を行うには長期間を要し，一般の教科書のように3年ごとに改訂（小学部については，平成8年度〔1996〕使用教科書から，中学部については，平成9年度〔1997〕使用教科書から4年ごとの改訂となった）することが困難であることなどの理由から，昭和43年度（1968）から，弱視児が扱いやすくしかも点訳しやすい等の条件を考慮して，小・中学校用の検定教科書の中から一種類を選定し，これに多少の修正を加えて点訳するという方針で編集し，「文部省著作教科書」として刊行されています。具体的な改訂作業に関する事項については，昭和40年代の終わりから，点字教科書編集資料としてまとめ，全国の盲学校に各学校10部程度配布されています。

盲学校用点字教科書刊行の種類

　昭和43年度（1968）以降においては，小学部用の点字教科書として，国語，社会，算数，理科を，中学部用点字教科書として，国語，社会，数学，理科，英語を文部省著作教科書として刊行していますが，このほかに，小学部については，家庭，音楽等が，中学部については，音楽，保健体育，技術・家庭が民間の点字出版社から刊行され活用されています。なお，高等部の点字教科書は，すべて民間の点字出版社が編集発行したものですが，昭和50年代の後半から，盲学校校長会が音頭を取って，どの教科書を原本として点訳するのが適当かを検討し，これを刊行に反映させるというシステムを取っています。

弱視用拡大教科書の刊行

　次に，弱視児童生徒のための拡大教科書について若干みてみたいと思います。昭和39年度（1964）から使用された小学部の国語の点字教科書

には，小学校の国語の教科書にはない盲人を題材とした作品が取り入れられましたが，これらの教材を弱視児童も共に学習する便を考慮して，初号～2号の大活字（ゴシック体）を用いた補充教材が刊行されました。これは弱視児童用教科書という位置づけではありませんでしたが，我が国で最初に刊行された弱視児用の拡大教材として，大きな意義を持つものでした。その後は，一人一人の弱視児の視力等の状態に応じた拡大教材を各学校で用意することを中心として，弱視レンズやテレビ型拡大読書器，電子拡大複写装置（エレファックス）等の整備に力が注がれました。しかしその後，弱視児童生徒のための拡大教科書の必要性が叫ばれるようになり，平成3年度・4年度（1991，1992）の2カ年間，日本弱視教育研究会は，文部省の委嘱を受けて，この研究に取り組み，小学部及び中学部用の国語と算数・数学の拡大教材（検定教科書の拡大本）を「拡大教材研究会」の名で刊行しました。これらの拡大教材は，小学部については平成4年度（1992）から，中学部については平成5年度（1993）から使用されました。

　また，これらの拡大教材（拡大教科書）は，平成7年度（1995）から教科書として認定され，無償給付の対象となっています。

　弱視児童生徒用の拡大教科書は，以上のような経過を経て全国供給の体制が整いましたが，国語と算数・数学に限られていたため，他の教科においても発行してほしいという要望が強まりました。こうした要求を受けて，平成13年度（2001）からは中学校の英語の拡大教科書が発行されました。さらに，平成14年と15年（2002，2003）の2カ年かけて，小・中学校の社会科と理科の拡大教科書の編集が行われ，全ページカラーという画期的な拡大教科書の実現をみたのです。

　なお，拡大教科書を作成する際，大きな障壁となっていた著作権に関しては，平成15年（2003）に著作権法が改正され，教科書会社にあらかじめ届け出る（営利を目的とする場合は，一定額の保証金を支払う必要がある）などの簡便な手続で対応できるようになりました。

教科書バリアフリー法の制定と拡大教科書

障害のある児童生徒が検定教科書に代えて使用する「教科用特定図書等」の普及促進を図るため，平成20年（2008）6月，「障害のある児童及び生徒のための教科用特定図書等の普及の促進等に関する法律」（以下「教科書バリアフリー法」という）が制定されました。この法律は，教育の機会均等の趣旨から，障害等の有無にかかわらず十分な教育を受けることができるようにすることを目的としており，主として次のような内容からなっています。

① 教科書発行者は，文部科学大臣が策定・公表する，教科用特定図書等の標準的な規格（以下「標準規格」という）に適合した教科用特定図書等を，発行する努力義務を負う。

② 教科書発行者は，文部科学大臣又は文部科学大臣が指定する者（以下「データ管理機関」という）に対し，保有する教科書デジタルデータを提供する義務を負う。また，データ管理機関は，提供されたデジタルデータを，ボランティア団体等へ提供することができる。

③ 予算措置として行われていた，小中学校の通常の学級で使用される教科用特定図書等の無償給与については，これを法定化する。

また，文部科学省においては，平成20年（2008）4月に「拡大教科書普及推進会議」を設けて検討を重ね，12月には「拡大教科書の標準的な規格」及び「教科書デジタルデータの提供」等に関してまとめた第1次報告を，平成21年（2009）3月には「高等学校段階における拡大教科書の普及推進」の在り方に関する第2次報告を公にしました。さらに文部科学省は，平成21年（2009）11月に「高等学校段階における拡大教科書の標準規格策定等に関する検討会」をもうけて検討を重ね，平成22年（2010）1月にはその結果を公にしました。

こうした取り組みによって，教科書出版社からの拡大教科書の出版は

劇的に増加し，平成23年度（2011）から使用されている小学校の教科書は，全て拡大教科書が出版されていますし，平成24年度（2012）から使用されている中学校の教科書も全て拡大教科書が出版されています。しかしながら，高等学校の教科書に関しては，一冊ごとの分量が多く，また出版されている教科書の種類も非常に多いこと等から，全ての教科書の拡大版の出版は困難なため，アクセシブルなデジタル教科書の作成と活用の検討が行われており，近い将来全国的に使用されるようになるのではないかと思われます。

なお，小・中・高等学校で使用される教科書についても，デジタル化の検討が急ピッチで行われる方向なので，よりよい弱視者用デジタル教科書の出現が期待されます。

(5) 弱視教育
盲学校における弱視教育

視覚障害教育は，創始以来盲教育を中心として発展してきました。この間，東京市麻布南山尋常小学校の視力保存学級（昭和8年〔1933〕開設）のように，盲教育とは分離した弱視教育の試みや，盲学校の中で弱視児に対する特別な配慮を行った指導の試みはありましたが，制度面，内容・方法面で総合的にこの教育を推進することとなったのは，昭和30年代の後半からでした。特に，盲学校の弱視教育に関しては，前述したように大活字を用いた国語の補充教材を作成したのをはじめとして，昭和39年度（1964）から年次計画をもって盲学校弱視学級用設備に対し国庫補助を開始しています。また，昭和42年度（1967）からは，3カ年計画で電子拡大複写装置（エレファックス）の国庫補助も行われています。

小・中学校における弱視教育

一方，小・中学校についてみると，昭和38年（1963）に開設をみた大阪市立本田小学校の弱視学級がその初めです。文部省においては，本田小学校をはじめいくつかの学校に，弱視教育に関し，その対象児の選定，

施設・設備と教材・教具，学校の管理運営，教育内容・方法等に関する実験研究を委嘱し，その成果を踏まえて，昭和44年度（1969）から弱視学級の設置促進に関する5カ年計画を策定し，その普及を図っていったのです。

新たな展開への期待

このように，盲学校における弱視教育と小・中学校の弱視学級における弱視教育の普及・充実方策によって，この教育は昭和40年代の前半から急速に普及していきました。

弱視教育の内容・方法に関しては，過去50数年の実績の中で，多くの蓄積がなされてきました。近年においては，小・中学校用拡大教科書の出版促進，コンピュータの技術革新と普及（特に，タブレット端末の技術革新と普及）によるデジタルデータ活用の可能性の拡大等により，弱視教育にも新たな課題や発展の方向が見えてきています。

また，通級による指導が平成5年度（1993）から制度化されましたが，近年においては，視覚特別支援学校（盲学校）においても通級による指導の試みがなされるようになってきており，この制度や視覚特別支援学校（盲学校）のセンター的機能をうまく活用した弱視教育の充実が望まれます。

弱視教育の内容・方法に関しては，過去50数年の実績の中で，多くの蓄積がなされてきましたが，近年においては，盲学校においても小・中学校の弱視学級においても，児童生徒の減少傾向が著しく，加えて，発達遅滞を併せもつ弱視児童生徒が増加の傾向にあるため，新たな課題を抱えています。通級による指導が平成5年度（1993）から制度化されましたが，ここ数年，視覚特別支援学校（盲学校）においても通級による指導の試みがなされるようになってきており，この制度や視覚特別支援学校（盲学校）のセンター的機能をうまく活用した弱視教育の充実が望まれます。

(6) 重複障害教育
重複障害教育のクローズアップ

　盲学校における重複障害教育に関しては、昭和40年代の前半まで一部関心をもった教員等によって実践されていましたが、多くの教員の関心を引くには至っていませんでした。盲学校において重複障害教育が大きくクローズアップされてくるのは、養護学校教育の義務制に向けて、様々な整備が行われる昭和40年代の後半以降です。これ以降においては、重複障害児童生徒の占める割合が年々増加するとともに、障害の状態も非常に重度化してきています。

重複障害教育の現状

　現在では、小学部で5割～6割、中学部で4割～5割、高等部においては2割～3割を重複障害児童生徒が占めるに至っています。近年においては、ほとんど全面介護を要するような重度の発達遅滞や肢体不自由を伴う児童生徒が増加傾向にあるため、マンツーマンの指導体制が不可欠な場合も少なくありません。また、学校によっては、小・中学部の児童生徒中7～8割が重複障害児で占められているところもみられます。

(7) 職業教育の充実
理療科教育の近代化

　盲学校の職業教育の中で、創始以来重要な役割を果たしてきた理療科が、昭和22年（1947）、総司令部の方針で一時危機に陥ったことがありました。いわゆる「鍼灸存廃問題」です。しかし盲教育関係者や盲人団体等の強力な反対運動で、これを切り抜けることができました。戦後の理療科教育は、この「鍼灸存廃問題」を契機として近代化が推進されたのです。

　また、昭和48年度（1973）においては、理療科教育の充実のために、大幅な学科の再編成が行われました。具体的には、別科における2カ年間のあん摩・マッサージ・指圧師の養成が廃止され、本科保健理療科に

おける3カ年間の養成に切り替えられたこと，本科と専攻科の5カ年間ではり師，きゅう師，あん摩・マッサージ・指圧師を養成していた課程を廃止し，3年課程の専攻科理療科に統一されたことなどが再編成の内容です。なお，この再編成に伴い，それまでいくつかの盲学校にしか設置されていなかった高等部本科普通科が，全国の盲学校高等部に設置されました。

三療の国家試験への移行と課題

近年においては，昭和63年（1988）5月，あん摩・マッサージ・指圧師，はり師，きゅう師の資質の向上を目的として，あん摩等法が改正され，いずれの養成も高卒3年以上の課程で行うことを基本とすることとなりました。それとともに，これまで都道府県ごとに行っていた試験を，国家試験に移行することとなり，平成5年（1993）2月に第1回の国家試験が実施されています。

視覚特別支援学校（盲学校）においては，国家試験の合格率を高めるための様々な努力がなされていますが，この試験結果は必ずしも満足のいくものになっていません。なお，近年においては，視覚特別支援学校（盲学校）の高等部普通科卒業者の大学進学や一般企業就職者が増加傾向を示しており，理療関係の職業教育を受ける者が減少の傾向を示しています。こうした状況の中，我が国の伝統的な職業として受け継がれてきたこの分野を，今後どのように維持・発展させていくかの検討が望まれています。

新しい職種に対する教育

また，盲学校における新職業教育としては，昭和36年度（1961）からピアノ調律科が，昭和39年度（1964）からリハビリテーション科（現在の理学療法科）が，一部の盲学校に設置されました。理学療法科は，盲学校3校ですでに900名近い卒業生を世に送り出し，彼らは有能な職業人として高い評価を受けています。しかし諸般の事情により，現在理学療法科を置く学校は2校となっています。一方，ピアノ調律科は，ピア

ノの売れゆきの低迷と一般養成校の整備という時代の波の中で，残念ながら昭和62年度（1987）限りで盲学校の学科から姿を消しました。

3　特別支援教育に向けて

特別支援教育に関する報告書
　平成15年（2003）3月，「特別支援教育の在り方に関する調査研究協力者会議」は，「今後の特別支援教育の在り方について」の最終報告を公にしました。特別支援教育に関するこの報告書は，障害の程度等に応じて特別の教育の場（特殊教育諸学校，小・中学校に設置されている特殊学級，通級指導教室）で指導を行う「特殊教育」から，どのような教育の場にいる障害のある児童生徒であっても，その児童生徒一人一人の教育的ニーズに応じて，適切な教育的支援を行う教育体制への抜本的な改革を方向づけたものです。

発達障害児問題の顕在化への対応
　この特別支援教育の対象には，従来の特殊教育対象児童生徒のみならず，LD（Learning Disabilities），ADHD（Attention Deficit/Hyperactivity Disorder），高機能自閉症などのいわゆる発達障害の児童生徒も対象として組み入れられることになりました。このような方向が示された背景や特別支援教育の詳しい点は，第3章をご覧ください。

【参考文献】
1)　文部省：「特殊教育百年史」，東洋館出版社，1978．
2)　東京教育大学雑司ヶ谷分校「視覚障害教育百年のあゆみ」編集委員会：「視覚障害教育百年のあゆみ」，第一法規，1976．
3)　21世紀の特殊教育の在り方に関する調査研究協力者会議：「21世紀の特殊教育の在り方について」，2001．
4)　特別支援教育の在り方に関する調査研究協力者会議：「今後の特別支援教

育の在り方について」, 2003.
5) 文部科学省:「特別支援学校幼稚部教育要領」,「特別支援学校小学部・中学部学習指導要領」,「特別支援学校高等部学習指導要領」, 2019.
6) 文部科学省:「拡大教科書普及推進会議第一次報告」, 2008.
7) 文部科学省:「拡大教科書普及推進会議第二次報告」, 2009.
8) 筑波大学:「全国視覚特別支援学校及び小・中学校弱視特別支援学級児童生徒の視覚障害原因等に関する調査研究――2015年調査-」, 2016.
9) 香川邦生編著:「我が国における弱視教育の展開」, あずさ書店, 2013.

第3章 特別支援教育と視覚障害教育

1 特殊教育から特別支援教育へ

特殊教育から特別支援教育への移行
　視覚障害を含めて障害がある子どもの教育は，平成19年（2007）に「特殊教育」から「特別支援教育」へと転換しました。
　「特殊教育」では，障害の種類や程度に応じて特別な場で教育が行われていましたが，「特別支援教育」では，発達障害も含めて，特別な支援を必要とする障害がある幼児児童生徒が在籍する幼稚園，小学校，中学校，高等学校，中等教育学校及び特別支援学校のすべての学校において実施されることになりました。
　特別支援教育は，障害のある幼児児童生徒が自立し，社会参加するために必要な力を培うため，「一人一人の教育的ニーズを把握し，その持てる力を高め，生活や学習上の困難を改善又は克服するため，適切な指導及び必要な支援」を行います。さらに，特別支援教育は，障害のある幼児児童生徒への教育にとどまるものではなく，障害の有無やその他の一人一人の違いを認識しつつ，様々な人々が生き生きと活躍できる「共生社会」の形成の基礎となるものであり，我が国の現在及び将来の社会にとって重要な意味を持っています。

特別支援教育への移行の背景
　「特殊教育」は，盲・聾・養護学校，小・中学校に置かれている7種類の特殊学級（弱視，難聴，知的障害，肢体不自由，病弱・身体虚弱，言語障害，情緒障害），通級指導教室（通級による指導を行う学級）で行われていました。つまり場の教育を基本としていたということになります。障害があるために特別な支援を必要としている児童生徒であっても，こうした場において教育を受けていない者は，特殊教育の対象外と

されてきました。

　障害のある児童生徒をめぐる近年の特徴的な傾向として，障害の重度・重複化や多様化，学習障害（LD），注意欠陥多動性障害（ADHD），高機能自閉症等の児童生徒への対応，早期からの教育的対応に関する要望の高まり，高等部への進学率の上昇，卒業後の進路の多様化，障害者の自立と社会参加の促進への期待などを挙げることができます。

　障害の重度・重複化や多様化は視覚障害教育においても大きな課題になっていました。幼児児童生徒の少人数化に加えて，義務教育段階では半数以上の児童生徒が視覚以外の障害を併せ持っているのが実態です。

　また，文部科学省が実施したスクリーニング調査結果から，LD，ADHD，高機能自閉症等は，通常の学級に在籍する児童生徒の約6.5％程度を占めていることが明らかになりました。こうした特別な教育的ニーズのある児童生徒への対応も喫緊の課題となってきました。

　さらには，人口の減少にもかかわらず，知的障害では児童生徒の増大が続き，視覚障害や聴覚障害では大幅な減少をたどるという学校間の在籍者数のアンバランスも顕在化してきました。

　このような背景により，「特殊教育体制」が時代の間尺に合わなくなってきたことが認識されるようになってきました。

　以上のような国内の情勢の変化に加えて，国際的なインクルーシブ教育の潮流や障害者の権利という観点からも「特殊教育体制」の見直しが迫られてきたのです。

特別支援教育に向けた制度改革への取り組み

　こうした動向を踏まえて，平成16年（2004）2月に中央教育審議会初等中等教育分科会の下に特別支援教育特別委員会が設置され，平成17年12月8日に「特別支援教育を推進するための制度の在り方について（答申）」が取りまとめられ，この答申において特別支援教育への転換が示されたのです。具体的に示された主な提言は以下の通りです。

　① 障害のある児童生徒などの教育について，従来の「特殊教育」か

ら，一人一人のニーズに応じた適切な指導及び必要な支援を行う「特別支援教育」に転換すること。
② 盲・聾・養護学校の制度を，複数の障害種別を教育の対象とすることができる学校制度である「特別支援学校」に転換し，盲・聾・養護学校教諭免許状を「特別支援学校教諭免許状」に一本化するとともに，特別支援学校の機能として地域の特別支援教育のセンターとしての機能を位置づけること。
③ 小・中学校において，LD・ADHDを新たに通級による指導の対象とし，また特別支援教室（仮想）の構想については，特殊学級が有する機能の維持，教職員配置との関連などの諸課題に留意しつつ，その実現に向け引き続き検討すること。

文部科学省においては，この答申の提言等を踏まえ必要な制度の見直しについての検討を進め，学校教育法施行規則の一部改正（平成18年4月施行），学校教育法等の一部改正（平成19年4月施行）を行いました。

表3-1 教育基本法，学校教育法及び学校教育法施行規則の主な改正点

法令等	改正の要点
教育基本法 第1章第4条2項 （新設）	国及び地方公共団体は，障害のある者が，その障害の状態に応じ，十分な教育を受けられるよう，教育上必要な支援を講じなければならない。
学校教育法 第1条	盲学校，聾学校，養護学校（特殊教育諸学校）を，すべて特別支援学校と名称変更する。
学校教育法 第81条	幼稚園，小学校，中学校，義務教育学校，高等学校及び中等教育学校においても，特別支援教育を行う。
学校教育法 第81条の2	小・中学校等の特殊学級を，特別支援学級と名称変更する。
学校教育法 第74条	特別支援学校は，幼稚園，小学校，中学校，高等学校または中等教育学校の要請に応じて，助言または援助を行う。
学校教育法施行規則	学習障害，注意欠陥多動性障害，自閉症を，特別支援教育の対象とする。

主な改正点は表3-1に示した通りです。なお，この間に教育基本法も改正されています。

これらにより，従来，障害のある児童生徒等の教育の充実を図るため，障害種別ごとに設置されていた盲・聾・養護学校の制度が，複数の障害種別を教育の対象とすることのできる「特別支援学校」の制度に転換されたのです。合わせて，小・中学校等に在籍する教育上特別な支援を必要とする児童生徒等に対しても，適切な教育（特別支援教育）を行うことが明確に位置づけられました。

学校の名称については，「特定の障害種別に対応した教育を専ら行なう特別支援学校とする場合」については，盲学校，聾学校，養護学校の名称を用いることができるという通知（平成18［2006］年7月18日付事務次官通知）が出されています。

2　障害者の権利に関する条約の批准とインクルーシブ教育

「障害者の権利に関する条約」の批准に向けた取り組み

特別支援教育へ大きく舵を切った理由についてはこれまで述べてきましたが，障害がある子どもの教育のあり方にさらに大きく影響したのは「障害者の権利に関する条約」でした。

この条約は，2006年12月13日に国連で採択され，2008年5月に発効しています。この条約では，障害に基づくいかなる差別も禁止されています。日本政府はこの条約の締結に向けて必要な国内法令の整備等を進めてきました。これにより障害者基本法が改正され，障害者差別解消法が制定されています。表3-2に，こうした動向を整理して示しました。

障害者の権利に関する条約は，平成25年（2013）12月4日に国会で承認され，平成26年（2014）1月20日に批准され，1カ月後の2月19日に我が国において効力が発生しました。

この条約の24条に教育のことが記されており，インクルーシブ教育シ

表3-2　特殊教育から特別支援教育への施策の流れ

平成16（2004）年2月24日	中央教育審議会初等中等教育分科会特別支援教育特別委員会設置
平成17（2005）年12月8日	中央教育審議会初等中等教育分科会特別支援教育特別委員会が特別支援教育への移行を答申（平成19年4月1日移行）
平成18（2006）年12月13日	「障害者の権利に関する条約」国連総会において採択
平成19（2007）年9月28日	「障害者の権利に関する条約」日本国署名
平成23（2011）年8月5日	改正障害者基本法公布・施行
平成24（2012）年7月23日	中教審初等中等教育分科会報告
平成25（2013）年6月26日	障害者差別解消法公布（平成28年4月1日施行）
〃　　　　　　8月26日	学校教育法施行令改正（平成25年9月1日施行）
〃　　　　　　12月4日	参議院本会議が「障害者の権利に関する条約」の批准を承認
平成26（2014）年1月20日	「障害者の権利に関する条約」批准書を寄託
〃　　　　　　2月19日	「障害者の権利に関する条約」の効力が発生
平成28（2016）年4月1日	「障害者差別解消法」施行

ステム（inclusive education system）の実現を求めています。インクルーシブ教育システムについては，「人間の多様性の尊重等の強化，障害者が精神的及び身体的な能力等を可能な最大限度まで発達させ，自由な社会に効果的に参加することを可能とするとの目的の下，障害のある者と障害のない者が共に学ぶ仕組み」と規定されています。その実現のためには「障害のある者が一般的な教育制度（general education system）から排除されないこと」「自己の生活する地域において初等中等教育の機会が与えられること」「個人に必要な『合理的配慮』（reasonable accommodation）が提供されること」等が必要とされています。

　国際条約は国内法より上位にあるため，障害者の権利に関する条約を批准するためには，国内法を整備する必要がありました。従前の特殊教育は条約24条に抵触する恐れがあったということからも，特別支援教育への転換が図られたと考えられます。

特別支援教育が求めていること

特別支援教育では，「障害のある幼児児童生徒の自立や社会参加に向けた主体的な取り組みを支援するという視点に立ち，一人一人の教育的ニーズを把握し，その持てる力を高め，生活や学習上の困難を改善又は克服するため，適切な指導及び必要な支援」を行うという理念の下，すべての学校で実施されることとされています。

そのために，盲・聾・養護学校という障害に対応した学校種別を解消して，「特別支援学校」に一本化し，弾力的に様々な障害種の児童生徒を受け入れることができる体制に転換されました。また「特別支援学校」は，地域において小・中学校に対する教育上の支援（教員や保護者に対する相談支援など）をこれまで以上に重視し，地域の特別支援教育のセンター的役割を担う学校として位置づけることも明確に示されました。

平成19年（2007）4月1日付の文部科学省初等中等教育局長通知「特別支援教育の推進について」では，この特別支援教育体制を構築するための取り組みとして以下のような内容が示されています。

①校長の責務

特別支援教育実施の責任者として，自らが特別支援教育や障害に関する認識を深めるとともに，リーダーシップを発揮しつつ，次に述べる体制の整備等を行い，組織として十分に機能するよう教職員を指導することが重要である。

②体制の整備及び必要な取り組み

・特別支援教育に関する校内委員会の設置：校長のリーダーシップの下，全校的な支援体制を確立し，発達障害を含む障害のある幼児児童生徒の実態把握や支援方策の検討等を行うため，校内に特別支援教育に関する委員会を設置すること。
・実態把握：在籍する幼児児童生徒の実態の把握に努め，特別な支援を必要とする幼児児童生徒の存在や状態を確かめること。
・特別支援教育コーディネーターの指名：各学校の校長は，特別支援教

育のコーディネーター的な役割を担う教員を「特別支援教育コーディネーター」に指名し，校務分掌に明確に位置づけること。
- 関係機関との連携を図った「個別の教育支援計画」の策定と活用：長期的な視点に立ち，乳幼児期から学校卒業後まで一貫した教育的支援を行うため，医療，福祉，労働等の様々な側面からの取り組みを含めた「個別の教育支援計画」を活用した効果的な支援を進めること。小・中学校等においても，必要に応じて，「個別の教育支援計画」を策定するなど，関係機関と連携を図った効果的な支援を進めること。
- 「個別の指導計画」の作成：幼児児童生徒の障害の重度・重複化，多様化等に対応した教育を一層進めるため，「個別の指導計画」を活用した一層の指導の充実を進めること。
- 教員の専門性の向上：特別支援教育の推進のためには，教員の特別支援教育に関する専門性の向上が不可欠。各学校は，校内での研修を実施したり，教員を校外での研修に参加させたりすることにより専門性の向上に努めること。

③特別支援学校における取り組み

- 特別支援教育のさらなる推進：特別支援学校は，これまでの盲学校・聾学校・養護学校における特別支援教育の取り組みをさらに推進しつつ，様々な障害種に対応することができる体制づくりや，学校間の連携などを一層進めていくことが重要であること。
- 地域における特別支援教育のセンター的機能：これまで蓄積してきた専門的な知識や技能を生かし，地域における特別支援教育のセンターとしての機能の充実を図ること。特に，幼稚園，小学校，中学校，高等学校及び中等教育学校の要請に応じて，発達障害を含む障害のある幼児児童生徒のための個別の指導計画の作成や個別の教育支援計画の策定などへの援助を含め，その支援に努めること。
- 特別支援学校教員の専門性の向上：地域における特別支援教育の中核として，様々な障害種についてより専門的な助言等が期待されている

ことに留意し，特別支援学校教員の専門性のさらなる向上を図ること。

　特別支援教育の理念である「一人一人のニーズに応じた教育的支援」という命題を実現するために，以上のような諸点を踏まえて，対応していくことになります。
　さらに，特別支援教育は，障害の有無やその他の個々の違いを認識しつつ様々な人々が生き生きと活躍できる共生社会の形成の基礎となるものであることから，特別な「ニーズ」のある幼児児童生徒への教育にとどまらず，すべての幼児児童生徒にとっても深く関わっているものであることを理解して対応していく必要があるといえます。

3　特別支援教育と視覚障害教育

特別支援教育体制での視覚障害教育の今後

　それでは，こうした新たな特別支援教育制度の下で，これまでの盲学校や弱視学級はどのようになっていくのでしょうか
　まず，盲学校についてみると，既に，「盲学校」という名称から「○○視覚特別支援学校」とか「○○特別支援学校」へと名称を変更している学校が，令和元年（2019）4月の時点で26校（39％）に及びます。
　特別支援教育体制の下では，名称変更にとどまらず，従来の視覚障害のみを対象とした盲学校から，いくつかの障害種をも受け入れる形態に転換していく学校がかなりの数みられるようになっていくのではないかと思われます。既に山口県，富山県では複数種の障害のある児童生徒を受け入れる特別支援学校に転換しています。
　いずれにしても，視覚に障害がある子どもたちのために，質の高い視覚障害教育を提供していく学校は今後とも必要不可欠です。しかしながら，かつてのように集団を維持するに足る幼児児童生徒数が在籍し，隆盛をきわめた盲学校の再現は望みにくい状況にあります。これまでのよ

うな盲学校の形態に固執していては，展望は開けません。質が高く，保護者や当事者が満足できる学校としての新たな仕組みが模索されなければなりません。後述しますが，諸外国の現状をみると，学校としての機能は，重複障害教育や職業教育へと中心が移り，地域で学ぶ視覚障害幼児児童生徒を支援するセンターとしての機能の充実が図られています。児童生徒の減少や障害の重度重複化を鑑みると，我が国の盲学校も，地域で学ぶ幼児児童生徒や保護者，指導に携わっている関係者を支える視覚障害教育のセンターとしての機能を一層発揮していくという選択肢が現実的であるように思われます。

　地域のセンターとして確固たる位置を占めるためには，支援機関としての信頼度を高めていくことが第一であり，人的資源や教材教具等の充実を図るとともに発信力を増強していくことが求められます。また，指導方法・内容だけでなく教材教具の充実も図っていくことにより，地域のセンターとしての機能を高めていくことが期待されます。

「弱視特別支援学級」及び「通級による指導」の今後

　平成15年（2003）に示された「特別支援教育の在り方に関する調査研究協力者会議」報告では，小・中学校に置かれている特殊学級等や通級指導教室は，「特別支援教室」に一本化するという構想が示されていました。しかし，特別支援学校長会や特別支援学級設置校長協会，保護者団体などの強い反対があり，この構想は見送られました。障害の種類によっては固定式の学級のほうが教育上の効果が高いこと，重度の障害のある児童生徒が在籍している場合もあること，「学級」編制を基本とする教職員配置の見直しや専門性の担保が必要となることなどが，その理由でした。

　しかし，「弱視特別支援学級」については，全国的にみると，「学級」としての仕組みは残ったもののその質が向上してきているとは必ずしもいえません。経験豊かなベテランを学級に配している学校がある一方で，全国的にみると「学級」は設置しているものの新任者や臨時的任用の教

員を担任とし，1，2年の短期間で担任が入れ替わる，また指導も「知的特別支援学級の内容と変わらない」等の声が聞かれるなど，弱視児童生徒を大切にしているとは思われない体制をとっている学校も少なくありません。

こうした現状が抱える問題点をしっかりと認識し，小・中学校等で学ぶ視覚障害児童生徒を大切にした体制を整えていくことは，行政担当者や管理職の責務であるといえます。

今後における弱視特別支援学級の運営

特別支援教育では，教育の場についても固定したものと考えるのではなく，児童生徒の実態等に応じて弾力的に教育の場を用意するという考え方に立って取り組むことが必要であるとされています。したがって，特別支援学級の指導も，通常の学級，通級による指導，特別支援学校といった連続的な学びの場の一つであるということを意識して，児童生徒の実態を踏まえた適切な指導を行っていかなければなりません。そのためには，特別支援学級担任には，対象となる児童生徒の障害に関する専門性はもちろんのこととして，通常の学級についても理解を深め，適切に通常の学級の担任や児童生徒とも対応できる力が求められます。また，校内での連携や特別支援学校のセンター的機能の活用，関係機関及び専門家との連携に関わる専門性も必要になってきます。

「弱視児」を対象とした特別支援学級の担任としては，視覚障害に関する専門性を有することはいうまでもないことですが，希少障害であることの特性に留意して取り組んでいくことが大事なことだといえます。そのためには，特に校外にネットワークを形成して，必要な時に情報を交換・共有することができる体制を築いておくことが望まれます。

特別支援教育体制では，すべての小・中学校に「特別支援教育コーディネーター」を配置し，校内はもとより校外の関連機関や専門家と連携して指導を行う仕組みが整えられました。その適切な運用による成果に期待が寄せられます。また，視覚障害児童生徒の教育を推し進める場

合の専門機関や専門家の確保は，視覚特別支援学校（盲学校）のセンター的機能が大きな役割を果たしてきました。こうした外部機関を有効に活用することにも心掛けたいものです。

　なお，東京都や神奈川県，奈良県，宮城県などでは，弱視教育に関する研究会や担当者のネットワークができています。

進む小・中学校等における障害児教育の改革

　小・中学校等において特別支援教育を効果的に推進するためには，通常の学級を担任している教員の理解と協力が何よりも大切になってきます。また，多様なニーズを持つ児童生徒一人一人に適切な指導を行うための体制やネットワークも必要です。

　平成29年（2017）告示の小学校学習指導要領の総則「第4　児童の発達の支援」には，「2　特別な配慮を必要とする児童への指導」に関して次のような記載が認められます。

　2　特別な配慮を必要とする児童への指導
　⑴　障害のある児童などへの指導
　ア　障害のある児童などについては，特別支援学校等の助言又は援助を活用しつつ，個々の児童の障害の状態等に応じた指導内容や指導方法の工夫を組織的かつ計画的に行うものとする。
　イ　特別支援学級において実施する特別の教育課程については，次のとおり編成するものとする。
　　㋐　障害による学習上又は生活上の困難を克服し自立を図るため，特別支援学校小学部・中学部学習指導要領第7章に示す自立活動を取り入れること。
　　㋑　児童の障害の程度や学級の実態等を考慮の上，各教科の目標や内容を下学年の教科の目標や内容に替えたり，各教科を，知的障害者である児童に対する教育を行う特別支援学校の各教科に替えたりするなどして，実態に応じた教育課程を編成すること。
　ウ　障害のある児童に対して，通級による指導を行い，特別の教育課程を編成する場合には，特別支援学校小学部・中学部学習指導要領第7章に示す自立活動の内容を参考とし，具体的な目標や内容を定め，指導を行うものとする。その際，効果的な指導が行われるよう，各教科等と通級による指導との関連を図るなど，教師間の連携に努めるものとする。
　エ　障害のある児童などについては，家庭，地域及び医療や福祉，保健，労働等の業務を行う関係機関との連携を図り，長期的な視点で児童への教育的支

援を行うために，個別の教育支援計画を作成し活用することに努めるとともに，
　　各教科等の指導に当たって，個々の児童の実態を的確に把握し，個別の指導計画
　　を作成し活用することに努めるものとする。特に，特別支援学級に在籍する児童
　　や通級による指導を受ける児童については，個々の児童の実態を的確に把握し，
　　個別の教育支援計画や個別の指導計画を作成し，効果的に活用するものとする。

　「特殊教育」時代の統合教育では，通常の学級における対応は鈍く，障害がある子どものほうが通常の学校のシステムにできるだけ適合していくという視点に立っていたといっても過言ではありませんでした。そのため，知的能力や支援体制に恵まれた一部の限られた障害児のみが対応可能なものであったといえます。しかし，共生社会をかかげ，すべての学校において特別支援教育が行われることになった今日においては，小・中学校の側も「仕方なく受け入れる」姿勢から「積極的に受け入れる」姿勢へと歩み寄る動きがみられるようになってきています。平成20年告示の学習指導要領において，そのことが明確に示されましたが，平成29年告示の学習指導要領は，さらに踏み込んだ記述になっています。こうした展開が進めば，これまで困難と判断されていた障害のある児童生徒と障害のない児童生徒との学習活動も共同で行うことができるようになり，対応の幅が広がってくると期待されます。

　障害がある児童生徒への対応については，今後，学習指導要領の改訂が進むたびに漸次，濃密になっていくものと想定されます。すでに小・中学校では，学習指導要領に対応して特別支援教育に対する姿勢に変化がみられてきています。学習指導要領が10年単位で見直しがされていることを踏まえると，特別支援教育についても長期的に見通して，対応していくことが肝要だといえます。インクルーシブ教育システム構築の潮流がしっかり流れていることは確かなことです。視覚に障害がある子どもの教育についても，そうした視点から対応していかないと，時代の流れに乗り遅れてしまうことになるのではないでしょうか。

　このようにみてくると，視覚特別支援学校（盲学校）においても旧来のままの形態で存続を考えている学校はいずれその役割すら果たせなく

なることを自戒の念をもって予見しておく必要があります。

　いずれにしても，視覚障害教育の未来は安泰ではありません。いずれの方向に進むにしても道は険しいといえます。これから教育を受ける視覚に障害がある子どもたちが，最大限に良好な環境下で教育を受けることができるように，私たちは努力していかなければならないと思います。

4　視覚特別支援学校（盲学校）に期待されるセンター的機能への取り組みと課題

(1)　求められるセンター的機能

特別支援学校に求められているセンター的機能

　特別支援教育の制度は，障害のある幼児児童生徒一人一人の教育的ニーズに応じた教育を推進するためのものです。したがって，特別支援学校は，従前の盲学校・聾学校・養護学校で取り組まれてきた特別支援教育の充実をさらに推し進めるとともに，様々な障害種に対応できる体制を整えたり，学校間の連携等を一層進めていったりすることが求められてきます。

　また，特別支援学校には，これまで蓄積してきた障害のある子どもの教育に関わる専門的な知識や技能を生かして，地域の幼稚園，小学校，中学校，高等学校及び中等教育学校等の要請に応じて，各校に在籍する障害のある幼児児童生徒のための「個別の指導計画」の作成や「個別の教育支援計画」の策定などへの援助をはじめとした様々な支援に努める「センター的機能」が求められています。

　このセンター的機能には「教育相談機能」「指導機能」「研修機能」「情報提供機能」「コンサルテーション機能」「実践研究機能」「施設・設備開放」等が考えられます。

　視覚障害に対応した視覚特別支援学校（盲学校）は全国でわずか65校です。当該自治体唯一の視覚障害教育に関する専門機関である学校も珍

しくありません。したがって支援の対象は，乳幼児から学齢児童生徒はもちろんのこと，卒業生や人生中途で失明した成人にまで至り，広範にわたっています。

調査にみられるセンター的機能の実態と課題

国立特別支援教育総合研究所では，盲学校（当時）におけるセンター的機能について平成15年度に調査し，平成18年度には特別支援教育に関する研究の一環として，その後の実施状況を調査しています。これらの調査結果において，盲学校は他の障害種の学校に比べて積極的にセンター的機能を実施していることが明らかになっています。一方，センター的機能の充実を図っていく上での課題として，視覚障害教育の専門性の確保，頻繁な人事異動，正規の教員以外のスタッフの増加の問題などが浮かび上がってきており，いわゆる専門性の確保が大きな課題になっていました。

こうした課題についての改善は進んできているのでしょうか。平成23年に国立特別支援教育総合研究所が実施した調査によると，視覚特別支援学校（盲学校）のセンター的機能を充実していくための課題として，次のような事項が示されています。

① 地域支援等を行うための視覚障害教育の指導の専門性，及びコーディネーターとしての力量の担保と人材の育成。
② 一部の担当者に過度な負担とならないよう全校体制による取り組み。
③ 地域支援，通級による指導等に関わる教員の定数外措置。
④ 旅費等，外部支援に関わる予算の確保。
⑤ 視覚障害のある乳幼児の早期発見と，通常の学級に在籍している視覚障害のある児童生徒の実態の把握。
⑥ 医療機関，福祉機関，他の教育機関等との連携。

学校としての組織的対応や担当者の力量の向上という側面からセンター的機能への取り組みは積極的になされてきているものの，学校や個人では対処できない，人的，予算的な面からの対応が進んでいないこと

が読み取れます。今後の特別支援教育の推進における大きな課題だといえます。

(2) 求められるセンターとしての主な機能

早期教育における対応

　視覚障害乳幼児の支援や教育に関しては，責任をもって指導や助言を担う機関がなかったり曖昧だったりする自治体が少なくありません。大変残念なことですが，こうした自治体においては，視覚特別支援学校（盲学校）や弱視特別支援学級のセンター的機能を果たしていくことが期待されます。０歳からの就学前教育についての体制整備を進めることが喫緊の課題だといえます。様々な方法で乳幼児に直接指導を行ったり，親へのアドバイスをしたりすること，また，幼稚園や保育所に通っている幼児に対して，幼稚園や保育所に対する支援を行っていくことが，この段階でのセンターとしての重要な役割となります。こうした早期教育における対応においては，関係する医療機関や児童相談センターなどの関係機関との連携も大切であり，担当者には，その連絡調整を行う幅広い知識が要求されます。

学齢児童生徒への対応

　視覚特別支援学校（盲学校）の在籍児童生徒数は減少の一途をたどっています。平成15年度（2003）に3,882人と4,000人を割り込み，平成27年度（2015）は，2,863人（全国盲学校長会調査）で3,000人を切ってしまいました。

　一方，小中学校弱視学級設置校は188校を数え，大きな伸びを示しています。その中に点字で学習をしている児童が数十人在籍していると推測されています。また，通常の学級で学ぶ視覚障害児童生徒は相当数いることが推察されています。これらの児童生徒に対して視覚特別支援学校（盲学校）は，通級による指導や教育相談活動を通して，自立活動に相当する特別な指導を行ったり，教材供給の援助，あるいは在籍校の教

員等に対して指導上のアドバイス等を行ったりしています。この機能は，視覚特別支援学校（盲学校）が長年培ってきた教育実践のノウハウを活かすことのできる最も期待されている領域といえるでしょう。

視覚障害者の生涯学習への対応

　生涯学習に関する様々な取り組みがなされていますが，視覚障害者はこうした一般の講座を受講するのが困難な場合が少なくありません。そこで視覚特別支援学校（盲学校）を会場として，理療に就業している卒業生の再教育をはじめ，料理講習，スポーツ・レクリエーション等の活動を定期的に行っている学校がかなりみられます。今後ともにこうした活動が積極的に行われることが期待されます。

地域社会の障害者理解への対応

　視覚特別支援学校（盲学校）の教育活動を広く理解してもらうために地域住民への学校公開を実施したり，地域の小・中学校との交流及び共同学習をしたりすることなどが含まれます。特に近年，総合的な学習への取り組みの一環として障害者理解をテーマに取り上げる小・中学校から，視覚特別支援学校（盲学校）の教員がアイマスク歩行の疑似体験や点字指導の講師として招かれる機会が多くなりました。また，視覚障害者の理解・啓発のための地域社会への働きかけ，例えば，地域の人々を対象とした点字教室や家庭でできる指圧，あるいは講演会等を年間通して計画的に実施している学校もみられます。

センター的機能の今後の発展と期待

　以上いくつかの側面から具体的なセンター的機能の内容を紹介しました。これらは決して目新しい活動ではなく，これまで多くの視覚特別支援学校（盲学校）や弱視特別支援学級が何らかの形で対応してきた内容です。今後は，この内容を組織的・継続的な活動として，そしてセンター的機能を意識した活動としてとらえ，その実践を重ねていくことが大切になってきます。もちろんこれら以外にも地域によっては視覚障害支援の様々な活動がセンター的機能として考えられるでしょう。

(3) 視覚特別支援学校（盲学校）の抱える課題
専門性の維持・向上・発展

　センター的機能を含め，今後の視覚障害教育を考える上で最も大切なことは，この教育を担当する教員の専門性の維持・向上です。残念ながら，この専門性の維持・向上が近年かなり難しい状況にあります。

　視覚障害教育の専門性の維持・向上を阻む要因の一つとして，視覚特別支援学校（盲学校）の教員と他の特別支援教育諸学校の教員あるいは一般の学校の教員との人事交流がかなり頻繁になっていることがあげられます。人事交流は，公平性などの観点から重要な意味を有していますが，視覚特別支援学校（盲学校）のように県下に1校ないし数校しかなく，しかもその教育的専門性が高い分野についての人事交流は，当然その専門性の維持・向上を考慮して行われなくてはなりませんが，そうなっていない現実があります。視覚障害教育の専門家を育てるための教員養成の不備と，現職研修の機会の希薄な点も指摘されています。近年こうした点に気づき，配慮を示す自治体も出てきていますが，こうした専門性に対する研修は，全国レベルで行われないと，講師の確保や一定数の参加者を得ることが難しいといえます。こうした点を踏まえた研修体制の確立が望まれるところです。

　また，特別支援教育においては，児童生徒の障害の状態やニーズに応じて，小・中学校の通常の学級，小・中学校の特別支援学級や通級指導教室，さらには特別支援学校と，連続する学びの場を想定していますので，教員の質の向上では，2段構えの対応が必要だと思われます。

　さらに，近年の幼児児童生徒数の減少も専門性の維持・向上に影響を与えています。点字を常用して学習する児童生徒がすべての学年に揃っていないという状況が常態化している学校も少なくありません。点字を常用して学習する生徒が久しぶりに入学するという学校も見受けられます。このように，点字を教える対象がいないという状況下では，点字教育を維持・向上・発展させるすべを考えることすらままならないという

ことになります。この状況を打破するためには，近隣の視覚特別支援学校（盲学校）間の交流を一層深めたり，広域での人事交流を図ったり，一層センター的機能の充実を図っていくなどの方策が必要と思われます。

校内組織の確立

いくら専門性が高いとしても，一人の熱心な教師だけが頑張っても，それにはおのずと限界があり，組織的・継続的な活動にはなり得ません。その点に関しては，特別支援教育体制に転換して大きな変化がみられるようになりました。それは，センター的機能を担当する分掌を新たに起こし，例えば専任の先生を確保するなど，この機能を片手間ではない主たる校務として位置づける学校が増えてきたことにも由来しているように思われます。今後は，このような工夫を凝らした取り組みを学校のホームページで公開するなど，積極的にアピールすることが必要でしょう。センター的機能については，校内体制や教員間の連携など様々な課題が顕在化するかもしれませんが，質の高い視覚特別支援学校（盲学校）内の支援システムの構築が求められているといえます。

実績の蓄積とその公開

センター的機能を発揮するようになると，これまでのように在籍している児童生徒だけでなく，多くの児童生徒を対象とするようになります。新たな人材の確保が困難な状況下では，限られた人的資源のより有効な活用が求められてきます。現在，センター的機能に関する専任を配置している学校も，内部努力でその数を生み出しているわけですが，今後は蓄積した各学校の実践を広く公開することによって，「視覚特別支援学校（盲学校）のセンター的機能は地域に求められる必須の機能」と認識されるようになることが大切だと考えます。ともかく，将来に明るい展望が開けるか否かは，現在，視覚特別支援学校（盲学校）に勤務する教員の実践にかかっているといっても過言ではありません。

5　諸外国における盲学校等のセンター的機能

諸外国の取り組みに学ぶ

　ノーマライゼーションの潮流や通常教育の抱える様々な問題に対処するため，インクルーシブな教育への取り組みが世界の潮流となっています。国連での「障害者の権利に関する条約」の採択はその流れを加速させました。具体的な対応は国によって異なりますが，共生社会の実現をめざして理念先行の完全インクルージョンを進めている方向と，多様な教育の場を用意して一人一人のニーズに応じた特別な支援教育を推進することにより現実に即して柔軟に対応していこうとしている方向の二つの流れに大別することができます。いずれの場合においても，通常の学級に在籍する障害のある児童生徒に対して外部から支援するシステムを整える方向で進んでいます。インクルーシブ教育を配慮のないままに障害児を通常の学級で受け入れるいわゆる「ダンピング」と受け取る向きもありますが，少なくとも先進諸国でそのような対応をしているところはみられません。

　以下，特別支援学校や特別な機関からの外部への支援やサービス，つまり「センター的機能」という観点から，諸外国ではどのような取り組みがなされているか，いくつかの国の事例について紹介することにします。

アメリカ

　アメリカでは，州や学校区によって教育制度や具体的な対応が大きく異なっていることにまず留意する必要があります。

　国レベルの教育制度面からみると，1975年に「全障害児教育法」が定められています。この法律では，6歳から21歳までのすべての障害児は無償で適切な公教育が，最も制約の少ない教育環境で提供されること，個別教育計画（IEP）の導入，サービスの連続体の提供などが規定されました。この法律は1986年に修正され，3歳から5歳までのすべての障害児への無償で適切な公教育の提供と個別家族サービス計画（IFSP）

が新たに導入されました。

この法律で示された「最も制約の少ない」とされる環境は通常の学級とされています。最も制約の大きい環境は家庭での訪問教育ということになります。その間には，リソースルーム，分離学級，分離型の特別支援教育学校，寄宿制の特別支援教育学校など様々な教育の場や体制が用意されています。そうした中で，障害のある児童生徒当人にとって最も適切なサービスが提供され，しかも制約の少ない環境で教育を受けるということが原則になっているのです。

さらに1990年には，「障害のある個人教育法」（IDEA）に名称が変更され，再修正が行われています。16歳以上の生徒について，卒業後の個別移行計画（ITP）がIEPの中に明記されることになりました。また，1990年には「障害のあるアメリカ国民法」（ADA）が制定され，障害がある人に対するあらゆる差別が禁止されました。これが現在の基本となっています。IDEAは，1997年にも改正されています。学力を高めるためにIEPを通常のカリキュラムと明確なつながりを持たせ，全州及び学区での学力試験に障害児を含めること，両親の関与を高めること，通常教育を担当する教師もIEP会議のメンバーとなること，個別移行計画（ITP）の作成を14歳からにすることなどが修正された点です。

アメリカでも盲学校は存続していますが，学校教育としては重複障害教育が中心のところが多いのが実態です。本来の機能を十分に発揮している盲学校は，従来型の「学校」の機能だけでなく，外部へのサービスをはじめ多角的な事業を展開しているといわれており，旧来型のスタイルに固執する盲学校は，盲聾学校に変化せざるを得なくなっています。こうした動向の中で，統合教育か分離教育かという極端な立場に立つことなく，視覚障害のある児童生徒へのサービスを主眼において経営をしている盲学校では，外部へのサービスを積極的に展開しています。

その一つ，テキサス盲学校の例を紹介します。学内では重複・盲聾教育がベースですが，外に向けては視覚障害児童生徒が地域で教育を受け

ることができるように，以下のような様々なサービスを展開しています。
・資源及び研修センター
・学区内での指導とそれに関連するサービス
・視覚障害児（者）と関わる教員への研修，技術支援
・通常の学級でのプログラム立案への協力
・教員のための研修コース（全米対象）
・教材センター
・視覚障害とその教育についての啓発活動
・短期集中指導コースによる指導（夏期コース・週末コース・1週間コース）
・外部への積極的な情報提供（専属ウェッブマスターによるホームページでの情報発信）
・視覚障害教育専攻学生の実習の場の提供
・州学力基準とその試験の視覚障害学生版の作成

各盲学校のホームページなどの情報によると，アメリカでは多くの盲学校が外部への窓口（outreach）を開くようになってきています。

イギリス

イギリスでは，特別支援教育の対象となる児童生徒を，医学的視点から分類された「障害」がある子どもとしてではなく，「特別な教育的ニーズ」のある子どもとしてとらえています。旧ブレア政権は教育を最優先課題として教育水準の向上を掲げましたが，その中には特別な教育的支援（SEN：Special Educational Needs）を必要とする児童生徒の教育水準の向上も含まれています。この方針に従って1998年に SEN 行動計画が示され，2001年にはその教育実施規則の改訂版が示されました。

この実施規則は特別な教育的ニーズのある児童生徒に対する対応に関するガイドラインを示したもので，5段階に分かれています。基本的には障害カテゴリーに分けず，まず通常の学校において特別な教育的ニーズがあるか，その場合どのような対応をするかが検討されます。3段階

目まではその通常の学校での取り組みのガイドラインになっています。それ以降は地方教育局（LEA）が対応することになっています。特別な教育的ニーズが高いと認められた場合は，保護者や専門家の意見や評価を基にステートメント（判定書）が作成されます。イギリスの教育システムは，基本的にはインクルージョンですが，特別支援教育諸学校（主に障害種別の団体の設立）も置かれています。判定書を有する子どものうち，60％は通常の学校で，40％は特別支援教育諸学校で教育を受けているといわれています。

　盲学校についてみると，義務教育段階では重複障害教育が中心となっているところが多く，中高等教育段階では単一視覚障害教育対象の学校もみられます。学校によって方針が異なるため一般的傾向とはいえませんが，巡回サービスや研修などセンター的機能に力を入れている盲学校もあります。次にその一つであるロンドン市内のリンデンロッジ学校（Linden Lodge School　公立の盲学校）の取り組みを紹介します。

　すべての児童生徒が地域社会の中で自立できる可能性があり，それを成就できるよう支援するというのがこの盲学校の理念です。したがって，視覚に障害のある児童生徒の教育の場は，児童生徒の資質によって異なるものとして対応し，視覚障害児の教育効果をあげるためには個別のニーズに合った支援と専門家の配置が必要ということから，メインストリームスクール（統合教育を積極的に進めている普通学校）での教育が可能な児童生徒には，通常の学校には望めない支援をこの盲学校で行っています。

　また，メインストリームでの教育が適切でない児童生徒に対しては，リンデンロッジ学校で注意深く指導を行うこととしています。2歳から19歳までが対象となっています。そのために，この学校では外部への支援のためにワンズワース感覚支援サービス（Wandsworth Sensory Support Service）というセンター的機能を担う部門を，学校とは独立した組織として設けています。視覚障害についてはこの組織下にあるワンズ

ワース視覚支援サービス（Wandsworth Vision Support Service）が対応しています。サービス部門長，特別支援教員，家族支援員，学生カウンセラー，看護師，事務職員が配属されています。

ドイツ

　ドイツは連邦制で州ごとに教育法が異なるため，障害児教育への対応も異なっています。ドイツでは伝統的に分離型のスタイルで特別支援教育が行われてきました。しかし，障害者の権利に関する条約の影響などもあり，インクルーシブな教育へとシフトしている州もでてきています。ここではバイエルン州のエディス－シュタイン盲学校の取り組みを紹介します。この州では1994年から法改正により統合教育を推進しています。盲学校か通常の学校かの選択は保護者の希望が優先されます。盲学校も健在ですが，通常の学校に在籍する視覚障害児への支援は盲学校から教員を派遣して対応しています。バイエルン州にはミュンヘン，ビュルツブルクとニュルンベルクの３カ所にセンターがおかれています。

　ミュンヘンの視覚障害センター（Edith-Stein-Zentrum fur Sehbehinderte und Blinde）はエディス－シュタイン盲学校に付設されています。この盲学校はキリスト教系の私立盲学校ですが，その機能は公立校と同じです。盲学校への入学は保護者や本人の希望によっています。このセンターの支援（巡回指導）対象地域は東西約500km，南北約300kmと広範囲にわたっています。対象児童生徒は，IQ50～60以上の読み書き可能な知的障害のある視覚障害児となっています。

　センター担当者については，短時間で子どもを理解し関わり合いをもてるか，視覚障害教育に関する専門性があるか，両親からの相談に適切に対応できる力があるか，その他，繊細さ，コミュニケーション能力等の観点から決められています。また，当校では訪問による視覚障害教育担当者養成のための研修講座を開講しています。

　巡回指導では小学生から高校生までが対象となるため，多方面にわたっての指導力も問われてくるということで，教科を指導するよりも，

どのように配慮すれば学習環境や学習条件が改善されるかという観点からの支援を重視しているようです。また，巡回先の学校では，担任とともに指導したり，保護者と子どもと一緒に病院に行き，医師との仲介の役割を果たしたりするなど，通常の学級の教員や眼科医との連携も重要な役割になっています。

また，ノルトラインヴュストファーレン州には視覚障害生徒の統合のための支援センター（FIBS）があります。これは盲学校付設ではなく，州の教育研究所内に設けられている施設で，通常の学級に学ぶ視覚障害児童生徒のための教科書や教材の製作と配布を行っています。これらの教材の製作は，専門技術者と点訳担当者が担当しています。我が国の視覚特別支援学校（盲学校）のセンター的機能の一つとして参考になるのではないかと思われます。

なお，ノルトラインヴュストファーレン州では，視覚障害のある生徒が通常の学校で学ぶ場合は，同じ学級に2人以上を在籍させ，修業年限を1年延長することも可能となっています。

フランス

フランスでは，以前からインクルージョンが国の基本方針になっていましたが，長く進展しないという状況が続いていました。しかし，近年になって国際情勢の変化等もあり，通常の学校に障害児が在籍するようになってきています。2005年にすべての障害児が通常の学級に籍を置くように規定されましたが，特別支援学校や特別支援学級も存在しています。2009年に障害者権利条約を批准し，インクルージョンへの動きが加速している状況にあるといえます。

特別な支援を必要とする児童生徒の教育はインクルージョンを念頭においており，特に早期の専門教育が重視され，発達の過程で通常学級での学習が可能と判断された場合には，小学校に送り込むという柔軟な体制がとられているのが特徴であるといえます。

視覚障害教育については，国立盲学校の事例から紹介します。パリに

ある国立盲学校（l'Institut National des Jeunes Aveugles）は，ルイ・ブライユが学び，点字誕生の舞台となった学校ですが，現在でもフランスの視覚障害教育の中心的な機関としての役割を果たしています。学校としての機能だけでなく，点字図書や触覚教材の作成に関しても専門的機能が充実しており，しっかりと視覚障害教育の専門的機関の機能を果たそうとしています。教員以外の専門スタッフも多く，歩行指導，医療関係サービス，点訳・出版，触覚教材作成等様々な視覚障害に関わる事業を展開して，人的資源や事業を学校外にも提供するという形でセンター的な機能を果たしています。寄宿舎で生活しながら，近隣の通常の学校へ通わせる取り組みも実施しています。社会サービス部門では，学齢以降にも対応しており，その任はソーシャルワーカーが担っています。

ニュージーランド

ニュージーランドでは1989年の教育法において，特別な支援を必要とする児童生徒も通常の学校に入学し，教育を受ける権利が与えられました。そして，順次特別支援学級や特別支援学校が廃止され，リソースセンターを強化し，そこから巡回教員を派遣して特別な支援を必要とする児童生徒への支援を行うシステムに変わってきています。また，特別な教育的支援のための費用が，直接に個々の児童生徒や学校に配当される点もニュージーランドの教育システムの大きな特徴です。

視覚障害教育については，唯一の盲学校であった「ホマイ国立盲学校」（Homai National School for the Blind & Vision Impaired）が，2009年に「ニュージーランド盲・弱視教育ネットワーク」（Blind and Low Vision Education Network NZ：BLENNZ）という組織に改組されて，この機関を核として，盲及び弱視の幼児児童生徒に対する教育サービスのナショナルネットワークが形成され，様々なサービスが提供されています。評価や指導の機能，学校及び寄宿舎としての機能，指導や学習の支援，ホマイ特別書式（点字）図書館も併設しています。

BLENNZは，5歳から21歳までの年齢の視覚障害のある人々に対し

て，本体のキャンパスと地域のメインストリーム学校の両方で様々な教育に関するサービスを提供しています。寄宿施設は，学習の成果を上げるための寄宿プログラムを要望しているオークランド地区の生徒に対する少数の短期追加施設と合わせて，ホマイキャンパスに設けられています。この施設には，幼児教育センターも設けられています。また，BLENNZはニュージーランド全土の盲及びロービジョン学生に対するアセスメントサービスも実施しています。また，近年は隣接の高等学校とも連携してインクルーシブ教育を行っています。

スウェーデン

スウェーデンでは，視覚障害や肢体不自由の子どもは，障害が重度の場合も含め，原則として通常学校である基礎学校に就学します。

そのため，2校あった盲学校は統合教育の流れの中で廃止され，現在は視覚障害教育リソースセンターとして機能しています。一つのセンターは単一視覚障害児童生徒への支援を行っており，もう一つは重複障害児童生徒の支援が中心で，学校としての機能も残しています。

視覚障害教育リソースセンターの機能としては，アセスメント，研修，集団指導，個別指導，視覚障害教育に関わる研究・開発などがあります。

現在，特別支援教育局はストックホルム大学の教員養成系学部に併設され，障害児・者に対する国レベルでの教育支援を実施しています。視覚障害児・者に対する支援では，①視覚障害リソースセンター（2カ所）の管轄，②閉鎖前の盲学校教師らで構成される巡回教師（以下，アドバイザー）派遣事業，③視覚障害児・者用の教科書，教材を作成する教材センターの管轄などが行われています。

センターでは，地域の学校を対象とした視覚障害教育に関する情報提供，視覚障害児・者を担当する教職員を対象とした研修プログラム，視覚障害児・者ならびに視覚障害が疑われる児童生徒に対する専門的なアセスメントなども実施しています。

なお2007年まで2カ所（旧盲学校を母体）であったリソースセンター

は，2008年7月から4カ所に増え，地域支援が強化されています。②のアドバイザーは地域の学校の要請によって派遣され，当該児童生徒の保護者や学校教職員と協議のもとで支援計画を策定し，地域の社会資源を活用した支援を行っています。③の教材支援センターは全国に5カ所あり，児童生徒のニーズに応じて，点字，録音，電子データで教科書を作成しています。

ノルウェー

ノルウェーでは，1991年の国会での議決以降，インクルーシブ教育が基本政策となっています。盲学校についても国レベルのリソースセンターに改変され，学校としての機能はなくなっています。この国レベルのセンターは，教育の質を高めるための州や自治体への支援，特別支援教育の力量を高めるためのアセスメント，診断，カウンセリング，啓発活動，地域レベルで対応できない事例への支援，コンサルテーション，教材の開発，研修，研究などを推進しています。国レベルのセンターの下に地方レベルのリソースセンターが置かれており，ここでは，通常の学校に通学する児童生徒への直接的な支援を行っています。視覚障害児の教育と訓練は，国レベルのリソースセンターが担っています。出現頻度が小さく，地域での行き届いた対応が難しい障害種については，国レベルで支援するという対応は見習いたいところです。

フィンランド

フィンランドでは，2011年に制度が変わり，障害の程度が重度の児童生徒も公立学校の中で学ぶことが原則となっています。生活の場は通常学級を基本に考えられており，これが困難な場合にのみ，個別に特別な指導をすることになりますが，この指導は通常クラスの教室内外を含め，学校内であればどこで提供してもいいことになっています。

2017年のデータでは，全児童生徒の17.5％が特別支援教育の対象となっています。いわゆる軽度の児童生徒が9.7％（54,300人），7.7％（43,100人）がいわゆる重度の障害があると認定された児童生徒になり

ます。

　視覚障害についても，視覚以外に障害のない子どもの多くは通常の小・中学校で学んでいます。視覚に障害がある児童生徒は，ユヴァスキュラ市にあるバルテリ（Valteri）学習及び相談センターの支援を受けています。ここが，視覚障害児の学習，開発，その他のサービスのセンターとして機能しています。

デンマーク
　デンマークでは1960年代から障害児も地域の学校で学びはじめています。その後，特別支援教育の手厚さから特別支援学校在学者が増える傾向が認められましたが，近年，改めて国の方針としてインクルーシブ教育を軸にした施策が展開されています。

　視覚障害児の場合，他の障害を併せ持っていない者については，原則地域の学校に在籍しています。国立の盲学校が1校あり，学校としては重複障害児の教育機関としての機能を果たすとともに，国レベルでの視覚障害教育のセンターとしての機能を担っており，相談，訓練，研修などを実施しています。こうした機能を果たすためにシュンスコンソレンタという専門担当者が発達段階及び指導内容別に配属されています。地域の学校に在籍する視覚障害児の教育の質を保証するために，学校の教員や家族，関係者を対象とした数多くの研修が年間を通して実施されており，研修プログラムも豊富で，きめ細かな対応がなされています。

イタリア
　イタリアも1970年代から完全インクルージョンの体制になっています。したがって，障害児も原則として小学校から大学まで一般の学校で教育を受けています。

　イタリアでインクルージョンを支えているのは，①支援教員制度，②通常学級での受容的な対応，③児童定数への配慮（障害児在籍の場合，1クラスの児童生徒数が25人から20人に減じられる），④柔軟なカリキュラムによる学習面での配慮，⑤医療・保健・福祉機関との強力な連

携などの諸点を挙げることができます。また，障害児が在籍する学級には，支援教員や介助員が配置されています。

　視覚障害児は，学校外の関係機関からも支援を受けていますが，もっとも寄与しているのが「視覚障害教育支援センター」による支援です。この組織は，イタリアの国立点字図書館と盲人協会が運営していて，イタリア全土に19のセンターを持ち，そこに専門性のある指導員を配置し，点字指導や教材作成など必要な支援を行っています。かつて盲学校であった施設が，「視覚障害教育支援センター」になっているところもあります。日本の盲学校のセンター的機能と同様の機能を果たしているといえます。

　また，障害のない児童生徒も共に学ぶ形態をとった盲学校と聾学校が数校存在しています。これらの学校は，国から特別の認可を得て運営しているものです。ミラノにある中学校の例では，表向きは中学校の形態をとっていますが，盲学校として機能しており，視覚障害生徒と共に健常の生徒が学んでいます。いわば，盲学校に健常の生徒が在籍する「逆統合」の形がとられているのです。この学校は音楽教育に力を入れており，楽器の個別レッスンが受けられるなど，音楽の道に進みたい生徒にとっては魅力のある学校になっています。児童生徒の少人数化の傾向の中で盲学校が生き残るための選択肢の一つになりうるかもしれません。

諸外国の取り組みから学ぶこと

　欧米諸国では，形態は異なりますが，おしなべてインクルーシブ教育への取り組みが進んでいるといえます。とくに，障害者の権利条約批准後は，インクルーシブ教育に積極的でなかった国の動きが加速しています。多くの国では，知的障害のない視覚障害児童生徒は通常の学校に在籍することが就学の基本になっています。一人一人のニーズに応じた支援を重視して様々な教育の場を用意している国々では，盲学校や旧盲学校がその資源を活用してセンター的な機能を担っているようです。盲学校の学校教育としての機能は，重複障害教育にシフトしている傾向も認

められます。

　視覚障害教育の専門機関としてその存続に努力している盲学校では，学校としての機能の一層の充実を図るとともに，積極的に地域社会のセンターとしての機能を果たそうとしています。独立した部門を設け地域へのサービスのために，校内での指導スタッフとは別に専門スタッフを置いて取り組んでいるところもあります。現実的には，学校に在籍するのは重複障害児童生徒が多く，校内では重複障害教育に力を入れ，外に向けては単一視覚障害児童生徒を含め視覚障害教育を保障するため，通常の学校へのサポートを積極的に行っている学校や機関がほとんどです。我が国でも特別支援教育の流れの中で，視覚特別支援学校（盲学校）以外の学校に在籍する児童生徒への支援の必要度が高まっていますが，理念をもった対応が望まれるところです。

　巡回指導や通級による指導を効果的に行うためには，通常の学級の担任や児童生徒との柔軟で的確な対応，教育以外の機関との連携なども必要となってきます。そのため，巡回機能やセンター的機能をもっている視覚特別支援学校（盲学校）では，教員の指導力や専門性が問われています。教員の力量を高めるために，校内での組織的で継続した取り組みがますます重要になってくるという指摘もあります。希少障害になりつつある視覚障害教育を維持・継承・発展させるためには，研修の在り方が問われているといえます。また，日本のように頻繁に教員の人事異動が行われている国はみられません。見習わなければならない重要な課題だと思われます。

　教材提供や図書の充実も，センター的機能の大きな役割になっています。ドイツでは独立した教材作成提供機関が機能しています。フランスの国立盲学校においては，工作機械の完備した教材作成室があり，専任の職員が配置されています。その他の国々の盲学校やリソースセンターにおいても教材作成部門が重視されています。日本の視覚特別支援学校（盲学校）では，この部門の強化も課題だといえます。今後一層この機

能が求められてくると思われますが，そのためには，施設設備の整備充実や教材作成に関わるスペシャリストの養成等についても検討していく必要があります。

　さらに，イギリスでは視覚障害以外の特別支援学校に在籍する視覚障害児童生徒へのサービスが行われています。日本においても，視覚特別支援学校（盲学校）以外の特別支援学校に，視覚に障害のある児童生徒が少なからず在籍していますので，視覚特別支援学校（盲学校）のセンター的機能の重要な役割の一つとして，これらの児童生徒に対しても積極的に取り組んでいくことが求められます。

【参考文献】
1）　クヌート・スラッタ　滝坂信一訳：〈ノルウェイにおける特殊教育サポートシステム〉「養護学校の教育と展望」129，pp.10―13，2003．
2）　独立行政法人国立特殊教育総合研究所：科学研究費補助金（特別研究促進費(2)）研究成果報告書「主要国の特別な教育的ニーズを有する子どもの指導に関する調査研究　研究成果報告書」，2002．
3）　ジョアンナ・クルゾン　滝坂信一訳：〈ニュージーランドにおける特殊学校から巡回リソース教師モデルへの転換〉「養護学校の教育と展望」129，pp.14―17，2003．
4）　金子健・澤田真弓：〈フランスの視覚障害教育について〉「弱視教育」41(1)，pp.16―25，2003．
5）　森博俊：〈スペシャル・エデュケーションの展開〉（特集：フィンランドの子どもの学力とその社会的土壌）「教育」10，pp.52―57，2006．
6）　21世紀の特殊教育の在り方に関する調査研究協力者会議：「21世紀の特殊教育の在り方について」，2001．
7）　大内進：〈イタリアにおける視覚障害児の教育〉「弱視教育」40(4)，pp.20―30，2003．
8）　特別支援教育の在り方に関する調査研究協力者会議：「今後の特別支援教育の在り方について」，2003．
9）　鳥山由子：〈スウェーデンの視覚障害教育〉「弱視教育」40(3)，pp.22―28，

2002.
10) 全国盲学校普通教育連絡協議会：「通級指導の実態調査のまとめ」，未公刊資料，毎年発行．
11) 柏倉秀克：〈スウェーデンにおける視覚障害者支援―ストックホルム県視察報告―〉「桜花学園大学人文学部　研究紀要」11，pp.9―19，2009.
12) 宮内久絵：〈イギリスにおけるインクルーシブ環境下での視覚障害教育に関する研究動向〉「特殊教育学研究」52(1)，pp.47―56，2014.
13) 国立特別支援教育総合研究所：〈盲学校におけるセンター的機能に関する実態調査〉「平成22年度　専門研究 B 報告書『小・中学校等に在籍している視覚障害のある児童生徒等に対する指導・支援に関する研究』」，pp.13―22，2010.
14) 安井友康・千賀 愛・山本理人：「ドイツのインクルーシブ教育と障害児者の余暇・スポーツ――移民・難民を含む多様性に対する学校と地域の挑戦」，明石書店，2019.
15) フィンランド統計局
https://www.stat.fi/til/erop/2017/erop_2017_2018-06-11_tie_001_en.html
（2019年10月2日閲覧）

【関連ウェブサイト】
1) 文部科学省，特別支援教育に関する情報
http://www.mext.go.jp/a_menu/shotou/tokubetu/main.htm
2) 視覚障害者および弱視教育ネットワーク NZ
http://www.blennz.school.nz/
3) フィンランド国家教育委員会
http://www.oph.fi/english/about_the_fnbe/organisation
4) フランス国民教育省
http://www.education.gouv.fr/cid207/la-scolarisation-des-eleves-handicapes.html/
5) 内閣府　平成22年度障害のある児童生徒の就学形態に関する国際比較調査報告書
http://www8.cao.go.jp/shougai/suishin/tyosa/h22kokusai/index.html

第4章　視覚障害児童生徒の教育と就学支援

1　視覚に障害がある児童生徒と学校教育

特殊教育から特別支援教育への移行

　我が国の障害児教育は，特殊教育から特別支援教育へと移行しました（平成19年［2007］4月から）。この移行によって，盲学校・聾学校・養護学校は特別支援学校となり，どの特別支援学校でも様々な障害のある幼児児童生徒を受け入れることができる制度となりました。この制度化においても，専門性の高い障害種ごとの教育は，これまでと同様に行うことができることとなっています。しかしながら今後は，視覚障害教育がこれまでの「盲学校」以外の特別支援学校でも行われるようになりますし，「盲学校」においても他の障害種の教育を行うことが考えられます。こうした対応は，地域のニーズに応じて都道府県等の設置者の判断に委ねられることとなります。

　さらに，平成20年3月に改訂された学習指導要領では，幼稚園・小学校・中学校・高等学校においても，通常の学級を含めて障害のある幼児児童生徒に対する教育を行うことが明示されました。したがって，視覚に障害のある幼児児童生徒の場合も，視覚障害のみを対象とした特別支援学校（視覚障害），複数の障害種を対象とした特別支援学校，小中学校の弱視特別支援学級，通級による指導，通常の学級と多様な場で教育を受けることが可能となったのです。

視覚障害児の就学先を決める基準

　障害のある児童生徒の教育的措置の基準は，学校教育法（昭和22年3月31日法律第26号）の「第75条」に，「視覚障害者，聴覚障害者，知的障害者，肢体不自由者又は病弱者の障害の程度は，政令で定める」とされています。これを受けた具体的な規定は学校教育法施行令22条の3に

記されています。この教育的措置の規定は，平成14年（2002）4月に改正されましたが，この改正は，ノーマライゼーションの進展，教育の地方分権の推進等の社会の変化を踏まえて，障害のある児童生徒一人一人の特別な教育的ニーズに応じた適切な教育が行われるよう就学指導の在り方を見直したものです。視覚障害児に関する教育的措置の基準は次のようになります。

　　　両眼の視力がおおむね0.3未満のもの又は視力以外の視機能障害等が高度のもののうち，拡大鏡等の使用によっても通常の文字，図形等の視覚による認識が不可能又は著しく困難な程度のもの。

　また，学校教育法施行令の一部改正（平成19年3月）により，児童生徒一人一人の教育的ニーズを一層的確に把握し反映するために，障害のある児童生徒の就学先の決定手続きについての見直しが行われました。
　文部科学省では，同報告等を踏まえつつ，今般，障害のある児童生徒等の就学先決定の仕組みに関する学校教育法施行令の改正を行いました。
　本改正令は，平成25年（2013）9月1日から施行されていますが，その改正の骨子は以下の4点に整理できます。
① 　就学基準に該当する障害のある児童生徒等は原則特別支援学校に就学するという従来の仕組みを改め，障害の状態等を踏まえた総合的な観点から就学先を決定する仕組みへと改める。
② 　障害の状態等の変化を踏まえた転学に関する規定を整備する。
③ 　視覚障害者等である児童生徒等の区域外就学に関する規定を整備する。
④ 　保護者及び専門家からの意見聴取の機会の拡大を規定する。
　これまで，障害のある児童生徒の就学先については，市町村教育委員会が専門家の意見を聴いて決定することとされていました。新しい手続きでは，原則として地域の小学校の通常の学級に就学することを前提と

して就学手続きが開始されます。特別支援学級や特別支援学校に就学することが適切と判断された場合については，保護者の意見を十分に尊重して就学先を決定していくことになりますが，このことが法令上明確に義務付けられたところに大きな特徴があるといえます（学校教育法施行令第18条の2）。

こうした障害がある子どもの教育の場については，文部科学省特別支援教育課作成の就学指導資料によってより詳しく示されています（文部科学省，2014）。それらの記述によると，視覚障害のある児童生徒の就学の基準と教育の場については，以下のように整理できます。

視覚特別支援学校（盲学校）に就学する基準

視覚特別支援学校（盲学校）に就学する基準として，「両眼の視力がおおむね0.3未満のもの」としているのは，視力が0.3以上あっても，何らかの理由によって文字等の認識に支障があり，教科の指導において視覚の活用等に特別な配慮を行わなければ十分な教育効果を期待できない児童生徒が存在することを考慮し，こうした児童生徒を一律に除外しないようにしたいという配慮からのようです。したがって，視覚特別支援学校（盲学校）において対象となる児童生徒の視力範囲の上限は，これまでより柔軟に考えてよいものと解釈できるのです。なお，ここでいう「視力」は矯正した視力であることに留意する必要があります。

また，「拡大鏡等の使用によっても通常の文字，図形等の視覚による認識が不可能又は著しく困難な程度のもの」には，二つの意味合いが込められています。一つは，拡大鏡等の使用によっても普通の文字や図形等の認識が不可能な者という意味ですが，これは視覚の活用が期待できない場合であり，聴覚や触覚など視覚以外の感覚を主に活用して学習や生活を行っている児童生徒，端的に言うと主たる文字として点字を用いて学習する者を指しています。もう一つは，拡大鏡等の使用によっても普通の文字や図形の認識が著しく困難な者という意味です。これは点字使用者を指しているわけではありません。「不可能」と「著しく困難」

を対比させることにより，一方は点字使用者で，一方は困難が認められるものの保有する視覚を有効に活用して通常の文字を活用した学習が可能な者であることを示しているのです。ただし，これらの者は，小・中学校に在籍する児童生徒と比べると普通の文字等の読み書きに，より多くの時間を要するとともに，すべての教科等の指導において特別な支援や配慮を必要とし，かつ障害を改善・克服するための特別な指導が系統的・継続的に必要とされる児童生徒を指しています。つまり，視覚特別支援学校（盲学校）における教育は，「盲教育」と「弱視教育」に大別できるということになります。

このように，視覚特別支援学校（盲学校）の対象となる児童生徒にとって，どのような支援や配慮が必要かを規定し，これとの関係で弱視特別支援学級対象の児童生徒，通級による指導対象の児童生徒を規定するという筋道で考えられています。

弱視特別支援学級に入級する基準

弱視特別支援学級の対象となる児童生徒については，主に「拡大鏡等の使用によっても通常の文字，図形等の視覚による認識が困難な程度のもの」（平成25年10月4日付け初等中等教育局長通知）と考えることができます。「視覚による認識が困難な程度のもの」とは，小・中学校の通常の学級に在籍する児童生徒に比べて文字等の認識に時間を要するとともに，特定の教科等の学習が通常の学級においては支障があり，かつ障害による学習上又は生活上の困難を改善・克服するための指導が系統的・継続的に必要であることを意味します。この範囲の対象となる児童生徒は，小・中学校の通常の学級に在籍して学習する児童生徒に比べて，通常の文字を読み書きするのにかなり多くの時間を要するとともに，通常の文字で十分学習が可能な教科と支障のある教科との両方がある者ということになります。通常の文字で学習可能な教科は，通常の学級で学習し，支障のある教科については，弱視特別支援学級で個に応じた指導を行うことになります。なお，これらの児童生徒は，障害を改善・克服

するための特別な指導が系統的・継続的に必要であると考えられます。

この弱視特別支援学級は，通常の小・中学校に設置され，独立した学級として独自の教育課程により運営されることになります。

通級による指導の対象となる基準

通級による指導対象の弱視児童生徒については，「拡大鏡等の使用によっても通常の文字，図形等の視覚による認識が困難な程度のもので，通常の学級での各教科等の学習におおむね参加でき，障害の改善・克服などのために一部特別な指導を必要とするもの」（平成25年10月4日付け初等中等教育局長通知）ということになります。通常の文字を読み書きするのに多少の時間を要するものの，通常の学級での教科等の学習におおむね参加できる児童生徒がその対象と考えられます。また「一部特別な指導を必要とするもの」とは，障害を改善・克服するための指導や教科の補充的指導が，通級による指導として部分的・継続的に必要なことを意味しています。この指導は，特別に設置した通級指導教室で行われるものです。弱視のほかにも言語，難聴，情緒などの教室があります。

このような教育的対応の考え方は，医学的にみた障害の程度の軽重のみで教育の場を規定するのではなく，視覚障害によってどの程度学習に困難が生じるかに着目することが大切であることを示しています。

「認定特別支援学校就学者」の新設と「認定就学者」の廃止

平成25年（2013）9月に学校教育法施行令の一部改正が行われました。

障害のある児童生徒の就学先決定について，一定の障害のある児童生徒は原則として特別支援学校に就学するという改正前の学校教育法施行令（以下，「旧令」という）における基本的な考え方を改め，市町村の教育委員会が，個々の児童生徒について障害の状態等を踏まえた十分な検討を行った上で，小・中学校又は特別支援学校のいずれかを判断・決定するという仕組みとなりました。

旧令では，視覚障害者等については，特別支援学校に就学することを基本的な前提とした上で，「小・中学校において適切な教育を受けるこ

とができる特別の事情がある」例外的な視覚障害者等に限って，小・中学校への在籍が可能となる，という整理が行われていました。これに対し，新制度においては，この考え方を改め，視覚障害者等に対して想定される就学先について，当該児童生徒がより適切な教育を受けることのできる学校種が小・中学校であれば小・中学校に，特別支援学校であれば特別支援学校に就学させるという，それぞれの個々に応じた判断を行うことに改められたのです。これまでの考え方が大きく転換した改正だといえます。

つまり，改正された施行令では，視覚障害者等であっても適切と認められる場合には，全ての学校種への就学が可能ということになります。これによって，平成14年（2002）に制度化した旧令の「認定就学者」の概念は不要となり，廃止されました。変わって登場したのが「認定特別支援学校就学者」という定義です。

この「認定特別支援学校就学者」とは，「視覚障害者等のうち，当該市町村の教育委員会が，その者の障害の状態，その者の教育上必要な支援の内容，地域における教育の体制の整備の状況その他の事情を勘案して，その住所の存する都道府県の設置する特別支援学校に就学させることが適当であると認める者」ということになります。この定義によって，これまでの考え方とは大きな転換を遂げ，むしろ正反対になったと理解することができると思います。

視覚に障害のある児童生徒の教育の場は，様々に用意されていますが，最も考慮すべき点は，障害のある児童生徒が，選定した教育の場でどのような学校生活を送る可能性があるかというところにあります。子どもにとって学校は楽しく伸び伸びと生活できる場でなくてはなりません。また，友達同士の関わり合いの中で温かい人間関係と信頼関係を育て，自分がかけがえのない一人の人間であることを実感できる場でなくてはなりません。こうした子どもにとって望ましい教育の場であるかどうかを何よりも優先させて考えていくべきでしょう。こうした点を大切に考

えて障害のある児童生徒の幸せにつながるよう，保護者や専門家が協力し合って教育の場を考えていきたいものです。

2　現実的な対応の実態と問題点

通常の学級に在籍する全盲児童生徒

　視覚特別支援学校（盲学校），弱視特別支援学級や通級による指導の対象となる視覚障害児童生徒の法令に基づく就学基準はこれまで述べてきた通りですが，こうした建前が，現実には必ずしもその通りに運用されているわけではありません。

　我が国の障害児の就学基準を定めた法令の背景には，障害のある児童生徒には，より適切な環境で手厚い教育を行うことが望ましいという考え方があります。近年ノーマライゼーションや人権尊重の考えが広く浸透するようになり，海外の主要国では教育の場の選択が広がり，できるだけ健常児の教育と障害児の教育との垣根を低くしようとする体制に変わってきています。我が国でも，前述のように就学基準が改正され，「特別支援教育」へと移行もしました。しかし，障害のある児童生徒は特別の教育の場で学習することが望ましいとする我が国の基本的考え方が全面的に変更されたわけではありません。

　こうした状況の中で，現実には，障害があっても地域の小・中学校で障害のない子どもたちとともに教育するほうが自然であり，共に生きる社会をめざすためには意義深いという考え方に立って通常の学校への就学を強く希望する保護者も増えてきているというデータがあります。またこのような考え方に立つ自治体も出てきています。

　そのため，視覚障害の領域においても，通常の小学校へ就学する全盲児童が毎年数例見られる傾向が続いています。明確な統計は示されていませんが，平成27年（2015）の特別支援教育資料によると，全国の小・中学校に在籍する全盲の児童生徒は，平成26年度のデータで小学校101

名，中学校41名となっています。

特別な教育的ニーズに対応した教育

　分離型の教育かインクルージョンかという二者択一の選択ではなく，教育の場をもっと相対的にとらえ，視覚特別支援学校（盲学校）と小・中学校双方の長所を生かした交流及び共同学習や通級による指導等を推進しようとする立場もあります。視覚に障害がある児童生徒には，専門的な教育が必要であると同時に，一般の児童生徒たちの中で生活することも重要であるため，その両者をうまく融合させながら教育を行っていこうとする立場です。障害のある児童生徒と障害のない児童生徒との接触は，単に障害のある児童生徒にとって有効であるばかりでなく，障害のない児童生徒にとっても豊かな人間形成のために大切であるにちがいありません。

　いずれにしても，障害のある児童生徒が自己の力を十分に発揮して自己実現を果たしていくためには，一人一人の特別な教育的ニーズに応じた支援が必要になってきます。これからの特別支援教育の在り方としても，特別支援学校の持つ専門性を活用して地域の小・中学校等へサービスを行うことの重要性が指摘されています。実際，多くの視覚特別支援学校（盲学校）においては，地域の小・中学校等に対する支援やサービスを行うための担当部署を設けてこの種のサービスに取り組んでいますので，今後さらにこうした役割が強まってくるものと思われます。

　外部へのサービスよりも内部の充実が先決だという，これまでの学校の役割を重視した考え方も根強く残っています。しかし，視覚特別支援学校（盲学校）では児童生徒の減少化が著しい傾向にあり，外部への支援や関係機関との連携を抜きに，内部の充実は困難な状況に至っています。このことを認識して，視覚障害教育に携わる教員は，さらに専門性の向上に向けた研鑽に努めるとともに，学校内外の資源を有効に活用して視覚に障害のある児童生徒のニーズに適切に対応していくための方策を真剣に考えていくことが求められています。

3　視覚障害教育の場の状況

　これまでに述べてきたように，視覚障害児童生徒が教育を受ける場は，視覚特別支援学校（盲学校）や弱視特別支援学級だけでなく，小・中学校の通常の学級もその一つとなっていますが，ここでは視覚に障害のある児童生徒のために特別に用意されている視覚特別支援学校（盲学校），弱視特別支援学級，通級による指導について，その概要を紹介します。

(1)　視覚特別支援学校（盲学校）の概要
視覚特別支援学校（盲学校）の数と在籍者数

　令和元年度（2019）において，全国に68校（内1校は分校）の視覚障害教育部門のある特別支援学校があり（内訳は都道府県立62校，市立3校，国立1校，私立2校），幼稚部から高等部まで合わせて2,616名が在籍しています（全国盲学校長会調べ）。盲学校の在籍者数は，昭和34年（1959）の10,264名がピークで，以後減少の傾向が続いています。平成14年度（2002）には調査を開始してから初めて4,000名を割り込み，その後も減少傾向は続いています。また，児童生徒の少人数化とともに，重度・重複化の傾向がさらに進んでいます。

　一方，特別支援教育体制という観点から，視覚障害だけでなく，他の障害種も対象とする特別支援学校が増えてきています。平成30年度（2018）には，視・知併設が2校，視・病併設が1校，視・肢・知併設が1校，視・聴・知・肢を対象とする学校が1校，視・聴・知・肢・病を対象とする学校が14校ありました。全国の81校に5,313名在籍しているというデータが文部科学省の資料（平成30年度特別支援教育資料）に示されています。特別支援教育体制になって，視覚障害対応以外の特別支援学校に在籍している視覚障害のある幼児児童生徒数が把握できるようになったわけですが，このデータは，かなり以前から視覚に障害がある，特に視覚障害と他の障害を併せ持った幼児児童生徒が，他の障害種

の学校に在籍していたことをうかがわせるものだといえます。

視覚特別支援学校（盲学校）の組織

視覚特別支援学校（盲学校）は視覚に障害のある幼児・児童・生徒に対して，幼稚園・小学校・中学校・高等学校に準ずる教育を行うとともに，視覚障害を補うための知識・技能を習得させることを目的とした学校です。そのため，多くの視覚特別支援学校（盲学校）には，幼稚部・小学部・中学部・高等部が設置されており，高等部は本科と専攻科に分かれています。東京や福岡には高等部のみの学校もあります。なお，北海道にも高等部のみの高等盲学校がありましたが，平成27年度（2015）から義務教育段階の学校と統合した総合学校になっています。

ほとんどの高等部には専攻科が設置されていて，高等部本科を卒業した者（一般の高等学校卒業者を含む）が，社会的自立をめざして職業教育を受けています。専攻科には理療科，保健理療科，理学療法科などがあり，多くの場合修業年限は3カ年となっています。

各学部の学級数と在籍者数

各学部の学級数と在籍者数は表4-1と表4-2に示した通りです（全国盲学校長会調べ）。なお高等部の在籍者数のうち，かっこ内の数字は重複学級数（内数）を意味します。

表4-1　各学部の学級数

	幼稚部	小学部	中学部	高等部
令和元年度	82	292(130)	218(95)	571
平成29年度	83	284(124)	227(95)	581
平成27年度	89	298(130)	220(99)	602
平成25年度	91	302	208	639
平成23年度	95	308	222	638

*　（　）内は，重複学級数（内数）。
〔注〕　表4-1及び表4-2は，全国盲学校長会編「視覚障害教育の現状と課題」各年を元に作成。

表4-2　各学部の在籍者数（人）

	幼稚部	小学部	中学部	高等部	高等部専攻科	合計
令和元年度	189	571	484	678	694	2,616
平成29年度	196	574	514	664	845	2,793
平成27年度	213	618	476	758	936	3,001
平成25年度	234	668	482	862	1,108	3,354
平成23年度	232	662	526	862	1,182	3,464

　視覚特別支援学校（盲学校）における学部等の設置形態については，幼稚部から専攻科まで設置しているところが多いのですが，幼稚部・小学部・中学部のみの学校，高等部のみの学校など様々な形態が取られています。視覚特別支援学校（盲学校）全体での各学部別にみた設置学校数は表4-3に示した通りです。

表4-3　各学部別にみた設置学校数

	幼稚部	小学部	中学部	高等部
令和元年度	56	65	65	55
平成29年度	54	65	65	55
平成27年度	47	65	64	55
平成25年度	46	60	60	55
平成23年度	46	61	60	55

〔注〕　文部科学省「特別支援教育資料」各年を元に作成。

学級編制基準

　視覚特別支援学校（盲学校）を含めた特別支援教育諸学校においては，在籍する児童生徒の障害の状態や能力・適性が極めて多様であることに鑑み，学級編制や教職員の配置について特別な配慮がなされています。

　現行の学級編制基準では，おおむね，幼稚部については1学級5名，小・中学部については1学級6名，高等部については1学級8名という基準になっています。小・中学部ではこの基準に満たない学級がほとんどという実態にあります。なお，視覚以外の障害を併せもつ重複障害児を対象とした重複障害学級については，小・中・高ともに3名で学級編制を行うことになっています。

高等部の学科とその数

　視覚特別支援学校（盲学校）の特色の一つは高等部にあります。高等部は一般の高等学校と同様に，中学校卒業を入学資格として3カ年間学習する高等部本科（一般の高等学校に相当する）と，本科卒業を入学資格とする専攻科とに分かれています。本科には，普通科のほかに，職業課程として，あん摩・マッサージ・指圧に関わる保健理療科，音楽科，生活技能科，総合生活科などがあります。

　専攻科は，鍼，灸，あん摩・マッサージ・指圧に関わる理療科（鍼灸手技療法科），あん摩・マッサージ・指圧に関わる保健理療科が中心で，その他に理学療法士の養成を目的とする理学療法科や音楽科，情報処理科，生活情報科，普通科，生活科などの学科があります。

　平成23～令和元年度（2011～2019）において全国の視覚特別支援学校（盲学校）高等部本科及び専攻科で学んでいる生徒数は表4-4と表4-5に示した通りです。

表4-4　視覚特別支援学校（盲学校）高等部本科で学んでいる生徒数（人）

	普通科	保健理療科	音楽科	その他 （生活技能科，総合生活科）
令和元年度	572	90	3	13
平成29年度	551	99	6	8
平成27年度	617	124	6	11
平成25年度	647	167	6	19
平成23年度	641	185	4	15

〔注〕　表4及び表5は，全国盲学校校長会編「視覚障害教育の現状と課題」各年を元に作成。

表4-5　視覚特別支援学校（盲学校）高等部専攻科で学んでいる生徒数（人）

	理療科	保健理療科	理学療法科	音楽科	その他	合計
令和元年度	392	219	17	5	61	694
平成29年度	482	256	21	2	84	845
平成27年度	596	278	30	5	27	936
平成25年度	640	363	48	7	50	1,108
平成23年度	717	379	49	12	25	1,182

(2)　弱視特別支援学級の概要など

弱視特別支援学級の数と在籍者数

　平成29年度における弱視特別支援学級の数と在籍者数をみますと，小学校が全国に358学級設置されていて，そこに413名の児童が在籍しています（表4-6）。中学校については，119学級に134名の生徒が在籍しています（平成30年度特別支援教育資料）。この数値は，実際に弱視特別支援学級に籍を置いて学習している児童生徒の数ですから，通常の学級に在籍していて弱視特別支援学級等で特別なサービスを受けている児童生徒の数を入れると，小・中学校全体でかなりの数になると推測されます。

表4-6　弱視特別支援学級の数と在籍者数

	小学校		中学校		計	
	学級数	児童数	学級数	生徒数	学級数	児童生徒数
平成29年度	358	413人	119	134人	477	547人
平成27年度	350	407人	90	103人	440	510人
平成25年度	291	353人	74	89人	365	442人
平成23年度	245	292人	77	93人	322	385人
平成21年度	225	271人	73	88人	298	359人

〔注〕　表4-6及び表4-7は，文部科学省「特別支援教育資料」各年を元に作成。

　また，全盲児童生徒が小学校や中学校に就学する事例の中には，弱視特別支援学級在籍として処遇されるケースも増えてきている状況です。

小・中学校に在籍している弱視児の指導形態

　従来，小・中学校に在籍している弱視児に対する指導の場は固定式の弱視学級でした。固定式の弱視学級というのは，弱視学級を基盤として授業のほとんどを弱視学級で受けることを前提として，若干の可能な教科については通常の学級の授業に参加するという形態の学級です。

　ところが弱視児童生徒の中には，弱視レンズの有効な活用技術を習得したり，拡大教科書を用いたり，見えやすい環境が整えられたりすれば，通常の学級でほとんどの授業を行うことが可能な者も少なくなく，1980年代に入ると，弱視学級に在籍はしていても，ほとんどの教科学習は通常の学級で授業を受けるという形態が増えていきました。東京都などは，籍も通常の学級に置いたまま，特別な指導は弱視学級で受けることができる体制を早くから取り入れています。このように，ほとんどの授業を通常の学級で受け，一部特別な指導や補習的な指導を弱視学級で受けるという形態も，いわゆる「通級による指導」として整備されました。

　通級による指導も，A校に在籍していて，A校に設置されている弱視通級指導教室に通級する場合を校内通級，他の学校から通級する場合

を他校通級（校外通級）と呼んでいます。また，教員のほうが出かけていって，様々な指導を行う形態を，巡回指導という場合がありますが，我が国では，現在巡回指導は，通級による指導の一形態と考えられています。

なお，弱視特別支援学級の1学級の学級編制基準は，小・中学校とも8名となっていますが，通級による指導を担う学級は，10名程度に1名の教員が加算されることになっています。

通級による指導

通級による指導は，前述したように，小・中学校の通常の学級に在籍している弱視児が，教科等の指導は通常の学級で受け，心身の障害に応じた特別な指導や教科の補充的指導を特別な学級に通って指導を受けるというシステムです。通級による指導は，実質的には1970年代から行われていましたが，制度としては平成5年度（1993）からスタートしました。

この通級による指導をどこで行うかについては，在籍校に設置されている教室，他の学校に設置されている教室，視覚特別支援学校（盲学校），教育センター等様々に考えられます。視覚特別支援学校（盲学校）においても，近年通級による指導に取り組む学校がみられるようになってきていますが，地域の視覚障害教育センターとしての機能を果たすために，今後積極的にこの通級による指導の基地としての機能を発揮すべく努力していく必要があるのではないかと思います。

通級して受ける指導としては，視覚認知，目と手の協応，視覚補助具の活用，教科の補充，学級適応に関する指導等が考えられます。通級による指導の時間は，おおむね1週間に1～3時間を標準とし，教科の補充的指導を必要とする場合でも，1週間に8時間以内程度ではないかといわれています。平成21～29年度（2009～2017）における通級による指導の実態は表4-7に示した通りです。

表4-7　通級による指導を受けている児童生徒の実態

	小学校				中学校				合計			
	自校	他校	巡回	計	自校	他校	巡回	計	自校	他校	巡回	計
平成29年度	27	134	15	176	1	17	3	21	28	151	18	197
平成27年度	20	92	27	139	5	17	0	22	25	109	27	161
平成25年度	29	98	29	156	5	16	2	23	34	114	31	179
平成23年度	21	70	20	111	10	9	0	19	31	79	20	130
平成21年度	15	106	18	139	7	8	1	16	22	114	19	155

【参考文献】
1) 文部科学省：「特別支援教育資料」，毎年発行．
2) 文部省：「改訂第3版　障害に応じた通級による指導の手引―解説とQ&A―」，海文堂出版，2018．
3) 文部科学省初等中等教育局：「特別支援教育課教育支援資料～障害のある子供の就学手続と早期からの一貫した支援の充実～」，2013．
4) 全国盲学校長会編：「視覚障害教育の現状と課題」，毎年発行．
5) 独立行政法人国立特別支援教育総合研究所：「全国小・中学校弱視特別支援学級および弱視通級指導教室実態調査」，独立行政法人国立特別支援教育総合研究所．本調査は5年に一度の頻度で実施している悉皆調査（最新は平成29年度）．

第5章　教育課程と指導法

1　教育課程と指導計画の作成

(1)　教育課程と指導計画
教育課程

　学校教育の目的や目標を達成するために、教育の内容を総合的に組織した各学校の教育計画を「教育課程」と呼んでいます。この教育課程は、文部科学省や教育委員会が作るわけではなく、各学校において作成されるものです。この場合、児童生徒の発達段階や障害の程度を踏まえなければなりませんが、もう一つ学校教育は、時間的な制約も受けるわけですから、授業時数をも考慮して教育課程が検討されることになります。

　一般的にいって、教育課程を編成する上で考慮するグループの最小単位は学年（学級）であり、期間の単位は1カ年と考えられています。ですから、Aさんの教育課程とか、Bグループの教育課程とかいったいい方は、一般的にみて教育課程にはなじまないと考えていただいていいのではないかと思います。また、教育課程は、1カ年を単位とした各学校の総合的な教育計画ですから、1学期の教育課程とか、国語の教育課程とかいったいい方もなじまないと考えていただいていいと思います。

指導計画

　このように学校の大枠の教育計画を示した「教育課程」に対して、もう少し具体的で綿密な計画を練る段階のものとして、「指導計画」があります。指導計画は、指導方法や教材教具、あるいは具体的な配慮事項をも考慮した計画で、各教科や領域ごとに作成されるのが普通です。指導計画の一番詳細なものは、研究授業等でおなじみの「授業案」ですが、このほかに、1日ごとの指導計画、1週間ごとの指導計画、1カ月ごとの指導計画等、必要に応じて短期間や長期間の指導計画が作成されてい

ます。また，教育課程編成の最小単位は学年（学級）でしたが，指導計画の場合は，この最小単位という考え方はありませんので，最小単位は個人，つまり個別の指導計画ということができます。

教育課程の基準

前述しましたように，教育課程は，それぞれの学校で校長を責任者として作成されるわけですが，この各学校において教育課程を作成するための基準が法令等によって示されています。

教育に関連した法令には，日本国憲法をはじめ，教育基本法，学校教育法等がありますが，教育課程編成のための国の基準として具体的に示されているのは，学校教育法施行規則及び学習指導要領です。また，この国の基準を受けて，もう少し詳細な基準を作成する必要がある場合には，各都道府県が法令に違反しない範囲で具体的な基準を作成することができることになっています。

このように，教育課程を編成する上での国の基準が設けられているのは，日本全国どの地域においても，ある一定レベルの公教育を保障しようという考え方に基づいています。

(2) 特別支援学校の教育課程の基準の特色

教育課程の基準の特色

各学校において教育課程を編成する上での国の基準は，前述したように，学校教育法施行規則及び学習指導要領に示されています。膨大なこれらの基準の一つ一つについて，ここでふれることはできませんので，必要な場合には，学習指導要領やその解説書等をご覧ください。ここでは視覚特別支援学校（盲学校）をはじめ特別支援学校の教育課程の基準が，一般の小・中・高等学校の教育課程の基準と比べてどのような特色をもっているのかを述べてみたいと思います。この特色についても，詳細なものまであげると煩雑になりますので，ごく大ざっぱにふれることにします。

一般の小・中・高等学校の教育課程の基準と比べて，特別支援学校の教育課程の基準の大きな違いは，次の三つに集約することができます。
　① 教育課程の編成領域に「自立活動」が位置づけられていること。
　② 重複障害者に対する様々な特例規定が設けられていること。
　③ 独自に目標や内容をもついくつかの教科が設定されていること。
　一つ目の自立活動については後で詳しく述べますが，特別支援学校の教育課程の最も大きな特色は，この領域の指導にあるということができます。

重複障害者に対する教育課程編成の取扱い

　二つ目の，重複障害者に対する教育課程編成の取扱いには，いくつかの特例がありますので，その概要を次に示してみます。
《学校教育法施行規則に定められている取扱い》
　① 教科（各教科・科目）を合わせた授業（第130条の１）
　　　この規定は，特に重複障害者のみの特例ではなく，障害があるために，教科（各教科・科目）を合わせて指導するほうが効果的であると考えられる場合には，特別支援学校に在籍するすべての児童生徒に対して適用することができる規定である。
　② 領域を合わせた授業（第130条の２）
　　　各教科，道徳，特別活動，及び自立活動という領域のいくつかを合わせて授業を行うのが効果的な場合には，そうした指導を行うことを可能にしている規定である。この（第130条の１，２）規定を用いて，知的障害者や重複障害者に対しては，「領域・教科を合わせた指導」を行っている場合が多い。
　③ 特別な教育課程（第131条）
　　　重複障害者の教育課程を編成するに当たって，特に必要があれば，学校教育法施行規則や学習指導要領で規定されている基準にとらわれないで，特別な教育課程を編成してもよいという規定である。しかし，現在，学習指導要領の規定が大幅に弾力化され，この規定を用

いなくともすべての重複障害者に適した教育課程を編成することが可能となったので，この規定はほとんど意味をなさなくなっている。
《学習指導要領に定められている取扱い》
④　下学年（下学部）適用の教育課程

　　心身の障害のため，学年相応の学習が困難な場合には，下学年の学習（つまり，6年生の児童が5年生以下の学年の教科の学習を行うこと）を行ってもいいという規定である。この規定は重複障害者に限定した規定ではないが，軽度の知的障害を併せもつ者の教育課程にはよく用いられている。中学部や高等部の場合には，下学年のみならず下学部の適用もできる仕組みになっている。また，平成11年（1999）に改訂された学習指導要領においては，幼稚部の各領域のねらいや内容の一部も取り入れることができるようになった。

⑤　知的障害特別支援学校の各教科との代替

　　重複障害者の教育において，知的障害特別支援学校の教科を取り入れたほうが効果的であると判断される場合には，それを全面的又は部分的に取り入れてもいいという規定である。

⑥　自立活動との代替

　　発達が著しく遅れていて，教科の指導が困難な重複障害者に対しては，教科に替えて自立活動を主とした指導を全面的又は部分的に行ってもいいという規定である。なぜ教科に替えて自立活動で対応する教育課程が編成できるのかについては，自立活動について詳述する部分で改めて説明する。

⑦　授業時数に関する取扱い（実態・実情に応じて）

　　特別支援学校の小・中学部における授業時数は，一般的には，小・中学校の各学年の総授業時数に準ずることになっている。しかし，重複障害者の場合には，個人差が著しく，学習への集中力も一人一人大きく異なるので，個々人の実情に合った授業時数を適切に定めることになっている。

独自の目標・内容をもつ教科等

　三つ目の独自の目標や内容をもついくつかの教科が設定されている点についても，若干の説明を加えておきます。この独自の目標や内容をもつ教科には，二つの異なった性質のものが混在しています。

　その一つは，知的障害特別支援学校の教科です。例えば，知的障害特別支援学校小学部の教科には，小学校の教科と同様，国語，算数，生活，音楽等がありますが，これらの教科の目標や内容は，小学校のそれとはかなり異なっています。つまり，教科の名称は同じでも，目標・内容が独自に定められているものがあるわけです。

　もう一つは，視覚特別支援学校（盲学校）や聴覚障害特別支援学校（聾学校）の高等部の職業に対する教科・科目です。これらの教科・科目の中には，一般の高等学校の教科・科目にはない独自の名称のものがかなりみられます。例えば視覚特別支援学校（盲学校）についてみると，保健理療，理学療法，理療等がそれです。これらの教科・科目は，目標・内容が独自に定められていることはもちろんです。

(3) 重複障害児に対する指導計画作成
重複障害児に対する教育課程の特色

　小学校の教員なら，誰でも「小学校の第4学年では年間245時間国語が位置づけられている」と聞けば，およそどんなことを指導しているか見当がつくと思います。それは，学習指導要領に，小学校第4学年で指導すべき内容が明示されていますし，それに基づいて教科書が整備されていて，全国各地の小学校ではこれを用いて指導しているからです。

　では，特別支援学校に在籍する重複障害児の場合はどうでしょうか。「A君に毎週15時間の自立活動の指導をしている」と聞いた場合，自立活動を主とした指導を行わなければならないのだから，A君は発達にかなりの遅れがある子だということは分かりますが，それ以上のことはよく分かりません。また，「教科や領域を併せて，日常生活の指導，生活

単元学習,遊びの指導の三つの形態で指導している」と聞いても,具体的なイメージはなかなかわきません。

　様々な研究会や講習会の席で,重複障害児の教育課程や指導計画が話題になりますが,そこで交換される資料をみると,なかなか具体的なイメージを持つことができにくいものがほとんどです。それは,重複障害児の教育課程や指導計画は,重複障害児一人一人の実態をぬきにしては語れないにもかかわらず,その点が明確でない教育課程や指導計画が多いためです。ここでは,重複障害児の教育課程をどのような手順に基づいて作成すればよいか,そのあらましについて述べてみます。

　ところで,前述しましたように,一般的にみて教育課程を編成する上での最小単位は学年と考えられていますが,重複障害児の場合はどうでしょうか。いうまでもなく,重複障害児の障害の状態や発達段階は,非常に個人差が大きいので,場合によっては,一人一人についての年間の指導目標や指導内容,さらには指導時間などが異なるわけです。学校教育法施行規則や学習指導要領には,この点を考慮して,どのように重度な重複障害児にも対応することのできる弾力的な特例規定が設けられています。こうした規定等を勘案すると,重複障害児については,一人一人を単位とした教育課程の編成もあり得ると考えていいのではないかと思います。

重複障害児に対する教育課程の類型

　重複障害児に対する教育課程編成のための規定については,概略を前述しましたが,これらの規定を勘案すると,重複障害児の教育課程として,次の三つの類型が考えられます。

① 下学年(下学部)適用による教育課程

　　たとえ中学部3年の生徒であっても,小学部1年までのいずれかの学年の各教科の目標・内容で対応できるような比較的障害の状態が軽い者については,この類型が用いられる。また,前述したように,幼稚部の各領域のねらいや内容の一部を取り入れることも可能

である。
② 知的障害特別支援学校の各教科の目標・内容の導入による教育課程
　　下学年適用では対応が難しい者のうち，主として知的障害に着目して指導するのが適当と思われる児童生徒については，この類型が用いられる。
③ 自立活動を主とした教育課程
　　自立生活の構造から（「第6章　自立活動の基本と指導」を参照），6歳未満の発達段階にとどまっているような重複障害児には，この類型による教育課程で広く対応することができる。

重複障害児に対する指導計画作成の手順

障害の状態や発達段階の一人一人異なる重複障害児に対して，具体的にどのような手順で指導計画を作成したらよいのでしょうか。その手順として，次のような流れが考えられます。この流れは，個別の指導計画を作成する手順とも一致します。
① 実態の把握
② 重点目標の設定
③ 目標達成のための内容の選定
④ 指導内容の枠組みの設定
⑤ 指導形態の検討
⑥ １週間の指導時程の検討
⑦ 指導細案の検討
⑧ 実践と評価

これら一つ一つについて，以下に若干の説明を加えておきます。

実態の把握

障害の状態や発達段階に個人差の大きい重複障害児の教育課程を作成する場合，まず何よりも大切なことは，その障害の状態や発達段階の実態をできる限り明らかにして，現在どのような発達上の課題を解決していかねばならないかを探ることだといえるでしょう。

児童生徒の実態を把握する場合，どのような側面の実態を明らかにしたいのかを明確にしておくことが大切ですが，それはおよそ次のように整理することができます。
　① 個々人の発達の全体像を明らかにするための実態把握
　② ある側面の発達を綿密に調べるための実態把握
　③ 個人内差異を浮き彫りにするための実態把握
　④ あるグループ内の位置づけを明確にするための実態把握
　重複障害児の場合，①と②が実態把握の中心的な目的になるのではないかと思います。

　また，実態把握には，次のような方法があります。
　① 観察法：日常的に観察する方法と，場面を設定して実験的に行う場合とがある。
　② 面接調査法：評価や調査を目的としたものと，相談や指導を目的としたものがある。
　③ 検査法：様々な検査があるが，発達検査，知能検査，学力検査，性格検査，適性検査等のように，標準化されているものと，学校のテストのように，標準化されていないものとがある。
　④ 発達診断チェック：ある側面の発達を詳しくみるために，発達を診断するためのチェックリストを作成し，行動の様子をみてチェックする。
　これら実態把握の方法は，必要に応じて用いることになりますが，重複障害児の実態を把握するには，まず何よりも日常生活や学習時における行動を観察し，これを多くの人が理解できる方法で記録にとどめておくことです。また，発達の著しく遅れた子どもたちの発達の全体像を明らかにすることはそれほど容易なことではありませんから，ある程度の実態が明らかになったら，それを手がかりにして指導の目標を立て，計画的に実践していくことになりますが，日常的な指導は，実態把握の深

第5章　教育課程と指導法　**109**

化には最適な時間でもあります。したがって，指導が進むにつれて，初めの実態把握を修正するとともに，指導の方針も若干手直しする必要がでてきます。このような場合には，柔軟に指導の目標や内容に修正を加えていくことが大切です。特に重複障害児に対しては，指導即実態把握，実態把握即指導という関係にあることを大切にしたいものです。

重点目標の設定

児童生徒の実態把握に基づいて，現時点でどのような指導を行うのが望ましいか，どのような指導が最も効果的か等を勘案して，一人一人の指導の重点目標を設定することが大切です。

この場合の重点目標は，長期的展望に立った目標と，短期的に達成したい目標の二つの側面から検討する必要があります。短期目標は，数カ月又は学期単位で，長期目標は，1年ないし数年単位で考えるのが普通だと思います。

こうした指導の重点目標は，担当する教員が一人で決めるのではなく，教員集団のケース会議等での検討が望まれます。また，場合によっては，保護者との話し合いによって，その子の指導の重点目標等についてコンセンサスを得ておくことも大切です。

重点目標等に基づく指導内容の選定

短期及び長期の重点目標等に基づいて，それらの目標を達成するための指導内容を選定します。この場合，それらの指導内容が，どの教科や領域に位置づけられるものかもおさえておいたほうがいいでしょう。次にその一例を示してみます。

═══════════ 指導内容の例 ═══════════

1　挨拶ができる。
　　　おはよう，こんにちは，今晩は，さようなら（自立活動）
2　日常的な会話ができる。
　　　聞く態度，積極的な会話の姿勢，語彙の拡大（国語）

3　物の大小が分かる。
　　　大きいと小さい，長いと短い，浅いと深い（算数）
4　5までの数の大小関係が分かる。
　　　具体物の数の大小（算数）
5　一人で小便の始末ができる。
　　　トイレまでの往復，トイレの構造，衣服の始末（自立活動）

指導内容の枠組みの設定

　前記の指導内容の例で，挨拶は自立活動，日常的な会話は国語，物の大小は算数等と，それぞれの内容を教科や領域に位置づけましたが，こうした位置づけをここでは「指導内容の枠組みの設定」といっています。
　この段階においては，どの類型の教育課程を用いるかも検討することになります。また，指導内容の多さ等との関連で，週当たりの配当時間数も検討しなければなりません。
　週当たりの指導の枠組みの設定例を，次に示してみます。

指導内容の枠組みの例（週当たりの教科・領域の配当時間）

教科・領域	国語	算数	理科	音楽	図工	体育	特活	道徳	自立活動
週当たり指導時数	3	2	1	3	2	3	1	1	12

指導形態の検討

　それぞれの指導内容が教科や領域の枠組みに位置づけられたら，次に実際に指導する場合，教科や領域ごとに指導するのか，教科や領域を合わせて指導するのかを検討します。教科や領域を合わせて指導する場合，すべての教科や領域を合わせて，「生活単元学習」，「日常生活の学習」，

「遊びの指導」，「作業学習」に再編成して指導することもできますし，一部は教科や領域ごとに指導し，他の一部を合わせて指導することもできるので，どのような形態をとるのが最も望ましいかを十分に検討する必要があります。

　また，重複障害児の指導においては，一対一の指導体制を整えたり，数人をチームティーチングしたりしますが，これらについてもこの段階で検討しておくことが大切です。

　次に指導形態の検討例を示しておきます。

指導形態の例

朝のしたく	自立活動（1）	【身辺自立】
朝の会	自立活動（1）	【コミュニケーション】
	音楽　　（1）	国語　　　　（1）
	道徳　　（1）	特活　　　　（1）
音楽リズム	音楽　　（2）	体育　　　　（3）
	自立活動（1）	【基本的身体運動】
表現	自立活動（2）	【手指の巧ち性】
個別指導	国語　　（2）	算数　　　　（2）
	自立活動（3）	
校外指導	自立活動（2）	【歩行・手による観察】
	理科　　（1）	
帰りのしたく	自立活動（1）	【身辺自立】
帰りの会	自立活動（1）	【コミュニケーション】
給食	自立活動（1）	【食事指導】

1週間の指導時程の検討

　指導形態が決まったら，それを1週間の指導の流れとして，どのように設定するかを検討します。この指導時程は，一人一人の児童ごとに決めるわけにいきませんので，あるグループに最もふさわしいものとして設定する必要があります。

次に1週間の指導時程の例を示してみますが，週休2日の場合は，この図5-1から土曜日をカットすることになります。

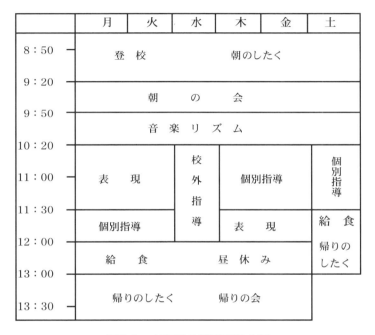

図5-1　1週間の指導時程の例

指導細案の検討

以上の段階を経ると，一応指導の体制は整います。そこで次の段階では，いよいよ具体的な指導を行う上での方法を検討することになります。発達遅延の著しい児童生徒の場合には，なかなか長期の指導の見通しをもつのが困難ですが，少なくとも1カ月程度の大まかな指導の見通しをもって，その上で1週間にわたる指導細案を検討することが大切です。

重複障害児に対する指導計画は，個別の指導計画を作成することが原則になっていますが，こうした指導細案のすべてを対象とすることが難しい場合は，重点的な課題にしぼって，個別の指導計画を作成するとい

うスタンスでいいのではないかと思います。

実践と評価

評価には，教育実践活動がある一つの区切り目に当たる段階で行うものと，日々の実践を通してその都度行うものとがあります。いずれの評価も，教員の指導の実践活動を反省したり，児童生徒の実態把握の深化のために役立てたりすることが大切です。

以上，八つの項目に分けて，重複障害児に対する教育計画作成から実践に至る筋道を述べましたが，これは模式図的に示したものですから，現実には必ずしもこの通りにいかないものもあると思います。また，「重複障害者に対する指導計画作成の手順」で示した8項目は，次の図5-2のようにリングを形作って繰り返されるものだと考えていいのではないかと思います。

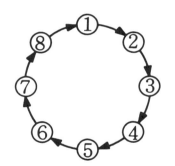

図5-2　重複障害児の教育計画リング

2　盲児に対する指導内容・方法等

(1)　点字の指導

点字の発明

視覚に頼らず，指先で触覚的に読むことのできる点字は，フランスの

ルイ・ブライユ（1809-1852）によって創案されたものです。点字は3点2列の計6点で構成されています。一つの点は，直径約1.5mm前後，高さ0.4mm前後の半円形に近い凸で，6点で構成される点字の大きさは，おおよそ縦6mm，横4mm程度の枠におさまるほどのサイズになっていて，ちょうど指先におさまるほどの大きさです。このサイズは，国や点字製版システムによって若干異なっています。点字では，6点を組み合わせてできる凸点の数と点の空間的な位置関係の違いで，音節や記号などを表します。

　1824年にまず点字のアルファベットが作られました。ブライユが15歳のときでした。ブライユは，その後も研究を続け，1829年に楽譜等を含めて，点字の体系を公にしました。現在，世界各国でこの点字が使われています。日本では，明治23年（1890）に東京盲学校の教員であった石川倉次が，ルイ・ブライユの点字を基に日本の文字に翻案しました。

　6点の組み合わせは64種類あります。ルイ・ブライユは，マスあけの記号を除いた63をいくつかの原則に従って，7行に分類しました。現在，日本で使われている点字もこの配列を参考にして，国語音・外来音・符号などを表しています。

点字の有用性
　点字は，視覚の活用が難しい人々のコミュニケーションや思考を深める手段として，効率性が高い点でたいへん優れており，視覚に障害をもっている人々の教育や文化の発展にも大きな役割を果たしてきました。近年の情報処理技術の発達に伴い，点字入力により漢字仮名交じりの文章を作成したり，点字と漢字仮名交じり文を相互に変換したりすることも可能になり，コンピュータを介して，点字を知らない人々とも文書をやりとりすることができるようになってきています。こうした最新の機器を有効に活用して，意思伝達の輪を広げるためにも，視覚に障害のある児童生徒が点字を正しく，しかも速く読み書きできる力をつけていくよう指導していくことが求められているといえます。

触覚の能動性

視覚的あるいは聴覚的な刺激は、外から自然に入ってくることが多いのですが、触覚的な刺激は直接触れなければ感じとることができません。また、触覚は受動的に事物に触る場合と能動的に触る場合とではその感じ方が大きく異なってきます。手指を能動的に動かすことによって獲得できる触覚的な知覚を能動触といいますが、能動触においては、読み手の態度がその理解度に大きく影響してきます。受け身的な態度では十分な情報を得ることができません。したがって、点字にかかわる情報を正確に、しかも迅速に得るためには、能動的・積極的に対象に触れていくように働きかけていくことが大切になります。

点字学習のレディネス

盲児童の場合、幼児期から積極的に事物に触れ、手指の操作の基礎などのレディネス（学習成立のための準備）をしっかり養うとともに、点字学習を行うための十分な動機づけを行うことが大切になってきます。

点字学習を始めるに当たって身につけておくことが望まれる事項としては、点字の読み書きに必要な両手の円滑な運動、点の弁別能力、触空間の構成と点の位置づけ、音声言語の分解・構成、象徴機能による概念やイメージの表現などがあげられます。

こうした、点字学習のレディネスや文字に対する認識能力は、一般に視覚障害児では個人差が大きいようです。レディネスの形成を重視しすぎると、なかなか点字の学習に入れない場合もでてきてしまいます。点字学習を導入する場合は、このレディネスの状態や文字の認識能力を的確に把握し、その上で、一人一人の実態に応じた学習計画を立てていくことが大切になってきます。

点字の学習を開始する前段階の指導

点字学習を始めるに当たってのレディネスについては前述しましたが、ある程度これらのレディネスが満たされている段階の盲児には、点字の学習への準備段階として、触運動の統制、触覚による弁別、図形の弁別

と構成・分解，点字の点の構成，話しことばの学習などを行います。

［触運動の統制］

　点字は，手指の触運動を通して読み取ります。こうした触覚を活用して，事物の属性などを認知する力が育っていない場合は，手の運動の統制学習を行う必要があります。様々な教具を用いて，手の運動の分化や左右の手の分業と協応動作ができるように働きかけていきます。また，手や腕は円運動に適していて直線運動はしにくいという特性をもっていますので，縦，横，斜めの線にそった手指の運動の統制ができるように働きかけていくことも必要です。この学習過程を通して，線をたどることができ，縦の線，横の線などの方向が弁別できるようになります。

［触覚による弁別］

　事物には形や大きさ，長さ，太さ，厚さ，重さ，硬さ，滑らかさなどの属性があります。手指を使って触覚的にこうした属性の弁別能力を向上させることも，点字導入段階の学習として大切な内容です。このような弁別学習を通して触感覚の統制を図り，事物の概念を形成するための基礎的な力を養っていきます。

［図形の弁別と構成・分解］

　さらに，空間内の枠組みを手がかりに，形を分解し，それを組み立てるような操作によって，空間を再構成する力を育てることも点字学習のレディネスとして重要です。具体的には，各種の教材を用いて，基本図形の触覚的弁別，基本的な相似図形の弁別，基本図形の構成や分解などの操作学習を行っていきます。

［点字の点の構成］

　点字は縦3点，横2列の6点で構成されています。この位置関係を理解するためには，左右上下の理解，順序数の意識などが点字学習の基礎として必要になってきます。点字の模型などを活用して，点字形の構成などの操作学習をしながら，これらの力を育てていきます。この場合，点字の模型などを活用して点の位置とその名称が正確に理解できるよう

になると，点字の学習を開始する上で大きなはげみとなりますが，点字の模型で点の位置が分かることが，触読での点字の認知に転移するものではありません。点字の模型での読み取りを重ねても，それだけでは実際の点字触読の向上にはつながらないということを十分に認識しておく必要があります。

　［話しことばの学習］

　点字の学習の基礎として，話しことばを意識させることも大切です。話しことばが，文章，文，文節，単語などの要素から成り立っていることを，遊びながら自然に気づかせていくようにします。また，日本の点字は日本語の音に一対一対応していますので，音節をしっかり認識させることも大切です。具体的には，単語を一音ずつ区切って，一つ一つの音に対応して手をたたきながら音節を意識づけるような活動を行っていきます。また，「体育館」を「たいくかん」と表現してしまうような発音の間違いにも気をつけていくことが必要です。

点字読み取りの学習

　点字学習のレディネスを習得し，点字学習に興味を示すようになれば，点字の学習を開始することができます。これには，読みと書きの学習が含まれますが，書きに比べて，点字触読には時間がかかります。また，効率よく読むためには，それにふさわしい手指の操作法を身につけることも求められます。したがって，先天盲の児童に点字を指導する場合，一般的には読みの学習を先行させ，ある程度点字の触読ができるようになってから，書きの学習を導入していきます。

　［両手読みと点字触読の枠組みの学習］

　原則として，点字は左右どちらの指でも読めるようにしておくことが大切です。手指の運動特性から右手読みが自然であるとか，日常的な場面を想定すると左手読みのほうが有効であるというように，どちらか一方の手でしっかり読めればよいという考え方もあります。しかし，左手で行の前半を読んでから，後半を右手で読み，その間に左手は次の行を

読む準備をするというように手指を操作して読む点字の読み方が最も効率がよいようです。また，点字盤を使用する場合も左手で読めたほうが便利です。片方だけで読むようにしてしまうと，後に他方の手でも読めるようにするのは大変難しくなりますので，この点は導入期に注意して指導していくことが求められます。この指導内容として，「点字学習指導の手引（平成15年　改訂版）」には次のようなことが示されています。
　①　両手の触運動の統制と行たどりへの導入
　②　両手読みの動作の制御と行・行間のイメージの形成
　③　行中の1マスあけと2マスあけのイメージの形成
　④　行の途中の変化の弁別
　⑤　点の位置の弁別
　⑥　縦半マスのイメージの形成とその合成
［継時的な点字の読み取りの学習］

　点字を読み取るための学習の進め方としては，従前は形として認知しやすい文字から導入し，だんだん複雑な文字を学習していき，清音を整理していくようになっていました。平成7年（1995）に改訂された「点字学習指導の手引」においては，それまでの指導法とは異なり，1マスを縦半マスずつに分け，左半マスにできるパターンのイメージをしっかり認知させ，それに右半マスの点を付加して文字として認識させるような方法を導入しています。この方式は，上手な点字の読み手が，点字を形としてではなく左から右への流れにおける継時的な特徴としてつかんで読み進めていることを踏まえたものだといえます。

　清音の読み取りができたら，促音・長音・濁音・半濁音などの読み取りに入ります。この導入期の指導法については児童の特性などを考慮して興味をもって学習が進められるような工夫をしていくことが大切です。

　また，この段階では，触読時の両手の動作の統制に気をつけるとともに，右人差し指と左人差し指双方の点字触読力が着実に身についていることを確認しながら学習をすすめていくことにも留意したいものです。

第5章　教育課程と指導法

［単語や文節の意識づけ］

　点字の読み取り学習と並行して，単語や文節を意識して点字の読みに取り組ませていきます。単語については，学校や家庭の生活の中に登場する事物や事象などに結びつけて，正確に用いるように働きかけていくことが大切です。また，点字では，マスあけが重要な意味をもちますので，文節意識を高め，抵抗なく分かち書きができるように働きかけていくことも大切です。リズム遊びや，カードを使ったゲームなど，児童が意欲的に取り組めるような教材を準備していく必要があります。

　特にマスあけについては，低学年における学習で点字の読み書きが一応できるようになると，その後の学習が不十分になる傾向がありますので，注意しなければなりません。繰り返し指導し，確認することによって，正確な分かち書きができるよう，継続的に指導していくことが大切になってきます。

　また，語の書き表し方や語句の区切り方を指導する際には，漢字・漢語との対応や普通の文字の表記法との関係などについても，児童の実態を考慮して指導していくようにします。いずれにしても，点字触読の機会を増やし，点字を読む速さを増すような工夫と配慮が必要です。

点字の書き

　点字の読み書きは，互いに補い合うものであり，書きも早期に導入するように配慮すべきですが，導入に当たっては，十分なレディネスが形成されているかどうか児童の実態を的確に把握し，その実態に応じて適切に対応していく必要があります。

　点字盤は読みと書きが左右逆になるため，入門期の児童には負担の大きい筆記用具だといえます。凸面に打ち出せるようになっている点字タイプライターだと，書いた文字をそのまま読むことができ，点字を書くのも容易です。したがって，入門期の書きにおいては，凸面書きの点字タイプライターを用いるのが効果的だと思われます。しかし，点字盤も携帯性などの面で非常に有効な筆記用具ですから，適切な時期に導入し，

小学部高学年では学習活動で使いこなせるように指導していく必要があります。

「点字学習指導の手引（平成15年　改訂版）」では，点字の書きの学習の導入段階のプログラムの例として，次のような内容を示しています。
① 点字タイプライターによる書きの学習
② 点字盤・携帯用点字器による書きの学習
③ 点字の記号の書き方の学習
④ 語の書き表し方の学習
⑤ 分かち書きと切れ続きの学習
⑥ 文の構成と表記符号の学習

(2) **空間概念の指導**
ボディイメージと身体座標軸・空間座標軸の形成
　自己の身体に関するイメージは，あらゆる活動を行う際の外界との接点として重要な役割をもっています。そこで，まず自己の正しいボディイメージを構成する出発点として，身体各部の位置と名称が対応できるようにすることが必要です。次に，腕を伸ばす，腕を真上に上げるといった身体運動の基本を体育などと関連づけながら，ことばと動作を対応させ，身体運動のイメージ化を育てます。特に盲児は，他人の動作や運動を視覚的にとらえて模倣できないので，基本的な運動が正確に順序よくできるよう触覚的あるいは聴覚的手がかりを活用しながら何度も繰り返して指導することが大切でしょう。そして，自己の身体を基準として，上下・前後・左右の6方向の認識をさせ，身体座標軸の形成を図ります。
　次に，自己から他者へ原点を移動させた空間座標軸の形成の指導に移ります。これは原点を自己の身体を基準とした身体座標軸から他者に原点を位置づけ，その原点を基準として，上下・左右・前後（手前と向こう）の6方向を認識させるものです。具体的な指導では，十字に切った溝の交点を原点とし，左右いずれかの指を原点に置いて，もう一方の指

で「左－中－上」「左－中－下」などと言いながら指を動かして，方向転換の曲がり角として原点を位置づけさせます。また，二人の盲児を向かい合わせて，お互いに相手の左右の身体部位を触らせるなどして，自己の左右の理解から相手の左右を理解させるようにします。このような学習を通して，自己の相対的な向きとその方向を空間座標軸の中に位置づけていくのです。

基本的な立体のイメージの構成

　まず，球や円柱などの単純な基本的な立体を具体物と対応づけながらイメージ化させ，立体の観察に際してそれを活用できるようにすることが必要です。そのためには，身の回りの具体物を仲間分けさせたり，粘土で基本的な立体を表現させたりするなどの活動が有効です。さらに，基本的な立体の大きさが変わっても形は同じという相似な基本的な立体の理解を促します。例えば，モンテッソーリ教具にある「ピンクタワー」等を利用して大きさの順に高く積み上げさせたり，二つ以上の相似形を混ぜて提示し分類させたりする学習などが有効です。このように，「大きさが違っても同じ形」ということばの意味を具体的な操作を通して理解させることが大切です。また，コップやバトン，底面が四角のゴミ箱，とんがり帽子などの具体物を円柱，四角柱，円錐などの基本的な立体と対応させて，「～みたい」と抽象させて同じ形の分類をさせるなどして，基本的な立体のイメージの定着を図ります。

面図形のイメージの構成

　四角柱，三角錐，四角錐などの一つの面と面図形とを対応させたり，これらの立体のまわりを面図形カードでおおったりして，立体は面で構成されていることを意識させ，立体と平面との関係を明らかにします。また，様々な種類の三角形，四角形などの平面図形の仲間分け，合同な図形の集合作り，面図形の合成と分解などの操作を通して，面図形のイメージの定着を図ります。さらに，相似な面図形カードや面図形の一部の長さの変化に着目させて，大きさや形の変化の様子を理解させます。

線図形のイメージの構成

　表面作図器（200ページ参照）で線図形を描かせ，面図形と対比させたり，線図形を構成させたりして，そのイメージを明確にさせます。例えば，モンテッソーリ教具にある「メタルインセッツ」などを用いて，表面作図器の上でたどり書きをさせ，描かれた図形と面図形を再度重ね合わせて対応させたり，線図形を指たどりして同じ形を面図形の中から選ばせたりします。また，棒状のゴム磁石などを用いてスチール板の上に四角や三角を構成させたり，表面作図器を用いてフリーハンドで図形を描かせたりします。さらに，線図形を基本的な形に分割したり，重なり図形を描いたり読み取ったりすることによって，線図形の見方をよりいっそう正確にさせることが大切です。

歩行地図の指導

　さきに述べた図形の指導は，歩行地図の理解には必須の内容といえます。いわゆる平面地図は，歩行環境を平面的に表現したものであり，その理解には地理的空間概念の習得が必要です。ここでは，特に自立活動の時間における指導の一例を紹介します。

　視覚に障害のない児童は，絵地図という段階を経て一般的な地図に移行していきます。盲児にとって絵地図に代わるものが立体模型です。ここでぜひ備えておきたい教具として，教室内にある机や椅子，ロッカー等の教室備品の模型があります。この積木模型を使い，まず児童同士の机と椅子の配置を作らせたり，机の周りのロッカーなどの教室備品を配置させたりする活動に進みます。また，大型積木や段ボールなどを使って実際に部屋を作らせてみるのも効果的でしょう。さらに発展的な課題として，床に見立てた磁石盤を90度回転させて配置させるなどして，教室内の地図の定着を図ります。さらに自分の教室内が理解できたら，いろいろな教室の配置の課題に移ります。自分の教室の両隣は何年生か，その向こうは何年生かというように自分の教室を起点に，積木模型等を利用してその配置を理解させていきます。そして，作り上げた教室模型

の中で，自分の指を使って模型内を探索する「指散歩」をさせるなどして理解を促すことも大切です。また，1階と2階のように，上下の教室の位置関係の理解に困難を示す盲児をときどき見かけます。この場合の指導例として，2階の教室の窓から紐を垂らし，その紐の端がある1階の教室を考えさせる方法もあります。そして教室模型を重ね合わせて理解を確実にすることも必要です。このように，立体模型等を使った地図の初期指導には十分時間をかけることが大切です。

　次に，平面に表現した，いわゆる一般的な地図の理解に移ります。立体模型から平面地図へと移行する手がかりとしては，立体コピーに教室の壁に見立てた線を描いておき，その平面の中に机や椅子，ロッカー等を示すフェライト磁石を配置させるとよいでしょう。こうした経験を積んでから，同様のものを真空成形機や立体コピー（201～202ページ参照）で作製した凸図での理解を経て，小学部の教室配置図や学校全体の平面地図の学習へと発展させていきます。

空間概念を指導する上での留意点

　ここで紹介した指導内容は，系統性を考慮したものですが，実際の指導においては，児童の実態を考慮に入れるとともに，各教科や生活場面を通じて必要な事項を指導することが大切です。その上で，児童が主体的に教材に働きかけ，その中から学び取ることができるような学習の個別化を図ることが大切です。そのためには，児童の実態を適切に把握し，その実態にあった教材を提示するよう心がける必要があります。もし，児童がその教材に興味を示さなかったり，主体的な解決が望めなかったりすると判断できたら，方法を変えるか前段階の指導に戻るなど，決して教員のペースで無理強いしないようにしなければなりません。さらに，適切な教材教具の整備が必要なことはいうまでもありません。特にここで示した空間概念の学習に用いる教材教具は，市販の高価なものよりも，教員の手作りや日用品等が中心なので，常にこれら教材教具の収集や工夫には心がける必要があります。そして，一連の学習によって獲得され

た知識や技能，態度などが他の学習や日常生活の中で十分に活かされるよう留意する必要があります。

空間概念と教科指導との関連

　盲児に対する空間概念の指導は，教科指導の基礎としても大切です。指導者はこのことを念頭に，特に社会科の地図指導や算数の図形指導の系列を十分理解して見通しをたてた対応をしていくことが必要です。

　小学校1・2学年の生活科では，具体的な観察を通して空間的意識を育てることが大きな目標となっています。特に2学年では学校のまわりの店を調べ，「絵地図」に表現させる活動がありますが，盲児の場合「絵地図」に代わる立体模型を使い，一定の大きさに縮小し，平面化するという丁寧な指導が大切です。また，東西南北を的確に使って位置関係を表現することもこの段階での指導内容です。社会科では，3学年で自分たちの市（町・村）という一定地域の具体的観察などが学習の中心となり，地理的分野として組織的な学習が行われるようになります。地図の活用について，「学校のまわり」を観察させ，それを基にしていわゆる平面の地図作りをする単元が設けられています。また，8方位を使った相対的位置関係も指導することになっています。4学年では，3学年の内容をさらに発展させ，郷土の地域の平面図・地形模型等を利用し，地図を読み取る学習へと進んでいきます。さらに5・6年になると，地理・歴史・社会の問題について，地図を一つの重要な手がかりとして積極的に使い，地理的思考力を高めることがねらいとなります。なお，盲学校小学部社会科地図指導における留意点として，①基本的な形の理解を徹底させること，②絵地図に代わる模型を作らせること，③単純化した地図から導入すること，④地図の大きさについて配慮すること，⑤一つの地図に多くの要素を盛り込まないこと，⑥地図記号の判読を徹底させること（文部省，1965）があげられています。

　算数科における図形指導は，形・大きさ・位置の三つの観点を含んでいますが，位置関係について学年の指導系列をみてみます。

1学年では，方位や位置について一次元的見方に重点をおいて，具体的な経験を通して指導していきます。算数科点字教科書の冒頭に，盲児のための入門期指導がありますが，ここでは「手前・向こう，左・右」や「左向こう・右向こう，左手前・右手前」という表現で，平面上の位置の表し方を指導します。また，国語科点字教科書の入門期指導にも，点の位置を「上・中・下」「左・右」で表現させる学習があります。これらの指導は，1列に並んだ物の位置を一定の基準を基にして表したり，二つの物の相対的な位置をとらえさせたりすることを通して，空間の広がりを意識づけることを目標としたものです。特に「左右」の指導では，①自分を中心として，その左右の物の位置を表現する，②自分を中心として「向かって右・左の物の位置」を表現する，③二つの物の相対的な位置，すなわち自分を中心としたときには右だが，相手にとっては左という関係をとらえ表現するというような段階があります。

　2学年になると，二次元空間における物の位置の表し方を扱います。具体的には，教室における座席の位置・靴箱の位置など生活場面に即して考えさせ，「2列目の前から3番目」とか「上から2段目で右から4番目」といった表現をします。また，平面上にある物の位置を表現するには，一つの点を基準にして，そこから二つの方向と距離が必要なことを，一次元の場合と比べながら明らかにしていきます。さらに，「長さしらべ」では「駅から，小学校の方へ100m行って左に曲がり，30m行く…」といった二つの距離の組で位置を表現し，案内図を見て道のりを計算させる学習へと進んでいきます。

　3学年では，二次元ということでは2学年の目標と同じですが，方位を使った表現で地図を見て平面上の物の位置を表す学習へと発展していきます。

　4学年では，平面上の2直線の位置関係として「平行と垂直」の概念が導入されてきます。「直方体と立方体」では，三次元空間における直線や平面の位置関係を考察させ，辺や面の平行・垂直の関係をとらえさ

せます。また，空間の位置が「縦・横・高さ」の三つの長さの組で表されることもこの段階で学習します。

(3) **漢字・漢語の指導**
漢字・漢語の指導の必要性
　日本語は漢字や漢語を基盤としているという特性をもっています。一般の人は常に漢字を使用しているので，たとえ仮名のみの文章でも，文章の理解の上では必要な部分を漢字に置き換えています。一方，点字は表音文字であるため，漢字の字形や字義を表記することはできず，音訓だけによって表記せざるを得ません。したがって，漢字を想起するということは，点字を常用する視覚障害者にはきわめて困難なことです。しかし，漢字や漢語の知識がまったく無いかというとそうではありません。字形としての漢字は知らなくても，漢字・漢語を基盤とする日本語を用いて日常生活をし，学校教育を受けているうちに自然と身についた漢字・漢語の知識は，ある程度もっているものです。ただ，思い違いや恣意的解釈も多いようです。例えば，「音楽」を「音学」，「生徒会長の任期」を「生徒会長の人気」，「Uターン」を「右ターン」など，多くの例がみられます。

　そこで，こうした日本語の特性と点字の表記を十分理解した上で，点字を常用する児童生徒にも，漢字や漢語の意味や読み（音訓）についての理解をもたせるとともに，部首や漢語の構成についての指導が必要になってきます。すなわち，盲児に対する漢字・漢語の指導は，漢字の字義と結びついたことばが多い日本語の文章を正しく理解し，表現するために重要なのです。特に最近は，視覚障害者のためのワードプロセッサやパーソナルコンピュータの開発によって，点字と普通の文字の相互変換が可能になってきました。視覚障害者自身が漢字仮名交じり文を書けるようになったのです。さらにこの力が社会的自立の必要条件の一つにまでなってきました。そうした意味からも，漢字・漢語の知識の重要性

が増してきているといえます。このような状況を踏まえて，学習指導要領に，点字常用者に対する漢字・漢語の指導についての配慮事項が明記されています。

漢字・漢語の指導内容

視覚障害児童生徒に漢字・漢語の指導を行うねらいは，「漢字仮名交じり文を基盤とする日本語の文章を正確に理解し，適切に表現する能力・態度・習慣等の育成」にあります。したがって漢字・漢語の表意性に焦点を当てて，漢字や漢語に関心と理解を深めさせる指導を中心に置くことが大切でしょう。つまり，形・音・義の中で，音と義とを的確に対応できるようにすることが第一義的な指導内容になります。形については，音と義との指導に当たって，より理解を深めさせるための補助的な手段といえます。これが主目的にならぬよう留意することが大切です。

そこで，点字を常用する視覚障害児童生徒に対する指導内容をいくつかあげてみたいと思います。

まず漢字を含む普通の文字一般についての知識です。つまり，普通の文字には平仮名・カタカナ・漢字・数字・アルファベット等があります。このうち，後の二つは点字が対応していますが，前の三つは対応していません。これらを識別するためには，どういう場合にカタカナ，どの部分が漢字になるかという知識が必要です。漢字との対応についての知識は，小学生の高学年から中学生にかけての学習課題となるでしょう。これは，かなり高度な知識を要します。なぜなら，「送り仮名」の課題があるからです。これは原則的な事項にとどめるのがよいでしょう。具体的には名詞を中心に指導し，どんな音（訓）の漢字かということが理解できる程度にとどめます。次に，漢字そのものについての知識をもたせることが必要です。例えば，漢字は音と意味と字形をもっていること，同じ漢字で二つ以上の意味をもつ漢字があること，字形については，その構造に関して，「へん」「つくり」「かんむり」「あし」「たれ」「にょう」「かまえ」などの部首があること，さらに字形の書体には，楷書，

行書，草書，隷書等の違いがあることなどがあげられます。さらに，漢字に対する知識の情報収集の手段として，漢和辞典や国語辞典の引き方に関する指導があります。例えば，漢和辞典の場合，部首索引，音訓索引，総画索引等を利用して漢字を検索する方法を理解させる内容があげられます。そのためには漢字の成り立ちや主要な部首，画数の数え方，筆順の原則等の基礎的な知識が必要です。

漢字を指導する上での留意点

漢字・漢語の指導は，おもに国語科の中で点字との関連で指導に当たることになりますが，必要に応じて取り出して指導する場を設定したり，自立活動や特別活動等，学校教育の様々な機会をとらえたりして指導していくことが大切です。特に基本的な字形の理解については，黒板掲示などに立体コピー等で作成した凸文字を準備しておき，日常的に盲児が触れる機会をできるだけ設けるといった教員の意図的な取り組みが必要なのはいうまでもありません。

次に，小学生の段階から，興味をもって学習に取り組めるように漢字についての教材を準備し，必要な場面で適切に活用できる工夫が必要でしょう。例えば立体コピーや真空成形器で作成した平仮名，カタカナ，漢字の凸文字カード等の自作教材をはじめ，市販されている漢字学習辞典等も利用することができます。

また，指導内容との関連で，指導する時期を慎重に決定することも大切です。できれば，小学部高学年の段階で一度，さらに中学生になってもう一度，漢字の体系を整理する指導の機会を設けることが望ましいでしょう。

(4) **ことばと事物・事象の対応関係の指導**
バーバリズムの回避

視覚に障害のある児童生徒は，視覚による情報収集が困難であるため，ことばのもつ概念やイメージを適切に身につけるのが難しい場合が少な

くありません。実態や具体的経験を伴わないことばによる説明だけで，事物・事象や動作を理解したと思い込んでしまっている場合もみられます。このように，適切な概念やイメージを伴わないで，ことばだけが独り歩きをしているような状態を，バーバリズム（唯言語主義）といいます。かつてはこのバーバリズムのマイナス面だけが強調されていました。しかし，視覚の活用が困難な児童に対してそれを補う適切な情報が与えられなければ，耳から入る情報だけでイメージを膨らませることは当然のことだといえます。むしろ，そうしたイメージを膨らませる力を評価し，その上で誤ったイメージを作り上げないよう，補足的な情報を補っていく配慮を周囲のものは心がけていくことが大切だと思われます。

概念やイメージの作りにくいもの

特に全盲の児童生徒が概念や具体的なイメージを作りにくいものとして，例えば次のようなものがあげられます。

① 大きすぎたり小さすぎたりして，触覚的観察ができないもの（山，海，蟻，微生物等）

② 遠方にあって近づけないもの（天体等）

③ 触ると危険なものや壊れてしまうもの（炎の燃える状態，お湯の沸騰する状態等，しゃぼん玉等）

④ 気体の状態のもの（雲，霧等）

⑤ 動きのあるもの（ふわふわ飛ぶ風船，ひらひら舞う落ち葉，風にそよぐ葦等）

⑥ 複雑すぎるもの（設計図等）

⑦ 立体を平面的に表したもの（絵や見取り図等）

⑧ 色や光の情報（それぞれの固有の色，きらきら光る海，光と影，水に映る景色等）

⑨ 運動・動作を伴うもの（ボールを投げるきれいなフォーム，一連のダンスの動作等）

以上，九つのカテゴリーに分けて概念やイメージの作りにくいものを

あげましたが，これはほんの一例にすぎません。なぜなら，触覚的観察は，能動的に外界に働きかけ，そこから何かを得ようとする積極的な態度がなければ，どんなに触覚的観察が容易な具体物であっても，知らないままで過ごしてしまう場合があり得るからです。

核になる観察や体験の重視

バーバリズムの傾向を回避するためには，必要な情報を補うとともに様々な事物・事象をあらゆる感覚を動員して観察させたり経験させたりして，ことばと実態とが対応できるような指導を丹念に行っていく必要があります。

とはいっても，私たちが視覚的な情報を通して観察したり体験したりできる事柄を，主として触覚や聴覚を用いて行うことは容易なことではありません。

確かに多くの観察や経験を丹念にさせることは大切ですが，最も大切なことは，概念の枠組みを作るための「核になる観察や体験」をどのように組織するかです。「核になる観察や体験」については，「第6章　自立活動の基本と指導」で具体的に述べていますので参考にしていただきたいと思います。

視覚的には観察や体験できない事項の指導

もう一つ，全盲の子どもたちは，光や色に関する観察や体験を直接行うことはできません。こうした直接経験できないものをどのように考えてどのような角度から指導していくかは重要な課題です。

こうした指導には，二つの観点からのアプローチが大切です。その一つは，直接経験できないまでもモデルを用いて理解させたり，光の存在を音に代えて理解させたりというように，間接的な手法によって理解を促す方法です。天体に関する観察等は到底できるものではありませんが，モデルを用いれば，地球と太陽と月の関係や星座の位置関係等を理解させることが可能となります。また，光の直進や光と影の様子等は，感光器（212ページ参照）を用いて光の強さを音の高低に変換することに

よって，観察することが可能となります。

　二つ目は，間接的にもその実態を把握することが極めて困難な事柄の取り扱いです。その最もいい例が色に関する事項です。色は，視覚以外の感覚では到底その実態を把握することが困難なものですが，だからといって全盲の子どもたちに指導しなくていいというものではありません。全盲の人たちも，様々な色に囲まれた社会に住んでいるのですから，彼らなりに色についての知識を獲得しておくことが要請されているからです。ブラウスとスーツ，あるいはネクタイと背広等の色の組み合わせ方などは，全盲の人たちも実生活で大切になります。

　全盲の子どもたちも，色については大変興味をもっているのが普通ですから，学習や日常生活の中で，折にふれて色に関する情報を提供し，常識的な色に関する知識を蓄積することができるように配慮することが大切です。見方を変えれば，色に関しては「バーバリズム」を推奨することになるのかもしれません。しかし，社会的に違和感のない程度の知識に裏打ちされたバーバリズムであるならば，むしろ積極的にことばの力を活用すべきでしょう。

(5) 運動・動作を伴う指導
日常生活に必要な諸動作の指導

　一般的にいって，日常生活に必要な動作等は，幼児期の段階に両親や周囲の人たちの様子を視覚的な情報によって模倣することにより，さほどの苦労もなく身につけることができるものです。しかしながら，視覚的な模倣動作が困難な視覚障害児の場合は，一つ一つの動作を丹念に指導しないと，まったくその動作が身につかなかったり，またある程度身についていてもぎこちなかったりします。

　動作を教える場合には，指導者は子どもの後ろにまわり，手を添えて納得がいくまで指導するという方法が有効です。この二人羽織式の支援をすることにより，子どもは指導者の体の部位や筋，関節の動きをスト

レートにとらえることができ，容易に動作を模倣することが可能となるのです。一般的な指導の場面にみられるように対面式に対応したのでは，指導者の体の動きと子どもの体の動きが左右逆になってしまうために，子どもの理解に混乱を生じさせることになりかねません。

　また，「(4)　ことばと事物・事象の対応関係の指導」の項でも述べましたように，動作を表現することばを理解していない場合も多いので，教科等の指導に当たっては，この点を念頭において対応する必要があります。例えば，「お父さんは，手をかざして遠くの山を見つめました」という場合の「手をかざす」，「その女性は，いらっしゃいと手招きしました」という場合の「手招き」等は，視覚に訴える動作ですので，こういった動作語が出てきた場合には，どのような動作なのかを具体的に指導していくことが求められます。

運動の指導

　運動の基本は，走る，投げる，跳ぶであるといわれます。視覚障害児童生徒，特に全盲の児童生徒は，こうした基本的な運動を全力で行う機会に恵まれませんし，また，視覚的にフォームをフィードバックすることができないため，能力的にも未熟な段階にとどまりがちですし，ぎこちないフォームのまま上達しないといった面が目立ちます。

　だからといって，全盲の児童生徒は，指導しても効果が上がらないというわけではないのです。全力で走ったり，跳んだりあるいは投げたりする機会をできるだけ設けて，フォームを補正しながら継続的に運動させることができれば，全盲の児童生徒も十分に一般的なレベルにまで能力を発揮することができるようになります。五十嵐（本章末の参考文献を参照）の報告によると，継続的な指導期間が長いほど，運動の指導効果は大きいということです。また，全盲の児童生徒の場合，走る，跳ぶに比べて，投げる動作や能力は，なかなか身につきにくいともいわれていますので，それだけ周到な指導を継続的に行う必要があります。

(6) 盲児に対する指導上の配慮

(1)～(5)の中においても，盲児に対する指導上の配慮について様々な観点から触れましたが，そのほかの配慮点について以下に整理します。

実物・模型・標本等の活用

盲児に対しては，絵や写真等の視覚的な情報を活用した指導は困難なので，触察教材や音声教材等を十分に整備することによって，学習効果を上げるよう配慮することが大切です。

触察教材の準備

盲児の指導では，点字のみならず，地図や図形・グラフ等の触察教材，実物や模型，標本等を豊富に準備して，具体的な活動を通して理解を深めるような指導を展開しなければなりません。触察教材を形状で分類すると，立体，半立体，平面的な凸教材に分類することができます。初期の段階ほど具体性に富み，直観的に把握しやすい立体教材や半立体教材を利用し，学習のまとめの段階で抽象度の高い平面的な凸教材で整理をするといったようにこれらを効果的に活用していくことが重要です。

視覚特別支援学校（盲学校）等においては，どのような触察教材があるかのリストを作っておいて，誰でも活用することができるようにしたいものです。また，分かりやすい二次元的凸教材にするためには，触角の特性に応じた様々な配慮が必要です。視覚障害教育にかかわる「手引き」や「歩行用触地図ハンドブック」などを参考にして製作することが望まれます。

適切な教具の活用

盲児が主体的に活動することができる教具を準備することも指導上大切です。算数・数学の分野では，盲人用の作図教具（物差し，分度器，三角定規）や計器類，理科の分野では，感光器や盲人用温度計等市販されているものがいくつかあります（209～214ページ参照）。それらを整備しておくことと同時に，各視覚特別支援学校（盲学校）で開発した便利な教具もありますので，それらの情報を入手して，活用することも大

切なことです。

操作的活動の重視

　盲児は、一般にことばによる理解力には問題がないため、ともすると話を中心とした授業を進めてしまいがちです。かつては「お話社会科」「お話理科」といわれたように、社会科や理科でこの傾向がみられたこともありました。しかし、前述しましたように、視覚的な情報がないため、盲児には分かっているようで実際には理解できていない事柄が多くみられます。授業は、できるだけ具体的な操作や活動を重視して進めるように気をつけなければなりません。

時間と空間の枠組みの重視

　盲児は、環境の認知や状況の判断が困難なために、適切な配慮がないと積極的な活動が阻害されがちです。学習活動に見通しをもって積極的に取り組んでいける状況を作るためには、授業の流れや学習場面の空間的な状況を的確に把握させることが大切です。

　例えば、「家庭」の調理実習の場合、学習に入る前にあらかじめ調理の手順を理解させるとともに、調理室の人や物の位置関係を把握させておけば、子どもは見通しを持ち、安心して積極的にその授業に参加することができます。そうした配慮がないままに学習活動に入った場合には、一つ一つ教員の指示を得ないと児童が活動できないという状況になってしまいます。どの教科の指導においてもこの点に対する配慮を忘れてはなりません。

3　弱視児に対する指導上の配慮

(1)　弱視児の理解

見え方の個人差

　「弱視」と一口にいっても、その見え方には大きな個人差があります。視力の面のみをみても個人差は大きいのですが、そればかりではなく、

同じ程度の視力の者でも，屈折異常の有無やまぶしさの程度，視野の広さや中心暗点の有無等が個人差を相乗的に大きくしているからです。

弱視児に対する指導上の配慮を考える上で，こうした見え方の個人差を理解することは，まず何よりも大切となります。そこで，ここでは私たちが日常的に経験することのできる事柄を通して弱視児の見え方を考えてみたいと思います。

見えにくさの要因

弱視児の見えにくさを規定している要因を，私たちも次のような状態を作ることによって経験することができます。

① ピンボケ状態：様々な倍率の凸レンズを通して見ると，ピンボケ状態を容易に経験することができます。遠視や近視，乱視等の屈折異常と同じような状態ですが，弱視児は，このようなピンボケ状態で見ている者が多いのです。

② 混濁状態：透明度が様々なビニール袋を通して景色を見ると，かすんでよく見えないという状態を経験することができます。これが混濁状態の見え方です。角膜や水晶体，硝子体等，網膜に光を透過させる部分が何らかの原因で濁ると，光が乱反射して網膜に十分達しない状態となります。

③ 暗幕不良状態：スライドを映すとき，私たちは部屋を暗い状態にしますが，この暗幕状態が悪いと，スクリーンに映し出された映像がはっきり見えません。こうした状態が暗幕不良状態です。

　具体的には，虹彩欠損やぶどう膜炎等の眼疾とかかわってこのような状態が現れます。

④ 照明不良状態：部屋の照度を徐々に低くしていくと，あるレベルの明るさからは，対象がだんだん見えにくくなります。さらに照度を下げ，真っ暗にすると勿論何も見えない状態になります。光に鋭く反応する網膜の杆体細胞が少ないと，照明が不良の状態とよく似た症状を呈します。

⑤　振とう状態：文字の書かれた紙を手に持って，それを左右に小刻みに動かすと，文字が見えにくくなります。弱視児の多くは，自分の意志に反して眼球が揺れるという眼球振とうの状態にあり，これが見えにくさの要因のひとつとなっています。

⑥　視野の限定状態：筒状のものからのぞいてみると，見える範囲が極端に制限されます。弱視児の場合，中心視力はある程度あっても，周囲から視野が狭くなってくると，暗順応が難しくなったり，かなり明るい照明のもとでないと見えにくい状態になったりします。

⑦　暗点：眼鏡の中心付近を墨で塗りつぶした状態で見ると，視線を真っ直ぐに向けた状態での見えづらさを経験することができます。網膜上で視力が最も良好な黄斑部付近に暗点があると，視力が極端に低くなるばかりでなく，視線を真っ直ぐに向けてものを見ることができにくいので，首を傾けたりあらぬ方向を見ているような姿勢で見ることになります。

弱視児は，以上述べたような見えにくさを規定する要因が，多くの場合複数あって，その組み合わせが見えにくさの個人差を複雑にしているのです。

弱視児の視行動

弱視児は，目を対象物や教科書に極端に接近させて見ています。教科書に顔をすりつけるようにして見ている児童も少なくありません。良い視力を保っている人からみると，異常な状態で本を読んだり物を見たりしているようですが，彼らにとってはこれが適応行動なのです。目を対象や文字に近づけることによって，彼らは物や文字を拡大して見ているのです。つまり，視距離と網膜に映る対象の大きさは反比例するため，例えば，30cm の距離から見た場合に１の大きさに見える文字は，10cm の距離からでは３倍の３の大きさに見えることになるからです。しかし，弱視児は目を近づけると誰でも細かいものまで見えるというわけではありません。特に遠視を伴うような弱視児は，遠くも見えにくいし，ある

距離以上目を接近させても見えないという状況ですので，この点の理解が大切です。

　また，弱視児の中には，対象に視線を真っ直ぐ向けず，顔を傾けて斜めの方向から見ている者も見受けられます。これも一般的には奇異な行動ですが，弱視児にとっては適応行動なのです。つまり，中心に暗点があるような場合，あるいは角膜の中央が濁っているような場合には，その部分は使えませんから，そこを避けて見ようとするわけです。これが斜めの方向からものを見るという行動に現れるのです。

　ですから，「もっと目を離して見なさい」とか「首を傾けないで真っ直ぐ見なさい」というような指示は，弱視児にとっては迷惑以外の何物でもないのです。

(2) 弱視児指導の基本

　弱視児は見えにくいけれども，視覚を活用した学習活動が可能ですから，見えやすい環境条件を整えてやることが何よりも大切ですが，それとともに，視覚的な認知能力を高めるための学習プログラムや弱視という状態の理解を促すための学習プログラムを整えることが大切です。またこれに加えて，弱視児の精神的な負担を取り除くための配慮も欠かせません。こうした諸点から，弱視児に対する指導上の基本的な配慮や観点を，以下に述べてみたいと思います。

ア．視覚によって明確に認識させるための方策（外的条件整備）
網膜像の拡大

　弱視児に，視覚によって対象となる教材を明確に認知させるためには，網膜像を拡大してやることが大切です。前述したように，対象物に目を接近させるのも網膜像を拡大する一つの方法ですが，「教材そのものを拡大する」という観点から見ると，様々な方法で文字や絵などを紙媒体に直接拡大する方法，弱視レンズや拡大読書器，あるいはコンピュータ

等の電子器機を活用して拡大する方法等があります。近年においては，タブレット端末の技術革新と普及によって，これを活用した拡大教材の提示方法の検討・研究が盛んに行われており，その効果的な活用実践の伸展が期待されます。

　どのような方法で拡大した教材を提示するのが最も効果的かについては，弱視児童生徒の実態や教材の特質等を勘案して検討し，一つの方法に固執することなく柔軟に対応することが大切です。この場合，幼児や小学部の低学年など，見る意欲の乏しい段階においては，見ることに抵抗感の少ない方法を最優先すべきですが，学年が進むにつれて，徐々に様々な方法を駆使して工夫して見る技能の育成にも心がけていただきたいと思います。

単純化とノイズの除去

　弱視児にとって見にくいもののひとつに，一つの画面にたくさんの情報が入り乱れて書き込まれているようなものがあります。その代表的なものが地図です。地図は，地形や鉄道，道路，市街地，史跡等非常に多くの情報が一つの紙面に煩雑に書き込まれています。地図に書き込まれている文字や絵柄が小さいというだけでなく，煩雑に書き込まれているたくさんの情報から，必要な情報を選択して見るのは，弱視児にとって苦手なもののひとつです。それは，たくさんの煩雑な情報がお互いにノイズとなって，必要な情報を取り出すのを妨げるからです。こうした複雑でしかも煩雑なものを弱視児にも見やすい情報として提供するためには，海岸線や等高線等複雑に入り乱れているものを単純に書きあらためたり，地図に書き込む情報を必要最小限に限定したりする必要があります。また，特に注意してほしい情報を強調して色分けしたり，太い線を用いて表したりすることも大切です。

図と地のコントラストの増強

　単純化やノイズの除去とともに，図と地のコントラストを増強させて，明確な網膜像を得ることができるようにすることも大切です。簡単にい

えば，インクの乗りが薄いプリントや細い線の文字や図等は，肉太の文字や図でしかもインクの乗りのいいプリント等に換えて提供する必要があるということです。

色彩への配慮

弱視児の中には，色彩への反応が弱い者が少なくありません。視力が弱く，その上色彩感覚が鋭い黄斑部あたりに暗点があったり，透光体に混濁があって光を乱反射させたりするからです。なお，弱視児の色に対する反応の弱さは，色盲とは異なりますので，この点に留意することも大切です。

弱視児に見えやすい教材を提示するためには，色彩に関して次のような配慮をすることが大切です。

① 同系色で彩度の低い色を隣り合わせに用いない。
② 同系色を用いる場合には，2度以上の明度差をつけるよう心がける。
③ 色と色との境界には，できるだけ輪郭線を入れる。

弱視児は，色彩への反応が弱いからといって，教材などに色を用いないほうがよいといっているわけではありません。弱視児にとっても色彩は認知しやすい手がかりとして大切ですから，前記①～③に配慮して，積極的に活用することが大切です。

また，板書で用いるチョークの色については，できるだけコントラストの明確な白又は黄色を用い，赤，青，緑等のチョークはできれば避けたほうがいいでしょう。

照明のコントロール

適切な明るさを保つことも見えやすい条件を整える上で重要です。一般的には，照度をどんどん上げていくと，1,000ルックス程度までは見え方が向上し，この照度を超えると，プラトー（高原現象）に達するといわれています。ですから，この値に近い照度を確保するような配慮が必要ですが，まぶしさは見やすい環境の阻害要因になりますので，この点に対する対策も大切です。また，眼疾によっては，明るすぎるとまぶ

しくて見えにくくなる者もいますから，高い照度を保てばいいというものでもありません。特に，白子眼・白内障・虹彩欠損・全色盲等の眼疾の者はまぶしがりますので，照度を調節したり，遮光眼鏡でまぶしさを取り除いたりする配慮が必要です。

つまり，照度も基本的には一人一人の弱視児に合ったものを用意する必要があるのです。こうした一人一人の条件を満たすためには，全体照明だけでは対応できませんので，ある程度の照度を保つための全体照明とともに，机上照明（蛍光灯スタンド等）を有効に活用することが求められます。つまり，机上照明を活用することによって，一人一人の条件にあった照度を確保することが可能となるからです。

なお，自然採光は，廊下側と窓側とではかなり異なりますので，全体照明を考える場合，窓と平行に蛍光灯等の照明を数列設置し，天候等による採光条件の違いによって，廊下側だけの照明を点灯させたりする等の調整ができるように工夫することも大切です。

疲労しない学習環境の整備

先に述べた網膜像の拡大から照明のコントロールまでの五つの配慮も，疲労しない学習環境の一環としてとらえることができますが，これら以外に次のような学習環境の整備が大切です。

① 適切な机の選定：机の選定には，その高さと机上の面積を考慮に入れる必要がある。一般にはJIS規格によって，椅子の高さや机の高さ等が規定されている。椅子については，弱視児の場合もJIS規格に従って何ら支障はないが，机の高さについては，必ずしもこれが適当とはいえない。なぜなら，JIS規格の机の高さは，視覚に障害のない者が，30cm以上の視距離を保って読み書きや作業をすることを前提として，疲労感が少なくよい姿勢を長時間保つことができるように設定された規格だからである。

ところが，弱視児の場合は，視距離の条件がこの場合とまったく異なるので，このことを考慮にいれて机の高さを選定する必要があ

る。一般的にいって，弱視児の場合は，JIS規格より高めの机が適切である。どの程度高さの補正が必要かについては，個人差がかなりあるので，一概にはいえないが，およそ10～30％の範囲で補正する必要があるといえよう。具体的には，弱視児に直接選ばせて使用状況を観察し，指導者がその高さが適切か否かを判断していくことが大切である。

　　また，高さ以外には，机面の広さや傾斜についての配慮も大切である。広さについては，拡大教材や弱視レンズ等の補助具を活用することを考慮して，普通の広さよりも幾分広めのものを選定することが望ましい。特注して弱視児のための机を購入する場合には，必要に応じて机面の傾斜を調節できるように設計することも大切となる。

② 　書見台や書写台の工夫：机の高さや机面の傾斜等の工夫を行っても，なおかつ弱視児の読書や書字の姿勢を十分良好にすることができない場合や，机の高さや机面の傾斜を整えることができない場合もある。このような場合には，読書や書字の姿勢を良好に保ち効率的な学習活動を展開することができるようにするため，書見台や書写台を工夫することが望まれる。

③ 　ブラインドやカーテンの設置：晴天の場合には，直射日光によるまぶしさや見えにくさが加わることもある。そうした場合には，採光を調節する必要があるので，教室にはブラインドやカーテンの設置が不可欠である。

適切な学用品の選定

学用品としては，ノート，鉛筆，色鉛筆，消しゴム，定規，三角定規，分度器等が挙げられます。弱視児に適した学用品選定の条件は，「できるだけ見やすく使いやすいもの」というごく当たり前のことです。しかし，このごく当たり前のことも決してそう簡単なことではありません。例えば，弱視児の中には，放っておくと，非常に薄い見えにくい鉛筆を

用いている場合がかなり見受けられますし，また，見えにくい学用品であっても，見えにくいと訴えたりする場合は非常に少ないのです。

　鉛筆はもちろん，ノートや定規類等は，市販されているものの中にも，弱視児に見やすいものがありますので，まずこうした市販品の中から弱視児に使いやすいものを選定して上手に使うことを考えることが大切です。また，ノートの罫線を見えやすい太線で補強する等，市販品に若干手を加えることによって，扱いやすさが非常に向上するものも少なくありません。したがって，まず市販品の中から見やすいものを選定すること，もし，若干手を加える必要があるものについては，適切な改善を図って用いさせること，また，市販品そのもの又は市販品に若干の改善を加えても使いづらい学用品については，教員の工夫による手作りの学用品等を与えるという順序で考えていけばいいのではないでしょうか。

教具の工夫

　弱視児に適した教具を工夫する場合に大切な点は，拡大したり，単純化したり，あるいは輪郭線を太くしたりして，見えやすい条件を整えることです。

　また，針に糸を通すなどのように，視覚のみに頼ったのでは，目的的活動を展開することが困難な場合もありますが，このような場合には，盲人用の機器の活用も検討してみる必要があります。

イ．視覚認知能力を高める方策（内的条件整備）

弱視児の視覚認知能力の段階

　弱視児が外界を認知する能力には，次のような三つの段階があると考えられます。

① 見えても見えずの段階
② 見る能力相応に見ることができる段階
③ 見えないものまで見ることができる段階

　この三つの段階について若干の説明を加えてみます。

まず，見えても見えずの段階とは，例えば，視力が0.1あるのでこの程度のものは見えてしかるべきだと思われるのに，見えない，また見ようとする意欲が感じられない，といった段階の子どもたちです。この段階の子どもたちには，見ることの楽しさを様々な具体的な操作活動を通して体験させていくことが大切です。具体的な学習の進め方については後述します。

　こうした具体的な操作活動を通して，見えても見えずの段階の子どもたちは，見る能力相応に見ることができる段階に達していきます。見る能力相応に見ることができる段階は，視力相応に見ることができる段階ですから，一応自分の生理的な能力をフルに発揮できている段階といっていいでしょう。一般的にいえば，この段階でいいではないかということになりますが，弱視教育は，この段階で満足してはならないのです。この段階をさらに一歩推し進めて，見えないものまで見ることができる段階に到達させねばなりません。

　「見えないものまで見ることができる」とは，いったいどういう意味なのでしょうか。0.1の視力の者を0.2とか0.3とかの視力にするということではありません。たとえ明確に見えなくとも，今までの経験や体験に基づいて，こうであるに違いないという確かな予測を働かせることができる能力のことを，「見えないものまで見ることができる」といっているのです。

基礎的認知能力の指導

　「見えても見えず」の段階に留まっている弱視児に対しては，基礎的認知能力の指導が必要です。

　この基礎的認知能力の指導は，①図と地の関係の認知，②図形群化の認知，③ものの属性の認知，という三つのレベルの学習から成り立っています。これら一つ一つの学習過程を詳述するにはかなりの紙面が必要ですので，ここではごく大ざっぱにその概要を説明します。

　一つのものをそのものとして認知するためには，背景となる地からそ

のものを区別しなければなりません。この場合，背景が地であり，そのものは図となります。この図と地の関係の把握は，簡単なものについては，一般に生後まもなく成立するといわれていますので，弱視児の場合にもそれほど神経質になって学習させる必要はありませんが，例えば，様々なものが入り乱れて描かれている中から，必要とするものに着目して見るといった技能は，やはり学習が必要となります。たくさんのものが描かれている中から，指定されたものに着目して，それに色を塗るとか，テーブルに置かれたたくさんのものの中から，必要なものを選んで取り出すとかいった操作活動がこの学習では有効でしょう。

こうした図と地の学習の次は，図形群化の学習に入ります。図形の群化とは，たくさんある形をあるまとまりとしてとらえるということを意味します。次にその例を示してみます（図5-3）。

近接のルール　　　　　　　　　　　よき連続のルール（囲みのルール）
2個ずつの丸がまとまりを作って見える。　三角と四角が重なり合っているように見える。

図5-3　図形の群化

これらは，ゲシュタルト法則といわれるものです。こうした法則を見つけ出すことは，弱視児にとってもそれほど難しいことではありませんが，図形がいくつか入り乱れて描かれているような場合，その中にこうした法則を見つけて，あるまとまりとして抜き出すような学習は，必要です。

しかし，基礎的認知能力の学習で最も大切なのは，ものの属性の認知

にかかわる学習です。ものはそれぞれ，形，大きさ，位置，方向，色，材質・材料という属性をもっています。例えば，あるスポンジボールは，「球形である」，「直径10cm」，「私の右前方にある」，「黄色である」，「スポンジでできている」，「柔らかい」，「落とすと弾む」といった様々な属性をもっているわけです。こうした具体物や，紙面に描かれた図形等を，ある側面の属性に着目して（例えば，形に）分類したり，あるいは，ある属性の程度差に着目して（例えば，大きさに）順序よく並べたり，という操作を通して，ものが多面的にもっている属性の中から，ある属性に着目して観察したり，いくつかの属性を総合的にとらえて判断したりする能力を育てていくのです。

　この，ものの属性の認知にかかる学習においては，特に，比較する，分類する，順序よく並べる，描く，作る，実験する等の操作的活動を重視する必要があります。視覚認知の学習だからといって，視覚のみにうったえる学習活動を組むのは非効率です。手や全身の活動と結びつけて，あらゆる操作活動を動員し，ダイナミックな学習を展開するのが有効です。

応用的認知能力の指導

　基礎的認知能力の指導によって，「見えても見えず」の段階から，「見る能力相応に見ることができる」段階になったら，応用的認知能力の指導に入ります。弱視児のための認知能力の指導は，この応用的認知能力の指導がメインですから，できるだけこの段階の指導を早く開始するようにしなければなりません。

　この段階では，見えないものまで見ることができる認知能力を育てるのが目的ですが，「見えないものまで見る」とは，いったいどういうことなのでしょうか。

　私たちの眼は，光に託された情報を網膜像としてとらえますが，網膜に映った像は，電気的インパルスとなって大脳の視中枢に伝えられます。大脳においては，これらの情報を過去の経験やイメージ等と照合して，

情報に意味づけをするわけですが，この場合，概念やイメージが確かでかつ豊かであれば，それだけ確かな意味づけを行うことが可能となるわけです。また，概念やイメージが確かでなおかつ豊かであれば，少々あやふやな情報であっても，「こうに違いない」と確かな予測を行うことが可能となります。この確かな予測を働かすことを「見えないものまで見ることができる能力」と称しているのです。ですから，こうした能力を育てるためには，しっかりとした概念の枠組みを作ることが求められます。

　つまり，応用的認知能力の指導は，概念の枠組みを作る学習といってもいいのです。では，しっかりとした概念の枠組みを作る学習は，いったいどのようにすればよいのでしょうか。そのためには，核になる学習をしっかりと行う必要があります。核になる体験や学習については，「第6章　自立活動の基本と指導」で詳述しますので，ここでは，漢字学習を例にとって述べてみます。

　漢字は，へん，つくり，かんむり等の部首から成り立っています。こうした漢字の成り立ちの要素をしっかりと学習していれば，一画一画が詳細に見えなくとも，この漢字に違いないと特定する力が生まれてきます。したがって，漢字学習では，部首の知識やその組み合わせの学習は，核になる体験学習といえるでしょう。ですから，弱視児の漢字学習は，部首に着目して分解合成をさせながら進めたり，基本的な漢字の知識をしっかり身につけさせたりすることが極めて大切です。

　このように，能率的に概念の枠組みをどのようにして作るかが，見えないものまで見ることができる能力の開発にとって不可欠であるといえます。今後この概念の枠組みを作る学習プログラムの開発が望まれるのです。

ウ．弱視という状態の理解を促す方策
　弱視という状態の理解は，弱視児本人に対する自己理解の促進と，ク

ラスメートをはじめとする弱視児を取り巻く人々の理解促進の両面から考える必要があります。ここではこの両面から，取り組みの基本的な課題について考えてみたいと思います。

自己の見えにくさの理解と対応

「自分自身のことは自分が一番よく知っている」とよくいわれますが，弱視児の場合，自分の見え方に関する理解が十分とはいえない場合が少なくありません。自分の見え方に関して十分な理解ができていない背景には，常に見えにくい状態の中で日常生活や学習を行っているため，見えやすい状態と対比させて，見えにくさを認識することが困難であること等があります。

そこで，弱視児に何がどの程度見えにくいかを認識させ，見えにくい場合にはどのような方法でそれを改善したり解決したりすればよいかを，具体的な場面に沿って理解させていくことが大切となります。こうした自己の見え方に関する認識と対応の方法の理解ができれば，他人に対して自分の見え方を理解してもらうために，どのように説明したらよいかの観点もわかってきます。

弱視児に，自己の見えにくさに関して具体的に理解させる場合，およそ次のような観点を設定して対応することが大切です。

① 自己の眼疾患や視機能の状態に関する理解
② どのような視覚補助具を活用したらよいかの理解
③ どのような環境条件の下で見えやすいかの理解
④ 読みに適切な文字の大きさはどの程度かの理解
⑤ 文字を書く場合の最も望ましい環境条件の理解
⑥ 特に眼と手を協応させて行う作業に必要な環境条件の理解
⑦ どのような方法で遠方のものを認知すればよいかの理解
⑧ 移動などの行動を行う場合の安全で効率的な方法の理解
⑨ 良好な人間関係を保つうえで留意すべき点の理解

こうした理解を促す指導を通して，自分の力だけでは解決困難な諸課

題に気づかせることも重要です。そうした課題に対しては，周囲の人たちの支援を得ることも大切なので，具体的にどのようにして支援を受けたらよいかの指導も視野に入れなければなりません。

周囲の子どもたちの理解の促進

弱視児は，見える仲間として処遇されたいという強い願いをもっているために，「見えない」「見えにくい」という訴えをほとんどしません。そのため，周囲の者は「わかっているはず」とか「見えているはず」という前提で弱視児に対応する場合が多いのですが，実際にはわかっていなかったり，見えていなかったりすることが少なくありません。

また，教科書などに眼を極端に接近させて見たり，近用弱視レンズや遠用弱視レンズなど普通はあまり用いない機器を用いたりするので，「変わっている子ども」としてはやしたてられたり仲間はずれにされたりすることも少なくありません。さらに，見えにくい子どもは，数メートル離れた相手の顔が確認できないため，顔見知りの人と道ですれ違っても挨拶できないという状況が生じます。こうした日々の行動も，弱視児とクラスメートとの人間関係を損ねる大きな原因となることがあるのです。

クラスメートに見えにくさの理解を促すことはそれほどたやすいことではありませんが，近視や遠視の子どもが眼鏡をはずした際の見え方やシミュレーションレンズを用いた見えにくさの体験等を通して，見えにくいとはどのようなことかを理解させ，相手をあたたかく見守る態度や思いやりの精神の涵養を促す指導が必要です。

エ．精神的負担軽減のための方策

弱視児は，見えにくいために学習面においても友だち付き合いの面においても様々なストレスを感じる場面に遭遇することが少なくありません。板書がうまく写せない，先生の指示した教科書の図が素早く探せない，ボール遊びについていけない等，見えにくいために友だちと比べて，

動作が遅かったりできなかったりすることがあるため，自信が持てない者や自己嫌悪感に陥る者がいます。

このような弱視児に対して，精神的負担を軽減したり自信を持って前向きに生きる姿勢を育むことが大切です。いわゆる「セルフエスティーム（自己肯定感）」の陶冶です。そのために教師はまず，弱視児の精神的負担を理解して，あたたかい態度で接し，その精神的負担を共有したり寄り添ったりして，励ましの言葉をかけるよう心掛けることが極めて重要といえます。

具体的には，次のような観点からのアプローチが効果的だと思われます。

① 見えない・見えにくいということは，決して恥ずかしいことではないことを理解させるための支援
② 自分の個性に目を転じて自分のよさを発見させ，自信を持たせるようにするための支援
③ 一人か二人でいいから，仲のいい友だちを作ることができるようにするための支援
④ 自分自身が自信を持って熱中して取り組める分野を見つけるための支援
⑤ 何か心の負担になるようなことがあっても，それを解消することができるような場所を設定すること（弱視学級・通級指導教室・保健室等も含む）

(3) 弱視児と文字の選択
弱視児の使用文字

一般に弱視児の教育は，視覚を中心の柱にすえて行われるものですから，当然使用文字も「普通の文字」ということになります。しかし，見えるのだから普通の文字で教育するのが当然だと考えるのには，若干の問題も含んでいます。

現在，視覚特別支援学校（盲学校）に在籍している児童生徒の中で，

視力が0.01の者は点字使用者が多いのですが、0.02の者では普通の文字の使用者が多くなっています。つまり、点字と普通の文字の使用者の比率は、視力0.01と0.02の間で等しくなる（交差する）のです。このことは、0.02以下の視力であっても、普通の文字で学習している者がかなりいるということを意味しています。

従来は、0.02の視力が弱視教育を行いうる最低線だろうといわれていましたが、光学機器等の進歩によってこの最低線が近年低くなってきています。非常に低い視力の者まで、弱視教育の対象に加えることができるようになったということは、一見大変喜ばしいことですが、手放しで喜ぶことができない問題も潜んでいます。

情報処理の手段としての文字

幾分でも視力があれば、視覚によって文字を学習することは可能ですが、それは単に文字そのものの学習が可能という意味であって、その文字を用いて多角的な情報処理が可能ということとは異なります。つまり、普通の文字を用いて学習することが可能というためには、ある程度その文字による情報処理のスピードと能率性が要求されるからです。

端的にいうと、0.01とか0.02とかの低視力の者の場合には、普通の文字が必ずしも彼らの情報処理の手段として望ましいとはいい難い場合があるように思われます。普通の文字よりも点字のほうがはるかに効率的な情報処理ができるという場合、学習の手段として点字を選んだほうがいいのではないかと思うのです。そのほうが彼らの学力を総合的に引き上げることが可能だからです。

保有する視覚の有効な活用

学習の手段として中心的に用いる文字を「常用する文字」といい、この常用する文字を補う意味で用いる文字を「併用する文字」といいます。点字を常用する者の場合にも、併用する文字としては普通の文字を、児童生徒の興味・関心等を勘案して教える必要があります。

弱視教育は、イコール普通の文字指導ではありません。点字を常用す

る者であっても，幾分でも視覚があれば，その視覚を学習活動に十分生かす，この精神が弱視教育なのです。

文字の選択を行う際の視点

非常に低視力の子どもたちの常用文字を選定する際，いくつかのデータと教員の日ごろの観察が最も大切となりますが，この場合，次のような観点で問題点を整理してみる必要があります。

① 視力・視野：視力や視野は当然文字選定の大きな決め手の一つとなるが，どの程度の視力の者から点字の使用をも含めて考えるべきかは，個人差が大きいので一概にはいえない。

② 最小可読視標（最大視認知力）：近距離視力表の視標を，一番見えやすい距離から見て，どれだけ小さな視標までを確認できるか調べたものである。例えば，3cmの距離で0.8の視標が見えたら，「0.8/3cm」と書く。つまり，最小可読視標とは，眼をいくら近づけてもいいから，どれほど小さな視標が見えるかを調べたものである。学習時に弱視児は，眼を近づけて見ているので，この最小可読視標のほうが，視力よりもものの認知力を端的に表しているといえる。視力が0.01程度であっても，最小可読視標が「0.7/5cm」とか，「0.8/2cm」とかと良好ならば，かなり視力を有効に活用できる可能性があるとみることができるであろう。

③ 学習の効率：いくら眼で文字を読むことができても，学習の効率が悪くては，学習するための情報源として，普通の文字を活用することはできない。どの程度の文字処理能力があればよいかは，一概にいえないが，少なくとも小学校の中学年になっても，1分間に100文字以内しか読めないようでは，学習の遅れが目につくようになるであろう。

④ 疲労度：学年が進むにつれて，長時間の学習に耐えることが要求される。眼が疲れて長時間の学習に耐えられないような弱視児は，高学年になるにつれて学力の低下が目につくようになるであろう。

⑤　見る意欲：視覚を最大限に用いて学習しようという意欲があるかどうかも，常用文字を選定する際に考慮すべき大きな観点である。

　以上，常用文字を選定する際に考慮すべき観点を5項目挙げましたが，これらを総合的に踏まえて，適切な常用文字を選定してやる必要があります。この場合，もう一つ考慮しておかねばならないことは，子どもの保護者は，見えているのだから，ぜひ普通の文字で学習させてほしいという強い願いを誰しももっているということです。こうした保護者の方々に対しては，客観的なデータを示しながら，時間をかけて話し合いを行う必要があるでしょう。

【参考文献】
1)　五十嵐信敬編著：「目の不自由な子の育児百科」，コレール社，1987．
2)　香川邦生他：「視力の弱い子どもの理解と支援」，教育出版，1999．
3)　文部省：「歩行指導の手引」，慶應通信，1985．
4)　文部省：「観察と実験の指導」，慶應通信，1986．
5)　文部省：「視覚障害児のための言語の理解と表現の指導」，慶應通信（慶應義塾大学出版会），1987．
6)　文部科学省：「点字学習指導の手引［平成15年　改訂版］」，日本文教出版，2003．
7)　日本盲人社会福祉施設協議会点字出版部会点字地図記号研究委員会：「歩行用触地図製作ハンドブック」，日本ライトハウス，1984．
8)　大内進：＜両手を効果的に活用した点字触読指導法の開発に関する研究＞「独立行政法人国立特殊教育総合研究所紀要」30, pp.71-80, 2003．
9)　文部科学省：「特別支援学校学習指導要領解説　総則等編（幼稚部・小学部・中学部）」，教育出版，2009．
10)　香川邦生：「小・中学校における視力の弱い子どもの学習支援－通常の学級を担当される先生方のために－」，教育出版，2009．
11)　香川邦生編著：「我が国における弱視教育の展開」，あずさ書店，2013
12)　香川邦生：「認知と動作の基礎支援」，教育出版，2013．
13)　牟田口辰己：「盲児に対する点字読み指導法の研究－点字読み熟達者の手の使い方の分析を通して－」，慶應義塾大学出版会，2017．

第6章　自立活動の基本と指導

1　自立活動の本質と性格

(1)　自立活動の位置づけと本質
特別支援学校の設置目的からみた位置づけ

　特別支援学校の設置目的については，学校教育法第72条に，「特別支援学校は，視覚障害者，聴覚障害者，知的障害者，肢体不自由者又は病弱者（身体虚弱者を含む。以下同じ。）に対して，幼稚園，小学校，中学校又は高等学校に準ずる教育を施すとともに，障害による学習上又は生活上の困難を克服し自立を図るために必要な知識技能を授けることを目的とする」と示されています。

　この条文の前段は，特別支援学校は，幼稚園，小学校，中学校，高等学校に準ずる教育を行う学校であることを示したものであり，「準ずる教育」の具体的な部分は，各教科，道徳，外国語活動，総合的な学習の時間及び特別活動等を意味しています。これらの部分は，特別支援学校も，小学校，中学校及び高等学校と同じ内容の指導を行うことを基本に据えているのです（ただし，知的障害者を教育する特別支援学校の場合は，教科等の目標・内容を，障害の状態に対応できるように設定している）。後段の「障害による学習上又は生活上の困難を克服し自立を図るために必要な知識技能を授ける」は，障害の状態を改善・克服するための特別の指導を示したものであり，具体的には，特別支援学校に設けられている「自立活動」領域における指導を意味しています。

特別支援学校の教育目標からみた位置づけ

　以上が，学校教育法上の規定と特別支援学校の教育課程の編成領域との関係ですが，学校教育法における特別支援学校の設置目的の規定を受けて，特別支援学校の学習指導要領に，教育目的が示されています。例

えば，特別支援学校の小学部・中学部学習指導要領には，次のようにその目標が示されています。

1 　小学部においては，学校教育法第30条第１項に規定する小学校教育の目標
2 　中学部においては，学校教育法第46条に規定する中学校教育の目標
3 　小学部及び中学部を通じ，児童及び生徒の障害による学習上又は生活上の困難を改善・克服し自立を図るために必要な知識，技能，態度及び習慣を養うこと。

１及び２の目標は，学校教育法における特別支援学校の設置目的の前段の「準ずる教育」を受けたものであり，小学校及び中学校と全く同じ目標を掲げています。また，３の目標は，学校教育法における特別支援学校の設置目的の後段を受けたものであり，特別支援学校の独自の目標です。「自立活動」は，この独自の教育目標を具現化する領域として設定されたものといえるでしょう。

以上，学校教育法上における特別支援学校の設置目的と「自立活動」との関係及び特別支援学校の学習指導要領に示されている教育目標と「自立活動」との関係についてみました。こうした関係は，「養護・訓練」が位置づけられた昭和46年（1971）の当初から「自立活動」と名称変更（平成11年〔1999〕）した今日まで，変わらずに受け継がれてきています。

教え込む指導から学び取る指導へ

ところで，自立活動領域の目標は，「個々の児童又は生徒が自立を目指し，障害による学習上又は生活上の困難を主体的に改善・克服する」ところにある点が，学習指導要領に明記され，特に，児童生徒の主体的な学習活動であることが強調されています。従前の「養護・訓練」領域においても，児童生徒の主体的な学習活動を尊重しながら指導がなされてきたわけですが，「自立活動」という領域の名称変更により，一層こ

の点に力の注がれることが期待されているのです。

　障害の改善・克服に関する指導は，従前から，個別的な指導が大切であるとされてきました。個別的な指導は，必ずしもマンツーマンの指導を意味するものではありませんが，従来から一対一の指導体制を整える努力を行ってきた向きがうかがわれます。こうした指導体制は，きめ細かな指導を行う上では有効ですが，ともすると，教員主体の「教え込む」指導に陥りやすいという危険性をはらんでいます。児童生徒の主体的な学習活動を尊重する上で，今後は，マンツーマン（man to man）の指導から，マン・ツー・エンバイロメント（man to environment）の指導へと移行していくことが望まれます。このマン・ツー・エンバイロメントの指導とは，教員は，児童生徒が興味・関心を持って主体的に働きかけることのできる環境整備に主眼を置き，児童生徒が，その環境に働きかけて主体的に学び取るという手法を意味します。この場合，教員自身も環境の一部となって，児童生徒の働きかけに適切に応答することが求められます。つまり，「教え込む指導」から「学び取る指導」への発想の転換が大切なのです。

　児童生徒の主体的な活動の尊重というと，教員は，ただ「見守る」という姿勢が強調されやすいのですが，決してそんな安易なものではありません。目的的に児童生徒が教材教具や環境に働きかけて，そこから「学び取る」条件を整えるのは，教員にとっては「教え込む」指導よりも大変です。児童生徒が主体的に「学び取る」条件を整備するためには，児童生徒の発達段階やニーズを的確に把握して，興味や関心を持って働きかけることのできる教材教具や環境条件を適切に用意し，成就感を持って「学び取る」ことができるようにしなければならないからです。児童生徒の働きかけに対して，適切に応答する環境（人的・物的）をいかにして整備するかが教員の役割であり，この点に関する役割を，十分に自覚しなければなりません。

(2) 自立のとらえ方
古典的自立の概念
　特別支援学校における教育は，「自立を図るために必要な知識技能を授けること」（学校教育法第72条）を目的としています。ところが，この障害児教育のめざす「自立」をどのようにとらえたらよいかに関して，明確な指針が示されているわけではありません。従来考えられてきた「自立」には，衣食住を自分で支えるだけの経済的な基盤を持っていること（経済的自立），身の回りのことは自分で処理することができること（身辺的自立・ADL自立），精神的に安定した生活を営んでいること（精神的自立），社会的な役割を果たしていること（社会的自立）等が含まれていたと思われます。昨今における自立の概念は，この従来から考えられてきた自立の概念のみではありませんので，これを「古典的自立」と呼ぶこともできるのではないかと思います。

自立生活運動による自立の概念の拡大
　この「古典的自立」の概念を揺るがせたのが1970年代の初めにアメリカのカリフォルニア州において起こった「自立生活運動」でした。自立生活運動には，非常に重要な理念が幾つも含まれているのですが，その中心的理念をごくかいつまんでみてみたいと思います。

　この自立生活運動を起こしたのは，四肢や体幹に重篤な障害があり，ほぼ24時間介護を必要とするような方々でした。彼らには重篤な障害があり，ほとんど24時間の介護なしには生活がままならないのですが，「私たちにも自立はある」と主張したのです。今日何をしたいか，どこへ行きたいか等を自分で決定し，その結果に責任を持つことができるならば，活動の過程の中で多くの人々の助力や介護を受けてもそれは立派な自立であるというのが彼らの主張です。

　こうした主張は，特に1981年の国際障害者年を契機として全世界に発信され，我が国にも大きな影響をもたらしました。そして，1986年（昭和61）には，「ヒューマンケア協会」が設立され，我が国の自立生活セ

ンターのまとめ役としての機能を果たしています。

尊厳的自立の概念導入の必要性

ところで，特別支援学校に在籍する児童生徒の障害の重度化・多様化が進み，現在では「古典的自立」のできる者，「自立生活」ができる者のみならず，この両者もままならない障害者が増えてきています。このような方々の自立をどのように考えたらいいかは大きな課題です。今までの自立の概念に当てはまらないから，彼らには自立がないというのであれば，特別支援学校の教育目的「……障害による学習上又は生活上の困難を克服し自立を図るために必要な知識技能を授けることを目的とする」を受けて，特別支援学校等で行っている教育活動，なかんずく「自立活動」領域の教育活動は何とむなしい響きを持つ取り組みなのでしょうか。なぜならば，障害の重い子どもほど，「自立活動」領域の指導を重視するという教育課程編成の構造になっているからです。

筆者は前々から，こういう重い障害の方の自立をどのようにとらえたらいいか考えてきました。ごく最近，肢体不自由児を教育する特別支援学校のPTAの会合に招かれて保護者の方々と意見交換をする機会がありました。肢体不自由児を教育する特別支援学校は，ご承知の通り非常に重篤な子どもがかなり多く在籍しています。もちろん，その多くの方は「古典的自立」も「自立生活」の理念に基づく自立もままならない方々です。こういうお子さんの保護者は，将来我が子の生活をどのようにしたいと望んでいるのか，大きな関心がありました。

そこで，このPTAの会合に招かれた折に，保護者の方々，特にお母さん方に色々意見をお聞きしました。お母さん方が描いている「我が子の将来の自立についてのイメージ」は，ともかく「親や兄弟から独立して作業所や入所施設等に籍を置き，仲間や支えてくれる人々とリズムのある安定した生活を共にしていく」というものでした。こうしたお母さん方の考え方に，「なるほど」と今までの私の考え方が整理され，すっきりとする思いでした。そして，このような保護者の思いを受けとめて，

重篤な障害のある人々の自立を「尊厳的自立」と位置づけることはできないかと思うようになりました。

　ちょっと話は前後しますが，「古典的自立」に該当する多くの人々は，誰の支援も受けずに自らの力で生活していると思っているのではないでしょうか。しかし，どんなに自らの力のみで生活していると自負している人々であっても，国家の様々な法律の支えのもとで，あるいは地域や職場の人々の支援を受けながら生活しているのであり，そういう支えや支援があって初めて一人の人間としての充実した人生を歩むことができているのではないかと思います。こうした支えや支援の度合いは，障害があるか否かにかかわらず人それぞれに異なるのは当然であると考えるならば，「古典的自立」から「自立生活」，さらには「尊厳的自立」と，支えや支援の度合いが異なっても，一連の流れの「自立」として受けとめることができるように思うのです。その根底にある潮流は，「基本的人権を享有する個人としての尊厳」にふさわしい処遇なのではないでしょうか。

　平成25年（2013）に，「障害者自立支援法」が改正されて，「障害者総合支援法」に移行しましたが，この法律においては，障害の有無にかかわらず全ての人々の基本的人権を尊重する「共生社会」の実現に向けて，障害者の「自立」を支援するという従来の目的意識から，「基本的人権を享有する個人としての尊厳」にふさわしい処遇のための支援を行うという目的意識に移行しました。この移行は，「尊厳的自立」を支える基盤を打ちだしたものだといえるのではないかと思うのです。

　どんなに重い障害のある方であっても，一人一人が人生の主人公です。この主人公が共に生きる「共生社会」の中で人間らしく生きていくことこそ「自立」の基本であり，自らの力を最大限に発揮して主人公としての自己実現を果たすための具体的取り組みをどう担うのかが，障害児教育に求められているといえます。

⑶ **改善・克服すべき障害のとらえ方**
障害のとらえ方

　自立活動の目標は，前述したように「障害による学習上又は生活上の困難を主体的に改善・克服する」点にありますが，では，改善・克服すべき「学習上又は生活上の困難」とは，何を意味するのでしょうか。

　ところで，1981年（昭和56）の国際障害者年を契機として，「障害」を三つのレベルでとらえようとする機運が我が国においても高まりました。

　三つの障害レベルとは，損傷（impairment），能力不全（disability），社会的不利（handicap）をさします。これは，WHOが1980年（昭和55）に試案として作成した「国際障害分類基準」（ICIDH：International Classification of Impairments, Disabilities and Handicaps）によるものです。この国際障害分類基準は，1990年代に入って改訂作業が進められ，2001年（平成13）5月に新しい国際障害分類基準である「国際生活機能分類」（ICF：International Classification of Functioning Disability and Health）がWHOの総会において採決されました。ICFの大きな特徴は，その評価に「環境因子」という観点を加えた点です。これまでのICIDHは，身体機能の障害を分類するという考え方が中心でしたが，同じレベルの身体機能の障害があっても，バリアフリー化が進んだ環境条件下で生活していれば，そうした整備が遅れている環境条件下で生活している場合と較べて活動や参加のレベルが大幅に向上します。このような考え方は，障害者はもとより，全国民の保健・医療・福祉サービス，ひいては今後における社会システムや技術のあり方の方向性を示唆するものとして画期的だといえます。

　この国際生活機能分類においては，心身機能・身体構造（body function & structure），活動（activity），参加（participation）という三つのレベルと環境条件の関係を，図6-1のように示しています。

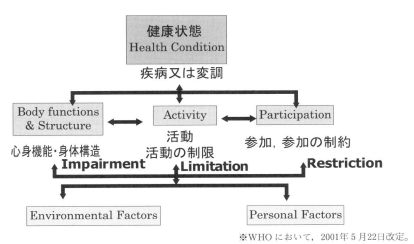

図6-1 国際生活機能分類（ICF モデル）

障害のとらえ方の事例

この三つのレベルについて視覚障害を例にとって具体的にみてみたいと思います。自立活動が担う「障害による学習上又は生活上の困難」の改善は，例えば，眼の病気や眼が見えないこと自体の心身機能・身体構造が損傷されている状態の改善ではなく，器質的損傷や機能的不全によってもたらされた日常生活上あるいは学習上の様々な活動の制限の改善を意味しています。

例えば，眼が見えない又は見えにくいという状態や視器の疾病は，医学上の治療対象であって，教育によって改善できる性質のものではありませんし，医学的な治療をすべて行った後，疾病や怪我の後遺症として視器に何らかの損傷が残り，それが原因で見えない又は見えづらい状態が永続的に残った場合も，見えない又は見えづらい状態そのものを改善するのは教育が担うべき性質のものではありません。現在の医学では治癒が困難なものであっても，将来は医学の進歩によって治癒できる疾病になるかもしれませんし，あるいは将来生命工学の進歩によって，視器

に換わる人工眼を備えることができる時代がくるかもしれません。いずれにしても，心身機能・身体構造の損傷の改善は，医学や生命工学の担うべき課題といえます。

　しかし，見えない又は見えづらい状態から起こる「歩けない」「周囲の状況がわからない」「読めない」等の様々な学習上あるいは生活上の活動の制限は，まさに教育が担うべき課題であるといえます。日常生活上あるいは学習上の活動の制限を改善して，心身の調和的発達の基盤を培うところに自立活動の意義があるといえます。

「医学モデル」から「生活モデル」への転換

　もう一つ参加の制約についてもみてみます。目が見えないために，あるいは見えづらいために，力があっても職業につくことができなかったり，あるいは，点字の本が少ないために公共の図書館を利用することができなかったりという状況は，視覚障害者に様々な参加の機会の制約をもたらします。このように，社会の中で人として当然処遇されるべき事柄が，障害があるためにその処遇すら受けられない状態を参加の制約ととらえます。

　特別支援学校に在籍している児童生徒も，将来は社会人として地域の中で活躍する人間になることが期待されているわけですから，自立活動の指導においても，当然この参加の制約の解消を視野に入れて，指導を行っていく必要があります。しかし，こうした社会参加の制約を解消していくためには，行政的な施策とともに，社会の人々の理解と協力が大切であることはいうまでもありません。WHOの国際生活機能分類においては，障害者がどのような背景因子（contextual factors）の中で生活しているかを大切にしようとしています。障害者の住みよい環境や障害者に対する社会の理解の状況が変われば，障害者の活動の制限や社会参加の状況は大きく変わるからです。

　従来，障害が重いか軽いか等は，身体等の損傷が重いか軽いかという「医学モデル」を基準にしてきましたが，先に述べたWHOの採択した

「国際生活機能分類：ICF」においても，また，国連が2006年（平成18）の総会で採択し，我が国が2014年（平成26）1月に批准した「障害者権利条約」においても，障害は社会との関係においてもたらされる様々な不自由であるという趣旨のことが述べられています。いわゆる従来の「医学モデル」ではなく，「社会モデル」あるいは「生活モデル」であるという考え方が全面に打ち出されているのです。

　話が少し極端になりますが，ある国の国民の多くが視力0.1程度であるならば，その国の様々な仕事や生活の仕組みは，0.1の視力の者が不自由なくできるように整備されるに違いありません。つまり，視力0.1の者は，正常であり弱視者ではないのです。

　障害があるか否かは，社会の大多数の人々（マジョリティ：majority）の中にあって，その人々とは異なった存在のために不自由な状態にある人々（マイノリティ：minority）を意味するのだということもいえるのではないでしょうか。「社会の仕組みや環境条件が変われば，不自由な状態も大きく変わる」ということを肝に銘じて，行政的対応や社会の理解の促進を行っていかねばなりませんが，それを推進する者の一人に，障害当事者も含まれていることを自覚させて，その改善のために努力できる人材育成にも障害児教育は関わっていかねばならないと思うのです。こうした力の育成は，エンパワーメントの視点からの取り組みが功を奏するのではないかと思います。

「できる行為」と「している行為」

　また，人間は障害があるか否かに関わりなく，自分の力でできることを全て行っているわけではありません。「活動」や「参加」のレベルも，能力的にはできることでも，実際の行為としては行っていないということはかなり多いのではないでしょうか。いわゆる「できる行為」と「している行為」のズレの課題です。こうしたズレは，環境条件や本人の自覚の問題も絡んで簡単に解決できるものではありませんが，自立活動を進める上での実態把握においては，「できる行為」と「している行為」

を含めた把握に努め，「できる行為」と「している行為」のギャップを少なくするような指導も大切だと思われます。

障害の克服

さて，自立活動の指導においては，前述したように「障害の改善」，つまり学習上や生活上の不自由な状態の制限をいかにして改善するかが大変重要な課題となりますが，「障害の克服」となると事情は少々異なります。障害を克服するためには，自分の心身機能・身体構造の損傷状態を受容することを始め，自分の活動の制限がある程度残っても，それを受け入れて前向きに生きようとすること，社会との関わりを大切にしながら前向きな姿勢で課題に取り組もうとすること等が大切だからです。このため，障害の克服には，心身機能・身体構造，活動，参加及び環境条件のすべてを視野に入れた指導が望まれます。

2　学習指導要領に示されている内容と具体的指導事項

(1)　障害種別や学部を越えて共通の内容を示している意図
障害種別間や学部間を越えて内容を示す意味

特別支援学校において教育を行うことが適当な児童生徒の判断基準は，おおむね心身機能・身体構造（body function & structure）の程度がその基準となっています。ところが，これらの児童生徒を教育的な観点からみると，必ずしも心身機能・身体構造によって指導すべき内容が決まるとはいい難い面を持っています。つまり，心身機能・身体構造の程度は同じであっても，日常生活や学習上の支障及び活動の制限の程度は，一様ではない場合が多く，むしろその状態は非常に多様であるといえるからです。自立活動の指導を通して改善・克服が期待される「障害」は，心身機能・身体構造ではなく，日常生活や学習上の支障や活動の制限が中心ですから，心身機能・身体構造を基準として内容を定めるという方法よりも，一人一人の日常生活や学習上の支障及び活動の制限の状態・

程度に対応できるように，障害種別を越えてメニュー方式で内容を選定できるようにしたほうが適切であるといえます。

また，近年においては，重度・重複障害児童生徒がどの学部においても大きな比率を占めるようになってきていますので，学部間を越えて，個々の児童生徒のニーズに適切に対応した指導をどのように行うかも重要な課題です。

学習指導要領に示されている内容の構成

このため，学習指導要領における自立活動の内容は，障害種別や学部を越えて，共通に示すことができるように，人間としての基本的な行動を遂行するために必要な要素と，障害に基づく種々の困難を改善・克服するために必要な要素とを抽象レベルで抜き出し，それを六つのカテゴリーに分類整理するという方法で示しているのです。

平成30年（2018）の学習指導要領の改訂においては，重度・重複障害児童生徒の指導に，より適切に対応することができるようにするため，この内容の見直しを行い，六つの区分のもとに，27項目が示されました。

教科の内容の示し方との違い

このような手順を踏んで学習指導要領に示された自立活動の内容は，具体的な指導内容そのものを示したものではなく，指導内容を構成する要素を示しているものであるという点を理解する必要があります。つまり，料理にたとえると，すぐに食べさせることのできる料理そのものを示しているのではなく，料理を作るための材料がカテゴリーごとに示されていると解釈することができます。この点は，例えば小学校の教科の内容の示し方とは，かなり異なっていますので，教科の内容の示し方と対比して，その違いを表6-1にまとめてみます。

教科の内容の示し方との具体的な比較

表6-1の説明を少々付け加えたいと思いますが，話を分かりやすくするため，小学校学習指導要領に示されている第１学年の算数の内容と，自立活動の内容とを比較してみたいと思います。

表6-1 教科と自立活動の内容の示し方の違い

教科の内容の示し方	自立活動の内容の示し方
① 標準発達を踏まえている	① 標準発達に対応する考え方はない
② 具体的な指導内容そのものを示そうとしている	② 具体的な指導内容の構成要素を示している
③ 標準発達を遂げている児童には，すべての指導を行うことが前提である	③ 示されている内容は必要に応じて指導するメニュー方式である

　第1学年の算数の内容は，6歳という標準発達を想定して，その発達段階に達している児童には，1年間でこれだけの内容を教えることができるという見通しのもとに設定されています。この学習指導要領の内容に基づいて，教科書が作成されているわけです。それに対して，自立活動の内容は，前述しましたように，人間としての基本的な行動を遂行するために必要な要素と，障害に基づく種々の困難を改善・克服するために必要な要素とを抽象レベルで抜き出し，それを六つのカテゴリーに分類整理するという方法で示されていますので，標準発達という考え方には立っていないのです。

　また，第1学年における算数の具体的な内容をみますと，例えば，「1位数と1位数との加法及びその逆の減法の計算が確実にできること」，「長さ，広さ，かさなどの量を，具体的な操作によって直接比べたり，他のものを用いて比べたりすること」等と示されています。これらは，児童に何を教えたらよいかがよく分かる表現です。それに対して，特別支援学校の学習指導要領に示されている自立活動の内容は，例えば，「保有する感覚の活用に関すること」，「感覚の補助及び代行手段の活用に関すること」等と，非常に抽象レベルの高い示し方をしていますので，これを見ただけでは，具体的にどんな指導をしたらよいのかがイメージできません。これは，前者の小学校第1学年の算数の内容が，具体的な

指導内容そのもの（すぐ食べることのできる料理そのもの）を示しているのに対して，自立活動の内容は，具体的な指導内容を構成する要素（料理を作るために必要な材料）を示すという形式を取っているためです。

さらに，小学校第１学年の算数に示されている内容は，６歳の標準発達を遂げている児童には，１年間ですべてを指導することを建前としていますが，自立活動に示されている内容は，どの児童生徒にもすべて指導するということを決して意図していません。児童生徒の障害の種類や程度等は，一人一人異なりますので，それぞれに必要な内容を抜き出して，具体的な指導内容（食べさせることのできる料理）を設定すればよいのです。したがって，取り扱わない内容があっても一向に差し支えないと考えていいのです。

(2) **具体的な指導事項の選定**
料理とその材料との関係

学習指導要領の自立活動の内容には，前述したように具体的な指導内容（料理）を構成する要素（料理の材料）が示されているわけですから，指導計画を作成する場合には，一人一人の児童生徒の障害の状態や発達段階，経験の程度などを踏まえて，必要とする要素（学習指導要領に示されている内容）を選定し，それらを相互に関連づけて具体的な指導内容を構成したり，逆に具体的な指導内容を選定した場合に，それに関連した要素を抜き出してその能力の向上をめざしたりすることが求められています。

例えば，具体的な指導内容として盲児童生徒に対する歩行指導を選定した場合について考えてみます。盲児童生徒にとっての歩行は，当然のことながらただ単に足で歩くという身体の動きだけが関与しているわけではありません。いやむしろ，安全に効率よく目的地まで歩くためには，

いかに正確な情報を得るかが最も重要な点となります。つまり，環境の把握能力が非常に大切な役割を演じるのです。また，未知の場所へ盲児童生徒が一人で歩いて行って目的を達成するためには，通りがかりの不特定多数の人々から必要な情報を提供してもらったり，時には目的地まで案内してもらったりすることのできるコミュニケーションの技術も大切です。さらに，こうしたひとり歩きの能力を一歩一歩獲得していくことで，心理的な安定も増し，心身共に調和的な人間形成に大きな力となるのです。

　歩行を例にとって，具体的な指導内容（料理）と学習指導要領に示されている内容（料理の材料）との関係をみてきましたが，このように，歩行という一つの料理を作るには，多くの料理の材料が必要となります。歩行が，単に「身体の動き」の内容の区分に属するような単純なものではないのだということがお分かりいただけたのではないかと思います。こうした関係は，どの具体的指導内容を取り上げてもいえることです。言語指導などは，一見コミュニケーションの区分に属する指導内容に違いないと思われるでしょうが，これとてコミュニケーションの内容の区分だけの材料ではできない料理なのです。なぜなら，ことばを指導するためには，単にことばを提示するだけではなく，身体の動きや身の回りの具体物の認知と結びつけた，生きたことばとして提示していくことが求められます。つまり，多くの内容の区分から必要な要素を集めてはじめて言語指導という料理を作ることが可能なのです。

　このような具体的な一つの指導内容を取り上げた場合には，どのような場面でどのような要素と関連した指導を展開することができるかを明らかにしておくことが大切であるといえます。学習指導要領の「第7章　自立活動」の指導計画の作成と内容の取扱いにおいて，「〜第2に示す内容の中からそれぞれに必要とする項目を選定し，それらを相互に関連づけ〜」とあるのは，このことを示したものなのです。

学校の全教育活動と自立活動との関係

　指導計画の作成に当たって，もう一つ注意しなければならない大切なことは，日常生活上あるいは学習上の活動の制限や支障を改善するための指導は，本来，特別支援学校の全教育活動を通して行われるべき性質のものであるということです。しかしながら，全教育活動を通してこうした指導を取り上げるとしても，系統的，継続的あるいは専門的な指導ができにくかったり，見落としてしまったりする恐れのある内容もあり得るので，系統的・継続的・専門的な指導を行うことのできる特設された「自立活動」の時間が設けられているのです。したがって，日常的にあるいは教科等の指導を通して，十分に指導できるものまで，取り立てて特設された自立活動の時間に指導する必要はありません。自立活動に関する指導がどこでどのように行われているか，あるいは行うことができるかを十分検討して，特設時間の指導とこうした教科等の時間における指導とを有機的に関連させて指導していくことが望まれます。

　また，自立活動の時間における指導が，各教科や日常生活の中で強化されたり生かされたりすること，あるいは逆に，日常生活や各教科で学習したことをてこにし，自立活動の特設時間の指導が効果的に行われたりするという相互作用の関係にも心して，個別の指導計画を作成しなければなりません。

(3) 教科と自立活動との関係
関係を整理するための概念図

　自立活動の指導は，特別支援学校における教育活動全体を通して行うことを基本としていますので，各教科や道徳，特別活動，あるいは総合的な学習の時間の指導においても，障害を改善・克服するという視点から加味される指導内容・方法は，自立活動の指導に位置づけられるものと考えることができます。ここでは道徳や特別活動等はさておき，最も理解していただく必要のある教科と自立活動との関係をみておきたいと

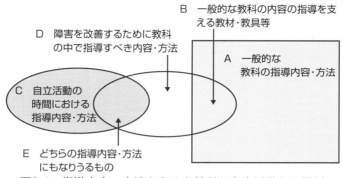

図6-1　指導内容・方法からみた教科と自立活動との関係

思います。

　この教科と自立活動の指導内容・方法とは、図6-1のような関係になるのではないかと思われます。

　四角の部分は一般の小・中学校の教科の指導内容・方法であり、この教科の指導内容・方法も特別支援学校の教育上重要な部分です（ただし、知的障害特別支援学校については、四角の部分が、独自に規定されている教科の指導内容・方法となる）。自立活動に関する指導内容・方法は、二つの楕円形で示されています。白抜きの楕円形は、障害の改善・克服をめざす指導内容・方法であっても、基本的には教科を通して指導されるべき性質のものをさします。また網かけの楕円形は、基本的には自立活動の時間における指導内容・方法です。この三つの部分の組み合わせで、「A　一般的な教科の指導内容・方法」、「B　一般的な教科の内容の指導を支える教材・教具等」、「C　自立活動の時間における指導内容・方法」、「D　障害を改善するために教科の中で指導すべき内容・方法」、「E　どちらの指導内容・方法にもなりうるもの」の五つのカテゴリーに分けることができます。このAからEを具体例を示しながら説明したいと思います。

170

各カテゴリーの説明

　Aはまさに小・中学校における教科の専門性ですので，ここでは説明を割愛し，BからEのカテゴリーについて以下に説明を加えます。

　Bは，Aの専門性を支える視覚障害固有の教材・教具であり，盲人用物差しや分度器とそれを活用する技能等がこれに当たります。つまり，「5cmの長さの線をひく」，「25度の角度をとる」等の内容は，一般の小学校の学習活動ですが，盲児童がこの学習活動を行うためには，盲人用物差しや盲人用分度器が必要ですし，これらを効率的に活用するための両手の協応や手指の使い方の指導が必要です。こうした指導は，まさに視覚障害による活動の制限を改善するものですが，教科の指導を通して行われるわけです。

　Cは，自立活動の時間に指導すべき内容・方法であり，歩行指導や感覚教育などがこれに当たります。つまり，指導内容・方法等が，教科とは異なる独自の体系を持っており，系統的・継続的に指導するためには，特別な指導時間を設定する必要があるのです。

　Dは，障害の改善・克服をめざした指導内容・方法であると同時に，視覚特別支援学校（盲学校）独自の教科の専門性でもあるという性格のものを意味します。例えば，盲人用算盤などがこれに当たります。盲人用算盤は，両手の親指・人差し指・中指の6本の指を用いるなど一般の算盤とは全く異なる運指法によりますし，点字では筆算形式による計算が困難なため，計算の多くを算盤に依存することになります。こうした指導は，視覚特別支援学校（盲学校）固有の教科の指導内容として加味されるものといえます。

　Eは，教科の時間と自立活動の時間のいずれでも取り扱うことのできる内容・方法で，例えば点字の初期指導等がこれに当たります。点字は，学習時の読み書き手段としての重要な位置を占めていますので，その初期指導は本来，国語の中心的指導内容として位置づけられる性質のものです。しかしながら，例えば中学校の第2学年の段階で中途失明した生

徒の場合には，短期間に集中した点字の初期指導を行い，各教科の学習がスムーズに運ぶ方途を考えなければなりません。このような場合には，国語の時間の指導という枠を越えて，多くの時間を自立活動に振り当て，集中的に指導して各教科の学習が効果的に行われるように配慮することが大切となるのです。

　なお，ここに示した図は，基本的な考え方を示したものであり，障害種別によっては，若干アレンジせざるを得ない部分もあります。また，重複障害者の場合は，この図の中の教科の部分が非常に少なくなったり，全くなくなったりする点に留意してください。

(4) 自立活動のＬ字構造
Ｌ字構造の意味

　学習指導要領に示されている自立活動の内容は，前述しましたように，人間としての基本的な行動を遂行するために必要な要素と，障害に基づく種々の困難を改善・克服するために必要な要素とを抽象レベルで抜き出し，それを六つのカテゴリーに分類整理するという方法で示しています。こうした示し方から，小学部における学習の基盤となる部分と，小学部，中学部，高等部における各教科等の学習とともに，その年代の発達段階にふさわしい学習が付加される部分とから成り立っていると解釈することができるため，いわゆる，Ｌ字の構造を持っていると考えられています。このような構造から，通常は，０歳から６歳ごろまでに獲得される様々な発達上の課題は，すべて自立活動として位置づけることができるわけです。

重複障害者の特例との関係

　学習指導要領には，重複障害者のための様々な特例が設けられており，その中に学習が著しく困難な児童生徒の場合は，各教科に替えて自立活動の指導を中心に据えた教育課程を編成してもよいという特例が設けられていますが，この特例は，こうした自立活動のＬ字構造からみて納

得していただけるのではないかと思います。

どんなに発達上の遅れが著しい重複障害児であっても，自立活動を主とした指導で対応できるわけですが，いうまでもなく自立活動という領域の枠内で何を指導するかは，一人一人の児童生徒ごとにその実態に応じて吟味されなければなりません。

3 個別の指導計画作成の課題

(1) 指導の充実に直結する個別の指導計画
形式よりは実際に役立つ個別の指導計画

自立活動の指導計画や重複障害児童生徒の指導計画をはじめ，各教科の指導計画においても，個別の指導計画の作成が学習指導要領に規定されましたので，多くの学校でこの策定に努力がはらわれています。これらの個別の指導計画は，教育実践に直接役立つものになることが期待されますが，現実には，形式が先行して形骸化するのではないかという懸念も聞かれます。

そもそも個別の指導計画が大切だとされるゆえんは，一人一人の実態を的確に把握して，そこから最も必要とされる指導内容・方法を吟味し，効果的な学習活動を引き出すことができる点にあります。個別の指導計画の作成そのものに意味があるわけではなく，作成された個別の指導計画によって効果的な学習活動が展開されるところに意味があるのはいうまでもありません。したがって，作成にあまりにも多くの精力が費やされ，作成したこと自体に満足してしまうという状況は避けねばなりません。

学校によっては，児童生徒の年間の指導計画のすべてを個別の指導計画を綿密に立てて対応するという目標を掲げて，その作成にかなりの精力を注ぎ込んでいると聞きます。もちろんそうした努力に対しては敬意を表しますが，一方において，果たしてそれらの個別の指導計画が本来

の役割を果たしているかどうか，反省してみなければならないと思います。

　個別の指導計画に基づく教育実践は，ようやく緒につこうとしている段階ですから，今一番大切なのは，形式を整えることではなく，どのような個別の指導計画なら本当に役立つものになるかという点を，様々な試行を通して検証することではないかと思うのです。あまり多くを望まず，その年におけるＡ君の中心的な指導目標を一つ取り上げ，その目標に迫る個別の指導計画を丹念に検討して作成し実践する，実践した成果がどうだったかを評価して，次の年はその反省の上に立ってさらに実践に役立つ個別の指導計画に修正するという取り組みが必要なのではないでしょうか。

指導計画全体と個別の指導計画との関係の明確化

　教育実践に役立つものにするため，限定された重点目標に限って，指導内容・方法を吟味して個別の指導計画を作成するのも一方法ではないかという提案をしましたが，この場合忘れてはならない点は，重点目標についてのみ作成された個別の指導計画が，その児童又は生徒の年間の指導計画全体の中で，どのような位置づけにあるかを明確にしなければならないという点です。この指導計画全体が示されていない場合，学校において全体としてどのような教育活動が展開されていて，重点目標の達成のために立てられている個別の指導計画が教育活動全体の中でどのような位置を占めているかが明確にならないからです。特に，研究会等で情報を交換する場合，単に個別の指導計画のみを提示するのでなく，学校の教育活動全体の中でその重点目標として取り上げた個別の指導計画に基づく指導がどのような位置を占めているかを明確にすることが大切です。重複障害児童生徒の場合は，一人一人の教育課程や年間の指導計画が大きく異なるので，特にこの点に留意しなければならないと思います。

　また，これからの特別支援教育下においては，個別の教育支援計画を

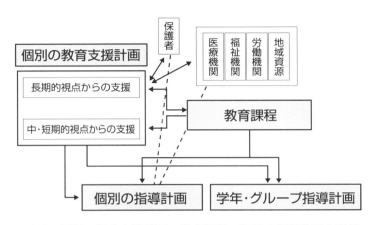

図6-2　個別の教育支援計画・教育課程・個別の指導計画の関係

策定して，学校教育のみならず，医療，福祉，労働，あるいは地域の資源を有効に活用して，トータルに児童生徒の教育的支援をどのように行っていくかが大切です。個別の指導計画は，この個別の教育支援計画とも関連性を保って作成されなければなりません。詳しい説明は省きますが，この場合，個別の教育支援計画と教育課程及び個別の指導計画は，図6-2に示すような関係になるのではないかと思います。

　個別の教育支援計画を策定するに当たっては，学校以外の関係諸機関や専門家とどのような連携体制を組むかという視点が重要になってきます。この場合，まず保護者との連携のもとに，学校以外でどのような支援を受けているか，また受けることができる可能性があるかを明らかにし，それを学校教育に生かす方策を検討することが大切です。こうした外部の機関等との連携が，個別の指導計画の上にも反映されるようにしていくことが求められます。

(2) 個別の指導計画作成のシステム

チームアプローチの重要性

　自立活動に関するある研究会において，個別の指導計画は，その作成過程に大きな意義があるのではないかという点が指摘されました。従来と同じように，担任教員一人で個別の指導計画を作成するのではなく，数人の教員でチームを組んだり，時には教員以外の専門家や保護者にも加わってもらったりして，一人の児童生徒の重点目標をどこに設定すればよいか，将来の生活を見通して今何を重視した指導が必要かなどを検討することは，非常に大きな意義があるというのです。こうした検討過程を通して，教員間の共通理解も生まれるし，どのような観点で評価すればよいかといった課題解決にも迫ることができるのは確かでしょう。この場合の検討チームには，いつもの教員仲間のみならず少し異色の人に加わってもらうと，緊張感が生まれ検討が安易に流されるのを防ぐという意見も出されました。もちろん教員以外の医療関係や心理関係の専門家に加わってもらえれば，検討の裾野を広げることができ，なお一層いいのではないでしょうか。個別の指導計画は，こうしたダイナミックな教育的取り組みを推進する突破口としても重要な意味を持っているといえます。

保護者参加の検討

　また，保護者との関わりは，現在多くの場合，①子どものこれまでの成長の様子や教育に関する要望を聞く，②作成した個別の指導計画について説明するという二つの側面が中心でした。しかし，保護者はそれで満足しているわけではなく，個別の指導計画の作成に何らかの形で加わりたいと考えている方もかなりみられますので，この点を尊重した取り組みが求められています。今後は，保護者の参加をどのような形で具体的に実現させていくかについて検討していくことが大切です。

(3) 具体的で達成可能な目標の設定
達成可能な具体的短期目標

　個別の指導計画の作成において非常に大切なのは，実態把握に基づいた短期目標の設定ですが，この場合の短期の目標は，見通しを立てて，達成できる目標に絞り込むことが重要です。さもないと，短期の指導期間が過ぎた段階で繰り返し同じ目標を立てることになり，個別の指導計画を作成した意味が薄れてしまうからです。

　「具体的で達成可能な目標の設定」について記した図6-3を見てください。「友達と仲良くできる」といった目標は，大変範囲も広くレベルも様々なので，達成できたかどうかの評価は，非常に恣意的になる可能性が高いといえます。また，「一人でご飯を食べる」という目標は，前者の目標に比べると範囲は限定されますが，手づかみで食べるのか，スプーンで食べるのか，箸で食べるのかといった点が曖昧ですし，汁物か固形物かといった点も明確ではありません。そこで，この児童の場合は，手づかみでご飯を食べることはすでに身についており，スプーンもある程度持つことができるが，スプーンでご飯をすくい上げて口に運ぶことがまだできないとすると，その点がちょっと努力すればできそうな課題ということになります。

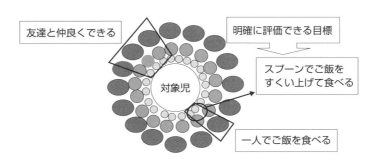

図6-3　具体的で達成可能な目標の設定

このように，今できることから判断して，ちょっと努力したり指導の工夫をしたりすればできそうな点に絞って短期目標を立てるという視点が重要です。このように教員と児童又は生徒双方が納得のいく短期の目標に絞りこむことができるかどうかが，個別の指導計画を成功させるか否かの大きな鍵を握っているように思われます。

短期目標と長期目標との関係の構造化

　目標の設定でもう一つ大切な点は，短期目標と長期目標の関係を構造的にとらえておくことです。短期目標と長期目標との構造的把握としては，図6-4に示すような関係が考えられます。「短期発展型」というのは，短期1と短期2との目標の関係が発達的な階層をなしている場合です。また「短期組み合わせ型」は，短期1，短期2，短期3等の目標が並列的で，それらの集合体として長期目標が存在するような場合です。さらに「短期組み合わせ・発展型」は，「短期発展型」と「短期組み合わせ型」の両者の性格を備えたものです。いずれにしても短期目標と長期目標とを構造的にとらえて目標を設定しなければ，特に長期目標は意味をなさないものとなる可能性が高い点に留意しなければなりません。

図6-4　短期目標と長期目標との関係の構造化

⑷ **共通の概念に裏づけられた言語の使用**
連携において重要な共通言語

　個別の指導計画を作成する際、校内において数名の教員でケース会議を設けたり、場合によっては、専門機関の職員や保護者に加わってもらって、個別の指導計画に関する検討会を設けたりすることが今後期待されます。こうした会議等において、スムーズに話し合いを進行させるためには、共通の概念に支えられた言語の使用が大切です。校内においては、こうした共通の概念に支えられた用語の使用は、比較的容易ですが、外部の専門家を交えたり、他の学校等との共同研究や情報交換に際しては、問題を感じることが少なくありません。例えば、「個別の指導計画」と「個別指導計画」は同じなのか異なるのか、「個別の指導計画」と「個別の教育支援計画」とは、どのように異なるのか等、用いる用語の概念の共通理解は、共同作業や連携において重要な視点であることを認識しなければなりません。

　校内だけで通用する用語は、仲間意識を育む意味で大切な場合もありますが、他の職種や学校間の連携の下に研究や情報交換を行うためには、できるだけ一般性があり、誤解を与えないで受け入れられる用語を用いるように心がける必要があります。そのための工夫が望まれるのです。

4　視覚障害児童生徒に対する自立活動の指導

⑴ **空間に関する情報の障害**
外界からの情報入手

　視覚障害がどのような障害であるかを理解するために、私たちが外界から情報を入手する際の感覚について、その全体構造を見ておく必要がありそうです。

　私たちが外界から様々な情報を入手する際、その最前線で情報の担い手となる感覚を、古典的には五感（視覚、聴覚、触覚、味覚、嗅覚）と

呼んできました。しかし近年では，自分自身を知る感覚をも含めて，下記のような分類がなされるのが一般的です。

　また，情報発生源とその情報をとらえる人間との位置関係という立場から，八つの感覚（視覚・聴覚・皮膚感覚・味覚・嗅覚・運動感覚・平衡感覚・内臓感覚）を，内受容器感覚，自己（固有）受容器感覚，外受容器感覚の三つのグループに分けることができます。内臓感覚は内受容器感覚に，運動感覚や平衡感覚は自己（固有）受容器感覚に，視覚や聴覚，皮膚感覚，味覚，嗅覚等は外受容器感覚にそれぞれ属すると考えられます。外受容器感覚はさらに，遠感覚と接触感覚とに分かれ，遠感覚としては視覚や聴覚，嗅覚を，接触感覚としては触覚や味覚をそれぞれ位置づけることができます。

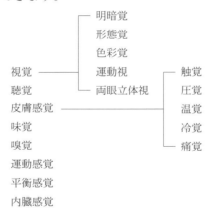

視覚の役割

　さて，外界からの情報の入手は，主として外受容器感覚である視覚，聴覚，皮膚感覚（特に，触覚），味覚，嗅覚等によるわけですが，視覚は，すべての感覚を通して得る外界からの情報量の約80％もの役割を担っているといわれます。しかし，80％どころか視覚は情報入手のもっと多くの役割を担っているという報告もみられますので，この点について少しお話ししておきたいと思います。

近年，情報量を表す単位として，ビット（bit）がよく用いられますが，この「bit」を用いて，視覚，聴覚，触覚の三つの感覚が，毎秒私たち人間にどの程度の最大情報量をもたらすかを計算した人がいます。それによりますと，視覚は毎秒最大100万ビットの情報量を私たちにもたらすというのです。それに対して聴覚は1万ビット，触覚は100ビットだというのです。ところで，視覚がキャッチすることのできる情報は，光に託された情報ですし，聴覚がキャッチすることのできる情報は，音波に託された情報であるというように，それぞれの感覚は，質の異なる情報をキャッチする役割を分担していますから，単純に情報量を比較することができないのは当然です。しかし，おおむねこの計算を使用するとしたら，視覚は80％どころか，外界からの情報入手の90数％もの役割を担っていることになります。このように視覚は，情報入手の大変多くの部分を担っているので，視覚障害を情報の障害ということがあるのです。さらに，視覚が担っている情報の多くは，空間の広がりに関する情報ですので，視覚障害は「空間に関する情報の障害」といったほうが正確なのではないかと思います。

視覚障害者の三大不自由

　空間の広がりの情報を入手するのに不自由な視覚障害者は，行動上様々な制約を受けることになります。その中でも最も大きな制約は，安全に能率よく歩くこと（歩行），日常生活上の諸々の動作をスムーズに行うこと（日常生活動作），普通の文字や絵などを認知して対処すること（文字処理）であるといわれます。この三つの大きな制約を，「視覚障害者の三大不自由」という場合があります。視覚特別支援学校（盲学校）における自立活動の指導においても，当然これらの不自由に対応した指導が中心的な課題となるのです。

(2) 情報障害改善の手だて
視覚以外の感覚の活用

　私たちは空間に関する情報の多くを視覚に頼っています。この視覚に障害を受けた場合，空間の広がりに関する情報の入手は，量的にも質的にも大きなダメージを受けます。しかし，全く視覚を失った場合ですら，空間に関する情報がすべて遮断されるわけではありません。視覚による正確な情報は入らないまでも，聴覚や触覚等による情報は得ることができるのです。しかしながらこれらの感覚からの空間に関する情報は，視覚による情報に比べると，量的に少ないだけでなく，質的にも曖昧で不正確なものがほとんどといっても過言ではありません。これらの少なく曖昧な情報は，そのままでは視覚障害者が学習や日常生活の諸行動を行う際の大きな役割を果たすことはできませんが，これらの情報を有効に活用するための学習を積み重ねることによって，十分に役に立つ情報として大きな力を発揮することができるようになるのです。

予測と確かめの必要性

　このように大きな力として活用できるようにするためには，まず，入ってくる情報は少ないけれども，その少ない中でも何が確かな情報かを見極める力を養うことが大切です。例えば，まっすぐ歩くための塀や壁の活用，道路を横断する際の音の出る信号機の活用等がそれです。次に，「少ない情報で正しく判断し対処することのできる能力」をどのようにして開発していくかも重要な課題です。少ない情報しか入らないわけですから，その情報から，周囲を正しく判断するためには，予測を働かせることが大切になります。例えば，初めての部屋に入ったとき，視覚に障害のない者であるならば，その広さや作り，天井の高さ，置かれている調度品等を一望のもとに把握することができますが，全盲の場合には，そういうわけにはいきません。反響音等を手がかりとして，おおよその広さを予測することから始まります。しかし，こうした経験が少ない段階では，少ない情報で予測をしても，その予測は的外れな場合が

少なくないのです。予測をした広さが実際の広さとどの程度かけ離れていたかをそのつど確かめることによって，次の予測はより確かなものになっていきます。こうして，予測しそのつど確かめるという一連の行動を繰り返すことによって，少なく非常に曖昧な情報から，確かな予測を働かせる力が生まれてくるのです。

　視覚障害者が空間に関する情報の障害を改善するためには，どのような内容の指導を行う場合にも，「少ない中でも，確実な情報をみつける」，「少ない情報で予測し，この予測が正しかったかどうかを確かめる」という点が大切になります。

(3)　核になる体験の重視
経験量の不足を補う手だて

　量的にも少なく質的にも曖昧な情報で的確な判断を下し対処していくためには，予測と確かめの繰り返しが大切である点は前述しました。こうした繰り返しは，学校教育の中では到底時間的に行うことができませんので，繰り返しの行動は，一人一人の児童生徒の日常的な営みの中で行われなければなりません。

　ところで，われわれが眼で見て認知できるものを，全盲の者に一つ一つ経験させ，しかもあるものは予測と確かめを繰り返さねばならないということになると，気が遠くなるような膨大な経験量とその繰り返しが要求されることになります。量的に膨大なものをこなすことができるほど，学校教育は時間的な余裕があるわけではありません。では一体どのようにして経験量の不足と確かな技能とを同時に満足させるような実践を行えばよいのでしょうか。

　盲児は一般的にみて非常に経験量が乏しいといわれており，その対策としてあらゆる機会をとらえて経験を広めるための配慮が重要であるといわれます。確かに経験量を広げることは重要ですが，ただやたらに経験させればよいというものではありません。視覚的に全体像を一望する

ことができない盲児たちは，部分的な経験では，全体的には誤ったイメージを持ってしまうことにもなりかねません。また，経験したことが個々バラバラで，前の経験とのつながりや既に持っている概念の枠組みの中に組み入れることができないという結果にもなりかねませんし，バラバラの経験がつながりのないままに忘れ去られるという結果にもなりかねません。経験や体験が重要であるといわれる背景には，それらの経験や体験が，類似した事態や新たな事態に対して有効に作用するためです。ですから，ただむやみに経験や体験をさせればよいというものではなく，それらの経験や体験は，これからの行為に役立つものになるための，整理された体系としての経験や体験であることが最も大切になります。

　話が飛んで恐縮ですが，例えば，本が20万冊揃ったA図書館と，5万冊しかないB図書館があったとします。さて，図書館としてどちらが優れているでしょうか。一般的には蔵書数の多いA図書館が優れているという答えが返ってくるでしょう。しかし果たしてそうでしょうか。A図書館は，B図書館の4倍の蔵書を持っていますが，本を借りにいくと，20分も30分も待たされたあげくに，「その本は，本館には見つかりません」という答えが返ってくる。つまり，A図書館は，蔵書数こそ多いが，本の整理がいきとどいていないため，探している本が果たして有るのか無いのかさえもはっきりしないというありさまです。それに対して，B図書館のほうは，冊数は少ないものの，借りたい本が有るかどうか，数分の後には明確な返事が返ってきます。こんな二つの図書館は，架空の図書館でしかあり得ませんが，もしそういう図書館があったとしますと，さて，いったいどちらの図書館のほうが優れているといえるのでしょうか。おそらく，有るのか無いのかが短時間の内に明確になるB図書館を利用する人の方が多いのではないでしょうか。つまり，B図書館は，A図書館よりも現在機能的に優れているのみならず，今後様々な本がどんどん入ってきても，現在の蔵書の分類基準のもとに，きちんとした整理

ができる態勢が整っているとみることができます。それに対してＡ図書館の方は，今後入ってくる様々な本についても，分類整理はうまくいかないであろうことが予測されるのです。

経験や体験を整理する枠組み

　経験や体験も同じようなことがいえるのではないかと思います。つまり，いくら多くの経験や体験をしていても，それらの経験や体験が整理された概念の枠組みを持たず個々バラバラであるならば，経験や体験に照らし合わせて認識したり，判断したり対処したりする場合に，その手順に手間取ったり，経験や体験が十分に機能しないという事態が生じます。つまり，経験や体験が日常生活や学習に際して，有効な働きをなし得ないということです。これではせっかくの経験や体験が意味をなしません。また，これからどんどん色々な経験や体験をしても，それらの経験や体験も整理された概念の枠組みの中に組み込まれるということがなく，個々バラバラに存在するという結果になります。

　このように考えてきますと，経験や体験は多いにこしたことはありませんが，多いだけでは意味がないということができます。経験や体験をしっかりとした基準に基づいて分類整理し，必要なときにこれを先行経験として活用することができるようにしておくことが求められるのです。多くの経験や体験をさせるよりも，この基準となる受け枠を作ることが最も大切であるといえます。何がこのような分類整理の基準となる受け枠になり得るのでしょうか。

本物で質の高い経験や体験の組織

　ちょっと自立活動の内容の話からはそれるかもしれませんが，分類基準の枠組みとなるものを理解していただくために，大根の観察を例に考えてみたいと思います。大根を観察させる場合，最も適した場所はどこでしょうか。八百屋さんで観察させるのはどうでしょうか。考えてみますと，八百屋さんやスーパーマーケットに並んでいる大根は，水で泥を落とされ，根毛もほとんどなくなった状態で，なおかつ葉もほとんど切

り落とされた状態で並んでいます。人の手が加わったきれいな商品として並べられているのです。それも大根に違いありませんが，このような大根を観察させても，大根の一断面を知るだけで，本物の経験をさせたことにはならないのではないかと思います。私がかつて受け持っていた盲児は，このような大根しか観察したことのない盲児でしたが，あるとき大根畑で大根を観察して，「先生，本当にこれ大根なの」といってびっくりしていました。商店でしか野菜や魚などを観察したことがない盲児は，時として，野菜や魚も工場で作られると思ってしまうことがあります。これは決して笑い話ではないのです。

　野菜の観察において核になる体験たり得るために最も適切な方法は，それらの野菜を実際に栽培して，種蒔きから収穫までを体験させ，それらが八百屋の店頭に並ぶまでの経過を経験させることだと思います。栽培が難しい場合でも，野菜が畑で栽培されている状態を観察させ，経験として蓄積させる必要があると思います。大根を栽培したり，畑で成長している状態を観察させたりして，これを収穫し，きれいに洗って葉も落とし，八百屋に並んでいる状態までを体験させれば，これは核になる体験として立派に意味を持ったものになると思っています。このような体験をさせれば，人参もごぼうも，同じような体験をさせる必要はないのではないかと思います。「人参やごぼうも大根と同じような状態で畑で栽培されているんだよ」と説明すれば，当たらずといえども遠からずのイメージを膨らませることが可能だからです。

　つまり，核になる経験たり得るためには，少なくとも，①本物の経験であること，②そこからイメージを膨らませることができる経験であること，③学習に転移性のある経験であることといった条件を整える必要があるのではないかと思います。

　自立活動の指導においても，指導すべきことが非常に多いので，これらすべての指導を学校教育が行うという気負いを捨てて，核になる体験や学習を精選し，これを中心課題に据えて取り組むことが大切ではない

かと思います。

(4) 自立活動の中心的な指導内容
中心的指導内容と障害の改善・克服

　視覚特別支援学校（盲学校）において取り扱う自立活動の指導内容は，以下にあげるようなものが中心的な課題となります。障害の改善・克服のための意欲づけに関連した指導は，この中に含まれていませんが，これらは決して中心的な課題でないという意味ではありません。意欲や興味づけ等の心理的な問題は，具体的な指導を通してアプローチするのが最も適当である点を踏まえ，具体的な指導内容にはあげなかったわけです。したがって，これら30数項目にわたる指導を通して，どの指導においても障害を改善・克服していこうという意欲等の問題に留意した指導が大切になるのです。

自立活動における視覚障害児童生徒に対する具体的指導内容

(1) 両手によって対象物の手触り，形，大きさ，構造，機能等を観察する指導
(2) 保有する視覚によって，対象物の形や大きさ，色彩，構造，機能等を観察する指導
(3) 近用や遠用の弱視レンズ類を用いて，対象物を巧みに認知する指導
(4) 直接音や反響音によって物の存在や環境の状態を認知する指導
(5) においや味によって飲食物の状態や環境の状態を認知する指導
(6) ボディイメージや身体座標軸，空間座標軸を形成する指導
(7) 教室，廊下，建物，道路，市街等の地理的空間概念を形成する指導
(8) 座位や立位において正しい姿勢を保持する指導
(9) バランスよくまっすぐに歩く指導
(10) たえず変化する環境の状況を把握しながら歩行や運動を行う指導
(11) 自分の歩行軌跡を表現したり，表現した軌跡どおりに歩いたりする指導

(12) 白杖を用いて，安全で能率的に歩く指導
(13) 道路の構造や交通規則を理解して，歩行環境を総合的にまとめあげる指導
(14) 安全で能率的な歩行を行うために，事前に必要な情報を収集し計画を立てる指導
(15) 手指の粗大運動や微細運動を巧みに行う指導
(16) 作業の種類に応じて，安全で能率的な姿勢を保持する指導
(17) ブロックや粘土等を用いて立体の構成を行う指導
(18) 線状のゴム磁石等を用いて，平面上に図形を表現する指導
(19) 表面作図器等を用いて，作図や描画を行う指導
(20) 調理等において，二つ以上の作業を並行して行う指導
(21) マナーを含めて，適切に食事を行う指導
(22) 適切な動作で排泄する指導
(23) 洗面，手洗い，洗髪，髪の手入れ等ができ，身だしなみに気をつける指導
(24) 引き出し，タンス等を整理して，必要な物をいつでも取り出せる指導
(25) 衣服の洗濯やプレス，繕い等で衣服を管理する指導
(26) 買い物や金銭のやり取りを行う際，貨幣や紙幣を見分ける指導
(27) 献立の作成，材料の購入，調理，後かたづけ等を円滑に行う指導
(28) 室内外の清掃，部屋の換気や温度調節，家具の配置等を適切に行う指導
(29) 身ぶりサインや一語文等を用いて意思の相互伝達を行う指導
(30) 場に応じて声量を調節したり，相手の声の調子から，言語以外の情報を聞き取る指導
(31) 相手の方を向いて話す等，場に応じて自然な形で対話できる指導
(32) 中途失明者に対する点字の指導
(33) 点字タイプライター，各種の点字器あるいは携帯用点字器を用いて，

点字を書く指導
(34)　盲児に対する普通の文字の指導
(35)　コンピュータ等を用いて，点字と普通の文字の相互変換を行う指導
(36)　コンピュータを用いた様々な情報処理のための指導
(37)　携帯電話を有効に活用する指導
(38)　自己の障害についての理解に関する指導
(39)　自己の障害との関連における，生活規制や医療的ケアに関する指導

(5)　具体的指導内容をとらえる観点

　以上のように39の具体的指導内容をあげましたが，これらの具体的指導内容の一つ一つは，詳しく述べればきりがないほど多くの事項を含んでいます。ここでは，そのすべてにふれることはできませんので，どのような観点で具体的な指導を組織したらよいかについて，事例を示して述べてみたいと思います。

両手によって対象物の手触り，形，大きさ，構造，機能等を観察する指導

　両手を巧みに使って，対象を観察する方法の獲得は，特に盲児童生徒にとっては重要です。こうした指導を行う際，どのような技能を身につけさせたらよいかをあらかじめ分析し，その技能を習得させるために最もふさわしい対象を選定する必要があります。以下に，対象を観察する場合に要求される主な技能を列挙してみます。

①　基本操作：押す，握る，引っかく，撫でる，擦る，摘む，摘んで引っ張る，摘んで擦る等
②　親指と他の四指の対応：親指と他の四指とを対応させて観察したり作業したりする手の操作
③　多指の使用：5本の指の運動を分化させて巧みに使いこなす操作
④　両手の協応：同時に観察する範囲を広げたり，両手の分業によって二つのものを同時に比較したり，基準をきめて観察したりするための協応動作

⑤　二段の操作：まず全体をさっと観察して，観察すべき空間の範囲と大まかな全体像をつかみ，次に必要な部分に着目して詳しく観察しながら全体と部分の関係を明らかにしていく操作方法
⑥　基準点の設定：ただむやみに形を観察するのでなく，片手又はある指で基準点をとり，そこを原点として広がりや位置関係，形等を観察する手法
⑦　基準点の移動：複雑なものや形の大きなものを観察する場合，詳しく観察したり観察する範囲を広げたりするための基準点の移動技法。この場合，もとの基準点と移動した基準点の位置関係を明確にすることに留意
⑧　予測と確かめ：手の操作方法が向上し，概念が正確になるにつれて，ものの一部に触れて全体を予測し，予測が正しかったか否か必ず確かめる技法

　これらの8項目は，両手によって対象物の手触り，形，大きさ，構造，機能等を観察する指導において，指導者が基本的に認識しておかねばならない観点であると同時に，児童にとっては，核になる体験でもあります。どの観点の指導を重点的に行うのかによって，その観点を最もうまく指導することのできる対象を選定し，児童生徒が興味を持って主体的に取り組むことができる場を整えることが求められます。例えば，「撫でる」，「擦る」，「摘んで擦る」という一連の基本操作を誘発し，その観察のよさを指導する場合には，肌理(きめ)の異なる幾つかの材料を与え，ざらつきの大きい順に並べさせるような指示を出せばよいでしょう。また，二段の操作の指導においては，動物の剝製等を用意し，「どのくらいの大きさかな」とか「全体の様子をみてごらん」とかいった指示を与え，まず全体像をつかませるようにし，それから，「耳は垂れているかな，立っているかな」とか「しっぽはどのくらいの長さかな」といった部分的な観察の観点を質問し，全体をさっとみて，その後部分に着目してみるほうがよく分かることを理解させていきます。一度指導したら，その

技能がうまく用いられるかを，別の剝製等で試してみるといいでしょう。

触媒のような教員の役割

両手によって物を観察する場合を例に，具体的指導内容をどのような観点でとらえたらよいかを示しましたが，要はどのような教材や教具を用いる場合においても，その教材や教具を用いて，どのような知識や技能等を身につけさせたいのか，身につけさせる可能性があるのかを教員はしっかりととらえておくことが肝心なのです。そして，そうした知識や技能が身につくように教材や教具と児童生徒の間に入って，触媒のような機能を果たすのが，自立活動における教員の大きな役割といえるでしょう。

「教え込む」指導ではなく，「学び取る」指導をいかに組織するかを工夫していただきたいと思います。

【参考文献】
1) 大川原潔：「養護・訓練の基本と展開」，第一法規，1970．
2) 文部省：「視覚障害児の発達と学習」，ぎょうせい，1984．
3) 香川邦生・藤田和弘編：「自立活動の指導」，教育出版，2000．
4) 障害者福祉研究会：「国際生活機能分類」，中央法規，2002．
5) 文部科学省：「特別支援学校学習指導要領解説　自立活動編（幼稚部・小学部・中学部・高等部）」，海文堂出版，2015．
6) 香川邦生：「障害のある子どもの認知と動作の基礎支援」，教育出版，2013．
7) 香川邦生：「分かりやすい『自立活動』領域の捉え方と実践」，教育出版，2015．

第7章　視覚障害児のための教材・教具

1　教科書

(1)　点字教科書
文部科学省著作教科書と学校教育法附則第9条図書（旧107条本）

　小学校，中学校，高等学校及び特別支援学校で使用する教科書については，学校教育法において定められており，検定教科書又は文部科学省著作教科書を使用しなければならないことになっています。

　視覚特別支援学校（盲学校）で使用している点字教科書は検定教科書ではありませんが，文部科学省著作教科書がいくつかの教科について発行されています。小学部用の国語，社会，算数，理科，英語（令和2年度から），道徳（平成30年度から），中学部用の国語，社会，数学，理科，英語，道徳（平成31年度から）がこの文部科学省著作点字教科書に当たります。これ以外の教科も点字教科書が必要なのですが，検定教科書も文部科学省著作教科書も発行されていません。このような場合の対応について，学校教育法附則第9条に例外的な規定が設けられています。つまり，検定教科書も文部科学省著作教科書もない場合には，文部科学大臣の定めるところに従って，他の適切な教科用図書を使用することができるようになっているのです。視覚特別支援学校（盲学校）の小学部においては，音楽，家庭科，保健が，中学部においては，技術・家庭，音楽，保健体育が，それぞれ附則第9条の点字教科書として使用されています。

　附則第9条図書としての点字教科書は，点字出版社が編集・点訳して出版しているわけですが，これらは，小・中学校用の検定教科書の中から，適切な出版社の本を一社選定して，それに点訳上必要な若干の修正を加えるといった形で出版されているのが一般的です。

また，視覚特別支援学校（盲学校）高等部用の点字教科書は，すべてこの附則第9条図書で対応しているのが現状ですし，重複障害児が絵本等を学校で継続的な学習のよりどころとして使用する場合も，附則第9条図書の扱いとなります。なお，視覚特別支援学校（盲学校）の小学部，中学部，高等部の弱視児童生徒が使用している教科書は，一般の小・中・高で使用している検定教科書ですが，これらも視覚特別支援学校（盲学校）で使用する場合は，附則第9条図書の扱いを受けている点に留意してください。

文部科学省著作教科書の編集

　小・中学校及び高等学校の教科書は，原則として4年に一度改訂が行われます（直近では小学校が令和2年度から，中学校が令和3年度から）。点字教科書もこれらの改訂を受けて，4年ごとにその内容が変わります。点字教科書は小・中学校及び高等学校のものをそのまま点訳するのではなく，盲児童生徒に適した内容に編集する必要があります。

　そこでまず，どの出版社の検定教科書を点字教科書の原典にするかという選定基準を検討する調査研究協力者会議が開かれます。そして，点字教科書の原典を選定する委員会が具体的な選定作業を行います。つまり，視覚特別支援学校（盲学校）で使用している教科書は全国共通の教科書ということになります。その後，教科ごとに視覚特別支援学校（盲学校）教員や学識経験者で組織された「特別支援学校点字教科書編集協力者会議」で編集の具体的作業が進められます。編集の基本方針としては，①原典の内容そのものの大幅な変更や修正は行わないこと，②やむを得ず原典の内容を修正したり，差し替えたりする場合には，盲児童生徒の特性を考慮するとともに，必要最小限度に留めること，③特に図，表，写真等については，点字化や文章化するなど，できる限り原典にそった点訳ができるように工夫すること，が掲げられています。編集された結果は，「特別支援学校（視覚障害）点字教科書編集資料」としてまとめられ，全国の視覚特別支援学校（盲学校）に配布されていますの

で，教員はこれを参考にして指導に当たることが必要です。

　ところで，歴史的にみると点字教科書には，小・中学校用の教科書をほぼそのまま点訳したもの，小・中学校用の教科書とは別に独自に盲児用として編集したもの，小・中学校用の教科書を一部修正し，あるいは一部差替えをして編集したものなどがみられます。我が国では昭和40年代のはじめころまでは，独自に編集した教科書が使用されていましたが，編集作業が長期間にわたって改訂作業が大変であるとともに，盲弱混合の学級では不都合が生じるという理由から，昭和43年度（1968）からは最小限度の修正にとどめる現在の編集方法がとられています。なおボランティア等によって小・中学校用の教科書をほぼそのまま点訳した教科書は，多くの場合，通常の学級で学ぶ点字使用児童生徒が使用しています。

高等部普通科の点字教科書

　前述したように視覚特別支援学校（盲学校）で使用する附則第9条図書には，小・中学部で使用するいくつかの教科の点字教科書，弱視児童生徒が使用する教科書のほか，知的障害を伴う盲児童生徒が使用する教科書及び高等部普通科で使用する点字教科書があります。ここでは，高等部普通科点字教科書について簡単に紹介します。

　高等部普通科で使用する点字教科書は，検定教科書を原典として点字出版社から点訳出版されます。出版する点字教科書の教科・科目，及び原典の選定は点字出版社に委ねられています。点字出版社では原典教科書の選定に当たって視覚特別支援学校（盲学校）の希望を反映させたいという意向から，これまで全国盲学校長会と協力して，全国盲学校普通教育連絡協議会（普連協）が具体的な選定作業を行ってきました。普連協では，全国の視覚特別支援学校（盲学校）にアンケート調査等を行って原典教科書選定の資料とし，需要数の比較的多い必修教科については2種類，その他の教科は1種類を選定し，これを原典として点字教科書が編集されています。なお，費用は就学奨励費で支給されます。

(2) **拡大教科書**
拡大教材からの出発

　弱視児が読みやすい材料を得るためには，弱視レンズや拡大読書器などの補助機器を活用する方法と，様々な方法によって文字などの素材そのものを拡大して活用する方法とがあります。これらの方法は，それぞれに長所・短所があるので，状況に応じて適切に使い分ける必要があります。補助器具の活用については，将来一般社会の中で生活していくことを見通して，高校卒業の段階までにはきちんと身につけておいたほうがよいのですが，これらの補助器具を使いこなすためには，見ようとする意欲や補助具を使いこなす技能が必要ですので，あせらず，段階的に取り入れていくことが大切です。小学校（小学部）の低学年の段階では，見ようとする意欲や身体の調整能力が十分でないため，読書意欲の弱い児童も少なくありません。こうした児童には，できるだけ見ることへの抵抗が少ない拡大教材や拡大教科書を提供し，心理的な負担を軽減して学習活動に参加できるように配慮することが求められます。こうした視点からこれまで様々な拡大教材や拡大教科書が保護者，教員，ボランティアなどによって作成されてきました。

拡大教科書と教科書バリアフリー法

　特に拡大教科書は，従来から担当する教師やボランティア等によって，手書きによるもの，拡大コピーを活用したもの，情報機器（パソコンなど）を活用したもの等が作成されてきましたが，近年においては，教科書出版社や民間の出版社が拡大教科書を作成するようになってきています。特に，「障害のある児童及び生徒のための教科用特定図書等の普及の促進等に関する法律」（教科書バリアフリー法）の制定（平成21年6月）以降においては，教科書出版社が様々な形の拡大教科書を作成する時代になってきています。平成28年度（2016）の時点では，すべての検定教科書で拡大教科書が用意されています。こうした拡大教科書の情報は，教育委員会から各学校に提供されますが，文部科学省のホームペー

ジや教科書出版社のホームページ等でも紹介されていますので，最新の情報を入手して活用することが大切です。

拡大教科書のプライベートサービス

前述したように拡大教科書を取り巻く状況は，近年大きく好転してきています。しかし，どんなに多くの教科書出版社が拡大教科書に力を入れる時代になっても，すべての弱視児童生徒のニーズに応じた対応ができるようになるわけではありません。非常に低視力のため，教科書出版社が作成した拡大教科書でも，文字等が小さすぎて見にくい弱視児童生徒がいるのです。こうした弱視児童生徒に対しては，ボランティアによる「プライベートサービス」が大切です。平成21年（2009）に制定された「教科書バリアフリー法」においては，教科書出版社は，教科書のデジタル情報を文部科学大臣又は文部科学大臣が指定する「データ管理機関」に提供しなければならないこととなっています。また，「データ管理機関」は，ボランティア等の要請に応じて，そのデジタル情報をCD-ROM等によって提供することとなっていますので，こうしたデータを有効に活用してプライベートサービスが効果的に行われることが期待されています。

2　補償機器

(1)　点字を書き表すための器具

点字器

点字を書き表す器具の代表的なものの一つに，「点字盤（板）」と呼ばれている筆記具があります。現在では，用途に応じてプラスチック製の様々のものが作られています。かつては，製造メーカーが限られていて，点字盤というと木製のものが主流でしたので，この形のものを便宜的に標準点字器と呼んでいます（図7-1）。これは上部に点字用紙を押さえる金具のついたＢ５サイズほど（縦29.0cm　横18.4cm）の縦長の板と，

その板の上に載せて点字を書く金属製の定規からできています。定規は3cmほどの幅の横に細長い2枚の板で構成されていて、上の板には縦5mm横3mmくらいの縦長の窓（マス）が、1行に32個あいています。これが2行分ついています。下の板には、上のマスに対応して、1マスにつき、縦3×横2の計6個の丸い窪みがついています。点字盤の左右には、定規を固定する穴が9カ所あいており、1行32マスのものが一般的です。点字を書くには点筆を用います。点筆は、握りの部分と点を打ち込むために先端が丸みをおびた金属の細い棒の部分からできています。握りの部分については、形状・材質の異なったものが市販されています。

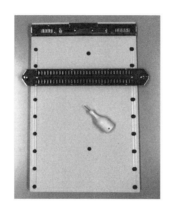

図7-1　市販されているプラスチック製の標準点字器

　標準点字器とされていた木製の点字盤は、残念なことに現在製造中止となり、現在ではプラスチック製のものが中心となってます。
　点字を書く手順は、まず点字用紙をのりしろ分だけ折り曲げてから、板に紙押さえで固定し、点字用紙をはさむように定規をセットします。1マスごとに6つの点の部分を点筆で押すようにすると、下側の定規の窪みに応じて点が打ち出されます。したがって点は下に膨らむことになり、読むときは紙を点字盤からはずして裏返して読みます。読みと書き

では文字パターンが左右逆になるため，書くときは右から左に書きすすめます。読むときは左から右へたどっていくことになります。

図7-2　携帯用点字器

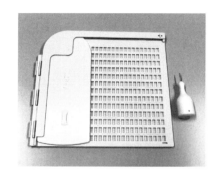

図7-3　葉書用点字器

　携帯に便利で練習用としても使いやすいものに，携帯用点字器があります（図7-2）。これはアルミあるいはプラスチック製でコンパクトにできています。行数は4行から12行で，1行のマス数は19マスから32マスまでのものがあります。このほかに，ロール状の点字用紙がセットされたメモ用点字器や葉書用点字器（図7-3）など，複数のメーカーから販売されています。

点字タイプライター

　点字盤と並んで，点字を書き表す道具として点字タイプライターがあります（図7-4）。点字タイプライターは，1マス分ずつ同時に打ち出していくので，点字盤より効率的に作業を進めることができます。

　最初にアメリカ製のパーキンズブレーラーを紹介します。アメリカのボストンにあるパーキンズ盲学校内にある機関が製造元です（なお本書では現地での発音通りパーキンズと記しています）。パーキンズブレーラーでは，点が凸状に打ち出されるため，書いたものをすぐに読みとることができます。点字1マスのサイズは日本の標準のものより若干大きめになっています。重さが4.5kgもあり，携帯に不便な点はありますが，

導入期の児童や中途失明者には，扱いやすい器具だといえるでしょう。片面書きで，点字用紙1枚に23行29マス書くことができます。近年，軽量でコンパクトな新製品も販売されています。この新製品には，点消しボタンや紙支え板が付いており，文章の修正や確認がしやすくなっています。

　日本製のアポロブレーラーは，パーキンズブレーラーと同じように打った点が凸状に出る機能をもち，両面書きもできます。点の大きさは，日本の標準サイズに近くなっています。

　ライトブレーラーは，上から下に点を突き出すため，書いたものを確認するために器械を開かなければなりませんが，点字盤と同じように，両面に点字を打つことができます。その形がカニに似ているところから一般に「カニタイプ」といわれています。しかし，これの機器は，現在製造が中止されています。

左上　パーキンズブレーラー
　　　　　　（アメリカ製）
右上　ライトブレーラー
　下　アポロブレーラー

図7-4　点字タイプライター

　テラタイプは，パーキンズブレーラーと同じキー配列で，両面書き，片面書きが可能です。漢点字用の8点のものもあります。

(2) 凸図等を書き表すための器具

表面作図器（レーズライター）

これは「レーズライター用紙」という特殊な用紙に凸線で文字や絵を描く教具です（図7-5）。レーズライター用紙とゴムのような弾力性のある面状の板をセットにして利用します。レーズライター用紙を板の上にのせ，ボールペンで筆圧を強めにして線を描くと，描いた部分が浮き上がってきます。簡便に図や普通の文字を凸線で表し，すぐに触覚的に読み取ることができます。

レーズライター用紙には，透明のものと，透明の用紙に薄紙を張り付けた白色のものと2種類があります。白色のものを用いるとボールペン等で描いた線が視覚的にも読み取りやすくなります。

図7-5　表面作図器
　　　（レーズライター）

図7-6　立体コピーの例（毛筆作品）

シリコンラバー

表面作図器と同様の目的で使用するシリコンゴム製のマットです。表面作図器のゴムに比べ反発力があって，線が明瞭に描けます。ボールペンを変えることにより，線の太さの違いも表現できます。また用紙が面に密着しやすいという長所もあります。

(3) 凸教材
立体コピー

　立体コピーは，複写機の技術を利用したもので，特殊な用紙に原稿をコピーして，それに熱を加えると黒くコピーされた部分だけが盛り上がってくるものです（図7-6）。「立体」という言葉が用いられていますが，製作できるのは，平面的な凸図で，触図などを簡便に作成することができます。この用紙はカプセルペーパーと呼ばれ，熱を加えると発泡する性質のある微細な樹脂が一面に塗布されているものです。用紙は数社から販売されており，専用のコピー装置と現像機と呼ばれる発泡装置も市販されています。

　立体コピーによる線の盛り上がりは0.4mm程度であり，盛り上がりのエッジの部分が丸みを帯びて触覚的なシャープさに欠けたり，間隔が狭いと線間が凹状にならず連続的に盛り上がってしまったりするなど，その表現力に限界があります。簡便なため安易に利用しがちですが，こうした限界を踏まえて，見た目の印象だけで判断することなく，触覚的に読みとりやすい適切な原図を作成して利用していくことが求められます。視覚的な認知と触覚的な認知では異なりますので，視覚活用を前提に作られている図などをそのまま立体コピーで触図化するようなことは厳に慎まなければなりません。

　なお，EasyTactixという商品名で，一般のプリンタとほぼ同じ方法で凸図が印刷できる装置が開発されています。パソコンで作成したデータをこの装置に入力すると，同様の凸図を印刷できます。

真空成形機（サーモフォーム）

　真空成形の原理を応用した凸図版作成装置です。凸状に作成した原版の上にプラスチック製のシートを置き，上部のヒーターでシートを軟化させてから，コンプレッサーで下から空気を抜くしくみになっています。原版にシートが密着しますので，その状態で冷却すると，原版と同じ形状の凸図シートが複製されます（図7-7）。我が国には，アメリカのサー

 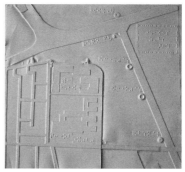

図7-7　真空成形機（サーモフォーム）
左：原版　右：サーモフォームで複製したもの

モフォーム社で開発された真空成形機（サーモフォーム）が主に導入されていましたが，立体コピーが普及してから視覚障害教育の現場では利用されなくなってしまいました。

　真空成形は，原版の忠実な複写が可能で，精密で三次元的な教材が複製できますので，地図や図形などの教材作成に適しています。高さの違いを表せることや盛り上がりのエッジ部分をはっきり表すことができることなどの点で，表現力において立体コピーより優れています。視覚特別支援学校（盲学校）小学部の点字教科書では，拡大した点字のパターン，漢字の字形，基本図形，地図などを表すためにこの真空成形によるプラスチックシートが用いられています。原版の作成の煩わしさや複写作業に熟練する必要があることなどから利用されなくなってきたものと思われますが，分かりやすい凸教材を提供するために見直されてよい触図作成機器だといえます。

真空成形装置（バキュームフォーマー）

　近年，サーモフォームよりもボリュームのある三次元物体を複製できる真空成形装置が国内でも入手できるようになっています（図7-8）。この装置を利用すると，高さ10cmほどの立体的な教材を作成することができます。欧米の視覚障害教育では，触覚教材は真空成形で作成したも

図7-8 バキュームフォーマー（真空成形装置）

のが主流です。作成に手間はかかりますが，触覚教材として優れている点が評価された結果ではないかと思われます。

さわる絵本

近年，さわる絵本作りが多くのボランティアグループによって取り組まれています。図7-9（左）に示したように，絵本や図鑑等の絵を紙や布，日曜大工の材料，また毛皮や鳥の羽等の様々な素材を使い，触って理解しやすいように仕上げたものが作られています。このほか，マグネットを随所に使って半立体化し，取り外して遊べたり，音やメロディー，さらには匂いまでつけたりと，様々に工夫されたものがありま

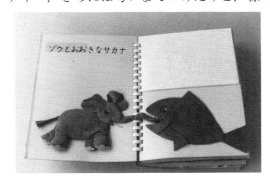 

図7-9 さわる絵本（左）とユニバーサルデザイン絵本（右）の例

す。絵本という名称から，利用する対象を就学前の幼児に限定してしまいがちですが，学齢以上の観察する力のついてきた子どもたちまで，幅広く楽しめるものです。

また，印刷技術の発達により，紫外線硬化樹脂（UV）インクという盛り上がりのある特殊なインクを使った点字と凸図による出版物も出回るようになっています。これらの多くは，視覚障害児と晴眼児が共に楽しめる共用品（ユニバーサルデザイン）になっています（図7-9・右）。

立体模型と３Ｄプリンタの活用

視覚活用では，３次元的な事物についても写真等の２次元的な画像からその内容を十分に理解することが可能ですが，触覚ではそういうわけにいきません。３次元のものは３次元の立体で触ることによって，確実なイメージを持つことが可能となります。そうした点で触覚教材のなかでも，３次元教材は事物の概念形成にとって欠かせない最も基礎的，基本的な教材だといえます。しかし，教員にとって３次元的な教材を自作することはこれまで大変な作業でした。立体物を触覚的に観察したほうが理解しやすいと思われても，３次元教材が用意できない場合は，２次元的な触図で示したり，言語による解説で対応したりしていました。

近年，３Ｄプリンタの普及が進み，手軽に利用できる環境が整ってきて，視覚障害教育において立体教材を自作する道が開かれてきたのです（図7-10）。

３Ｄプリンタの造形にはいくつかの方法がありますが，一般に普及している方法は，熱溶解樹脂積層法（FDM方式）と呼ばれるものです。熱を加えると変形する熱可塑性樹脂を用いる方式です。熱可塑性樹脂を高温で溶かし細い糸状にして１層を作成し，それを積み上げて立体物を作成していきます。ABS樹脂やPLA樹脂が主に用いられています。

３Ｄデータがあれば，手軽に立体教材が造形できるようになり，その活用が大いに期待されるところですが，視覚障害教育用の教材については，触って利用するという観点を重視して対応することが大事なことに

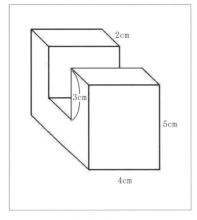
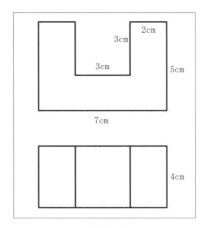

①墨字教科書の図　　　　　　　②点字教科書の図

③教科書の図を３Ｄプリンタで３次元に造形　　　④完成した３Ｄ教材

図7-10　３Ｄプリンタと立体教材

なってきます。つまり，視覚による鑑賞と触覚による鑑賞では印象が大きく異なる場合がありますので，触察用立体教材を作成するという観点にたって，３Ｄデータの作成や機器や素材の選定，出力設定などに十分な配慮をしなければならないということです。また，FDM方式の３Ｄプリンタは，造形精度や造形サイズに制約があり，それらについても考慮する必要があります。

触地図（凸地図）

　一般用の地図には，1枚の図版にたくさんの情報が盛り込まれています。視覚障害者用の触地図（凸地図）には，多くの情報を同時に掲載することは不可能です。触覚的にとらえやすくするためには，要素ごとに分けて版を作成したり，掲載する情報量を整理したりするなどの配慮が必要です。触地図には，各視覚特別支援学校（盲学校）で作成されているもののほかに，ボランティアグループが作成している都市部の地図等もあります。

盲人用地球儀

　現在，視覚特別支援学校（盲学校）などで広く使われている盲人用地球儀は，日本チャリティ協会によって作成され，全国の視覚特別支援学校（盲学校）に寄贈されたものです。直径約40cmで，球は窪みのついた台に置くようになっています。固定されていませんので，自由に向きを変え，触察することができます。陸地の部分が凸状になっており，海面にはぎざぎざの模様がついています。世界の主な山脈，川，砂漠などが凹凸や表面の肌理によって表されています。主な都市も凸点で示され，都市名が略記されています。

　この地球儀のほかにも，ドイツ製など市販の視覚障害者用の地球儀がありますが，製造中止になるなど供給が不安定な状況にあります。また各視覚特別支援学校（盲学校）においても，一般の地球儀を改良したものが様々に作成されています。

(4) **計算のための器具**

算　盤

　盲人用の算盤は，原理的には一般の算盤と同一ですが，視覚を使わずに珠を操作したり，おいた数を指先だけで読み取ったりするための工夫が施されています。現在発売されている盲人用算盤の代表的なものは，珠のかわりにこけしを平たくしたようなプラスチック製のチップを前後

上：TH式（スプリング入り）
下：武田式

図7-11 盲人用算盤

に倒して使うようになっています。触って位取りがとらえやすいように，梁には3桁ごとに凸点が打ってあります。入門者用として，プラスチックチップの中にスプリングを組み込んで，不用意に珠に触れても動きにくいようにしたものもあります（図7-11）。

　筆算形式での計算が困難な視覚障害児にとって，盲人用算盤は正確にしかも速く計算できるたいへん便利な計算器具です。整数や小数の四則計算はもちろん，習熟すると分数の計算などにも利用することができます。位ごとに数を布置することができるため，計算用具としてだけでなく，算数科の教具としても利用価値があります。四則計算を確実に身につけさせるために算数点字教科書には，別冊として珠算編が編纂され，小学部2年生から利用できるようになっています。また，盲人珠算振興の一つとして，日本商工会議所の主催による視覚障害珠算検定も年に1回実施されています。

筆算用計算盤

　筆算形式での計算指導のために，いろいろな計算盤が自作教具として作成されています。古いものではテーラー式計算器と呼ばれる計算盤があります。角柱の一端に直線や点を設けて，この線や点の向きの違いで数字や数学記号を表します。この角柱の駒を盤にさして式を表し，計算

第7章　視覚障害児のための教材・教具　　***207***

するようになっています。しかし，これは現在では使われていません。

　図7-12の①に示したような計算盤は，算盤の導入前段階や計算の原理を指導するために用いられます。算盤を計算手段として活用することが

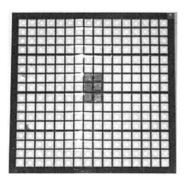

①
筑波大学附属視覚特別支援学校
小学部自作教材

②(左)：イタリア製　　③(中央)：アメリカ製　　④(右)：フランス製（上は拡大）

図7-12　筆算形式の計算盤

208

難しい児童に用いられることも多いので，構造が単純で扱いやすいものであることが求められます。

　現在作成されている計算盤は，点字で数字や数学記号を表した駒とその駒をはめ込む盤から構成されているものが多いようです。一例として，各辺の長さが1cmの立体の5面にそれぞれ「あ」「い」「ら」「る」「れ」の点字をつけた駒とそれをはめ込む盤を用いて，筆算形式での計算を行うようになっているものがあります。このタイプでは，駒の向きを変えて置くことにより，0から9までの数字を表すようになっていて，加減乗除すべての筆算形式を表すことができます。

　欧米では，図7-12の②③④に示した教具が製造され，市販されています。

(5)　作図のための器具
作図セット

　盲人用の作図器具には，日本点字図書館から販売されている「三角定規・分度器・分まわしセット」があります。このセットには，三角定規2枚のほかに分度器と簡易コンパスの「分まわし」が含まれています。

　三角定規は5mmごとに凸点，1cmごとに凸線，5cmごとに凸線と凸点の目盛りがついており，1cm目盛りにはボールペンや点筆で確認できるよう窪みがついています。この定規の最大の特徴は一対の定規に5mm幅の段差がつけられていることです。この段差の部分で重ね合わせることによって定規の平行移動をスムーズに行うことができ，段差部分を押さえれば正確な平行線を描くことができます。斜辺の部分は肉厚に傾斜させてあり，描かれた凸線が触ったときに指先の死角にならないよう配慮されています。また，定規を固定するピンホールも付いています。

　分まわしは簡易コンパスとしてとても重宝です。付属するピンで中心を固定します。中央に溝がついており，6.5cmまでの5mmごとに穴

があります。この穴にボールペンを差し込むと、半径5mmから6.5cmまでの円を描くことができます。

　また、外国の盲人用具の中には、イギリスのRNIB（Royal National Institute for the Blind）とアメリカのAFB（American Foundation for the Blind）で販売されている盲人用コンパスがあります。双方とも描きたい円の半径が動かないようにネジで固定できるよう工夫されており、ルレットがついているので描かれる線は破線になります。

　分度器の目盛りは5°ごとに凸点、10°ごとに凸線、30°ごとに凸線と凸点、90°は凸線と凸点が二つずつついており、10°ごとにボールペン用の窪みが内側と外側についています。この分度器の特徴は、中心点及び基準線（0〜180°の線）が触知しやすいように基線部分に弧形の切り込みが入れてあることです。また、中心部が半円形に切り抜かれています。これは、角度を作る線分が分度器内に隠れても計測できるようにするためです。

　なお、海外でも様々な定規が作られています。例えばイギリス製のものは、日本点字図書館製より一回り大きく、中心部に小さな切り込みがあります。ここに人さし指を置いて、測りたい角度を確認するようになっています。また弱視児のために目盛り部分が白と黒の2色になって

図7-13　イギリス製分度器

います（図7-13）。

物差し

　日本点字図書館から販売されている盲人用30cm物差しがあります。目盛りは一方が5mmごとに凸線，5cmと15cmと25cmに凸線と凸点が一つずつ，10cmごとに凸線と凸点が二つずつついており，ボールペン用の窪みもあります。もう一方にはmmの単位まで凸線がつけてあります。さらに両面に傾斜がつけられており，描かれた線が触りやすいような配慮がなされています。

　また，弱視児童生徒にとって使いやすいと思われる黒白反転デザインの直線定規も販売されています。本体が黒のプラスチック製で，目盛りと数字は白色で表されているためコントラスト効果が期待できます。定規の片側は1mm単位の目盛りがついていて，14及び24ポイントの数字が白色で記されています。反対側には1cm単位の桁目盛りがついており，5cm単位で線が盛り上がっていて触覚的に認知できるようになっています。

市販製品の利用

　定規セットにある分まわしでは任意の半径が描けないため，一般のコンパスの指導も必要です。しかし，市販されているものでは円を描いている時に半径が変化してしまい，渦巻状の図になることがしばしばみられます。そこで，盲児が操作しやすいものとして，製図用の烏口コンパスがあります。やや高価ですが，半径が動きにくい利点があります。またアメリカ製のコンパスに半径がネジで固定できるようになっているものがあります。このコンパスは中心になる棒を片手で押さえ，もう一方の手でボールペンを持って操作するのできれいな円が描けます。

　定規についても，市販品の中には視覚障害者に利用しやすいものもあります。例えばデンマークのメーカーの物差しや三角定規に，力を入れなくても固定できるように工夫されたものがあります。これを利用すると，作図作業に集中でき，余計な負担が軽減されます。

(6) 感覚を代行する器具
感光器

　感光器は，光の明暗の変化を音の変化に変えて表示する装置です。明るさをとらえる受光部とその受光量に応じて音を発信する本体部とから構成されていて，本体部とから構成されていて，光の明暗の変化を音の変化に変えて表示する装置です。明暗の度合いによって音の高さが変化します。受光部と本体が一体化したものや，受光部が本体から独立しているものがあります。いずれも受光部の先端にセンサーがついているので，その部分を測定したい所に持っていきます。明るいほど高い音が出るようになっています。理科の実験で試験管内の液面を調べたり，沈澱や色の変化を調べたりすることができます。また，この器具を利用することにより，視覚に頼らずに光の実験をすることも可能となります（図7-14）。

図7-14　感光器

(7) **視覚を補助する器具**
弱視レンズ

　視力を矯正するための通常の眼鏡やコンタクトレンズでは良好な網膜像が得られない場合，対象を拡大して認知しやすくする手段をとります。その時に用いられるレンズ類を総称して，弱視レンズといっています。

弱視レンズには，遠方を見るためのものと近方を見るためのものとがあります。

　近方視のための弱視レンズには，手持ち型，卓上型，眼鏡型，スタンド型などいろいろな形状のものが開発されています。また，遠方視のための弱視レンズには，望遠鏡型の双眼鏡式と単眼鏡式がありますが，多くの場合，単眼鏡式のものが用いられます。近方視のためには，主に手持ち型や卓上型が用いられますが，必要に応じてスタンド型や眼鏡型も利用されています。

　弱視レンズは，使用者の見え方や使用の目的によって要求される性能が異なりますので，レンズを選ぶ場合には，倍率，視野，使い勝手など多方面から検討していくことが求められます。

拡大読書器

　拡大読書器は，ビデオカメラとモニターを組み合わせて，拡大した映像を提示する装置です。拡大読書器では光学レンズよりも高倍率の拡大が可能で，強度の弱視者も文字を読むことが可能になる場合があります。ズーム式に拡大率を変えることができ，白黒を反転したり，画面のコントラスト・明るさを変えたりする機能があって，使用者が見やすいように調整することも可能です。読みたい部分だけを表示し，不要な部分を隠してしまうマスキング機能や補助線を表示する機能をもった機種もあります。パソコンのディスプレイを兼ねたタイプもあります。形状としては据置型と携帯型があり，モニターは白黒及びカラーのものがあります。また，通常のモニターではなく，メガネフレーム装着型の拡大鏡なども開発されていて，40機種以上の製品が製造されています。

拡大コピー機

　拡大及び縮小の機能のついたコピー機が一般に普及しています。このコピー機の拡大機能を用いれば，簡便に拡大教材が作成でき，軽度の弱視者に有効です。しかし，文字を拡大すると，同時に行間や文字間も広がり，用紙も大きくなるため，高倍率には不向きだといえます。

カラーコピー機も普及してきており，地図や絵などの教材の拡大に活用されています。

タブレット端末

近年，弱視教育における有用な器具として携帯型のタブレット端末が注目されています。

iPadなどのタブレット端末は，1台にパーソナルコンピュータ，ディスプレイ，カメラ，スピーカーなどの様々な機能を有しています。通信ネットワークを利用することもできます。

これまで弱視児童生徒は，拡大教科書あるいは拡大読書器や弱視レンズによる拡大など，様々な補装機器や補助教材によって見えにくさをカバーしてきました。タブレット端末は，こうした補装機器や補助教材が果たしてきた役割を1台で担ってくれるのです。また，表示画面の文字の大きさ，色などを見やすくカスタマイズできたり映像や音声も利用できたりと，見えにくさという制約の軽減にも一役買ってくれるのです。有効に活用すれば，弱視児童生徒の学習環境が飛躍的に改善できるものと期待されます。

ただし，様々な機能を有するからといって，タブレット端末ですべてを済ませてよいというものではありません。拡大教科書，弱視レンズ，拡大読書器等を活用できる力は，タブレット端末を利用するための基礎となる力でもあります。そしてこうした力を身につけるためには，一定の経験量が必要です。長期的な展望のもとに，基本的な学習内容にも留意しつつ，こうした便利な機器をバランスよく有効に活用していきたいものです。

(8) **歩行を補助する器具等**

器具等の概要

視覚障害者の歩行といえば，白杖がすぐに想起されますが，視覚障害者の歩行を補助する器具等には，白杖のほかに，盲導犬，超音波メガネ

やモーワットセンサーなどの電子機器があります。簡便性や経済性などの観点から，その中で現在最も多く利用されているのが白杖による歩行です。

白　杖（はくじょう）

白杖には，主として三つの役割があります。まず第1は，身体を防御するためのバンパー，つまり衝撃をやわらげる緩衝器としての役割です。第2は，白杖の先端で路面の様子などを知る探知器の役割です。手の延長として杖先が路面の様子を知らせてくれるのです。第3は，白杖それ自体が視覚障害者であることを示すシンボルとしての役割を果たします。

ところで，白杖を持てばどこへでも歩いて行くことができると考えがちですが，白杖は単なる1本の棒であって，シンボルの機能以外は使用者の熟練した操作技能の習得があってはじめて，有効に機能するものです。

白杖はグリップ，シャフト，石突の三つの部分からできており，耐久性，情報の伝達性，重さ，長さ，バランスなどの観点から，シャフトはグラスファイバーや軽合金が多く使用されています。また，石突は丈夫で滑りやすいナイロンが使用されていますが，摩滅が激しいので半年から1年で取り替えることが必要です。白杖の操作に応じて，例えば路面を滑りやすくしたローラーチップなどもあります。さらに，グリップにはゴム製のゴルフ用グリップが使用されています。白杖には直杖，折り畳み式，スライド式の三つの種類があり，国内・国外のものが多数販売されています。

盲導犬

盲導犬による歩行は一般に18歳を超えた視覚障害者を対象としており，我が国では，北海道盲導犬協会，栃木盲導犬センター，アイメイト協会，日本盲導犬協会，中部盲導犬協会，関西盲導犬協会，日本ライトハウス，兵庫県盲導犬協会，福岡盲導犬協会の全国9カ所で，利用希望者は訓練を受けることができます。

盲導犬として適している犬の種類は，ラブラドール・レトリーバー，ジャーマン・シェパード，ゴールデン・レトリーバーといわれています。盲導犬による歩行を希望する場合は，上記の訓練所で約1カ月の訓練が必要です。ここでは，盲導犬の使用法のほかに，犬の飼料の管理方法や犬の手入れの仕方及び犬の健康管理の方法について訓練を受けることになります。平成15年（2003）10月に身体障害者補助犬法が全面施行され，盲導犬も介助犬，聴導犬とともにその対象に位置づけられました。現在我が国では，900頭を超える盲導犬が実働しています。

(9) 情報機器

　視覚障害は情報の障害だともいわれていますが，情報機器の活用によって，普通文字の読み書きや点字の処理などでこれまで課題とされていたことが容易に実現できるようになってきています。画面やマウスに頼らずに使える環境も順次開発されてきており，今後バリアがより低くなっていくことが期待されています。ここではこうした視覚障害者用の情報機器やソフトウェアを紹介します。

日本語点字ワープロソフト

　視覚に障害のある人々にとって，普通文字を自分の力だけで書くことは長年の夢でした。画面表示が確認できない視覚障害者のために，音声読み上げ機能のついたワープロソフトが開発され，日常的に活用されるようになっています。一般のソフトでは，モニターを見ながら作業をすすめますが，このソフトを利用するとキーボードから入力した文字や画面の表示などが音声で読み上げられ，またピンディスプレイに点字が出力され，モニター画面に頼らないで文書の入力や編集作業をすすめることができます。視覚障害者専用に開発された日本語音声ワープロソフトとしては「MyWord」「でんぴつ for Windows」などの製品が市販されています。

　文字入力は，フルキー入力以外に，キーボードの一部を用いて点字入

力もできるようになっているものが一般的です。漢字変換は音声で確認します。例えば「山」という漢字は「山脈のサン，やま」のように文字を説明して読み上げる「詳細読み」や漢字音訓で「やまサン」のように読み上げる「音訓読み」などの読み上げ方があります。また，作成した文章を確認するために，全文を読み上げる機能や，カーソルのある行のみを読み上げる機能など様々な読み上げ機能がついています。

　点字印刷や画面表示拡大の機能，「六点漢字」による直接漢字入力機能などをもったソフトもあります。

画面拡大ソフト

　弱視者がパソコンを利用する場合，画面が拡大できると大変便利です。マイクロソフト社やアップル社の OS には標準で画面の一部または全体を拡大して，文字や画像を見やすくすることができる機能が用意されています。Windows のシステムには「拡大鏡」という画面拡大ユーティリティが標準装備されています。アップル社の製品では，「アクセシビリティ」システム環境設定を使って，画面全体をズームしたり，キーボード入力の対象領域を別ウインドウでズームしたりできます。また，パソコン専用のものとしては，Windows 用では「Zoom Text」「MAGic for Windows」などのソフトウェアが市販されています。OS 添付のものに比べて機能が強化されています。

墨字・点字自動変換ソフト

　一般のワープロソフトなどを用いて作成された日本語や英語のテキスト形式のデータを自動的に点字のデータに変換するソフトウェアは，自動点訳ソフトと呼ばれています。この自動点訳ソフトを用いると点字を知らなくても点訳ができ，人手を介するよりも早く点訳ができるなどの利便性があります。しかし，点訳の精度は向上してきているものの，完璧な点字出力は望めません。きちんとした点字文にするためには，データを変換した後に点字ワープロで修正したり，レイアウトを整えたりする作業が必要だということを理解して利用しなければいけません。

市販のものに「EXTRA for Windows」「ブレイルブリッジ for Windows」，フリーソフトでは「IBUKI-TEN」「お点ちゃん」などがあります。

「ブレイルブリッジ for Windows」は，点字から普通文字への翻訳機能ももっています。また，点字楽譜を作成する「B'Score」というソフトウェアもあります。

点字文書作成ソフト（点字エディタ）

パソコンを利用して点字の文書を処理するためには，点字文書作成ソフト（点字エディタ）が必要です。Windows 用として「点字編集システム」「ブレイルスターfor Windows」「コータクン」「MyWord 7」などのソフトが発売されています。フリーソフトとして「ウインビー」「T・エディタ2」があります。ほとんどのソフトが一般のキーボードを利用して，点字入力ができるようになっています。もちろん，フルキーのかな入力でも点字に変換されます。入力中の作業の情報は，音声やピンディスプレイを使って確認できますので，画面を見なくても，文書の作成・編集作業を行うことが可能です。作成したデータは点字プリンタで出力します。伝統的に点字の印刷は，亜鉛板製版によって行われてきましたが，点字プリンタでも両面に印刷できるようになり，印字速度も向上してきたことなどにより，パソコンを利用した点字印刷が急速に普及してきています。

画面音声化ソフト

画面音声化ソフトはスクリーンリーダーともいわれ，ディスプレイ画面に表示された文字を読み上げるための様々な機能をもったソフトです。音声化ソフトを用いることにより，視覚に障害があってもワープロソフトをはじめとする一般用のアプリケーションソフトを利用する道が開かれました。

「PC-Talker」「JAWS for Windows」「xpNavo」などの画面音声化ソフトを組み込むことにより，メニュー画面や入力画面の情報を音声で確

かめることができるようになります。しかし，画面情報に完全に対応するアプリケーションソフトは限られており，すべての機能が音声化されるわけではありませんが，このスクリーンリーダーを利用することにより，Windowsの環境でも一般のソフトを利用することができます。例えば，スクリーンリーダーを用いると，日本語ワープロソフト「Word」や表計算ソフト「Excel」などを利用することができるのです。ソフトによっては，ピンディスプレイや6点入力などにも対応しています。

音声ブラウザ

ブラウザとは，Webページを閲覧するためのアプリケーションソフトのことをいいます。音声ブラウザはパソコンの画面に表示されているWebページの内容を合成音声で読み上げるソフトウェアです。また，マウスを使用しなくとも，キーボードやテンキーで操作できるようになっています。

音声ブラウザでは，文字情報については画面に表示されたテキストと同じ内容を読み上げます。画像情報については，指定の代替テキストを読み上げます。また，ハイパーリンク部分は女性の音声で読み上げたり，直前にリンクであることをチャイムで示したりするなどの工夫が施されています。「NetReader Ⅱ」「ALTAIR（アルテア）for Windows Ver.10」「イージーパッド」などの製品があります。「イージーパッド」は盲ろう者が利用することを念頭においた設計になっています。

また，一般用のブラウザ「Internet Explorer」は，PC-Talker，VDM100W，JAWS等でも利用できます。

メールソフト

視覚障害者用に音声読み上げにより画面を見なくても利用できるメールソフトも開発されています。「MMメール2」「MyMail V」「VoicePopper」「Becky! Internet Mail Ver.2」などの製品があります。

点字ディスプレイ（ピンディスプレイ）

コンピュータで点字を処理する場合に用いられる点字表示装置です。

点字表示部には，特殊なピンが組み込まれていて，コンピュータに点字を入力すると，その点字に対応した点がボード上に飛び出し，点字を表示します。これを指で確認し，点字文書を編集したり，作成済みの文書を読んだりします。現在市販されている装置は，表示部が１行のみで，６点式のものと８点式のものがあります。表示文字数は製品によって異なりますが，20マス，40マス，46マス，80マスのものがあります。「ブレイルノート」「アルバ」「清華」「Humanware Braillant」などの商品名で販売されています。

　また，点字入力キーボード，点字ディスプレイを装備した携帯情報端末もあります。「オービット20」「スマートビートル」「ブレイルメモ」「ブレイルセンス」などの商品が販売されています。

　これらは，紙を用いないことから，「ペーパレスブレイル」ともいわれますが，点字印刷物の容量の大きさを考えると，今後重要な役割を果たしていくものと思われます。

　点字だけではなく，図も表示できる２次元ピンディスプレイも開発されていましたが，高額なこともあり製造が中止されてしまいました。普及が進んでいないのは残念なことです。

点字プリンタ

　コンピュータからの点字データを紙に打ち出す装置です。点字用紙は点字プリンタ用の連続紙を用いるのが一般的ですが，単票用紙を印刷できるものもあります。初期のものは，印字の時の騒音が大きい，印字速度が遅い，点字の品質がよくない等の問題がありましたが，国内外で開発が進み，現在では，騒音を抑えたもの，両面同時に印刷できるもの，ラインプリンタで高速印刷が可能なもの，点図を描く機能のついたものなど，いろいろな特徴をもつ機種が市販されていて，印字品質も向上してきています。現在，パーソナルユースのものから業務用まで20種類以上の機種が販売されており，最も速い機種では，両面を約７秒で印刷できます。

自動文書朗読システム

　墨字で書かれた一般の本や書類をスキャナーで読み取り，OCRソフトでレイアウトを認識し，文字の部分を自動的にテキストデータにした上で，それを音声化して読み上げるシステムです。認識した文字を拡大して表示できる機能がついているものもあります。「MYREAD 7」「とうくん」「らくらくリーダー 2」などの製品があります。本システムを利用するためには，パソコンとOCRソフトのほかにスキャナーを接続する必要があります。点字出力用のソフトを用いることにより，データを点字に変換して出力することもできます。欧文については，以前からこれらの機能を一体化した音声読書器が実用化されていましたが，日本語用のものも開発され，印刷物を原稿台にのせてスタートボタンを押せば，自動的に内容が読み上げられるようになっています。

デジタル録音図書システム

　視覚障害者用にデジタルデータによるCD録音図書システムです。DAISY（デイジー）という規格の録音図書システムに準拠したソフトを使ってCD録音図書を作製し，それを専用のCD読書器で読ませます。従来のカセットテープに比べて，検索が容易で必要なところを素早く探すことができる，スピードを上げても音質がよい，しおりをつけたり大事なところへマーキングしたりする機能がある，大量のデータもほぼ1枚のCDに収まるなどの利点があります。読書器（再生装置）には「PLEXTALK」などがあります。

　音訳（朗読）図書はデジタル録音が主流になっており，点字図書館でもデジタル録音図書への切り替えが進んでいます。

【参考文献】
1) 視覚障害リハビリテーション協会編集協力：「視覚障害者のための情報機器＆サービス2006」，大活字，2005．
2) 弱視者問題研究会：「見えない・見えにくい人の便利グッズカタログ」，大

活字,1999. こころ Web：http://www.kokoroweb.org/
3) 日本盲人社会福祉施設協議会盲人用具部会：「視覚障害者用福祉機器の手引き書［改訂版］」,2002.
4) 杉田正幸：視覚障害者に利用可能と思われる Windows ソフトウェア一覧. http://j7p.net/soft/
5) 東京都感覚訓練研究会：「盲学校における養護・訓練関係資料集,第6集,―教材・教具について―」,1982.
6) 渡辺哲也・大内進：〈触読しやすい立体コピー点字のパターンに関する研究―原図の点径および点間隔の条件について―〉,「独立行政法人国立特殊教育総合研究所研究紀要」30,pp.1―8,2003.
7) 大内進・金子健・手嶋吉法：「3D造形装置による視覚障害教育用立体教材の評価に関する実際的研究　研究成果報告書」（平成25年度～26年度）,独立行政法人国立特別支援教育総合研究所,2015.
8) 氏間和仁：〈弱視教育と iPad の活用‐その基本的な考え方‐〉,「視覚障害教育ブックレット」19,14―22,ジアース教育新社,2012.

第8章　乳幼児期における支援

1　0歳からの早期支援

(1)　早期支援の場
近年における状況

　視覚に障害のある子どもの早期支援は主として各都道府県の視覚特別支援学校（盲学校）が担っています。その活動の中心は幼稚部ですが，全国の視覚特別支援学校（盲学校）に幼稚部が設置されているのは小・中学部のある学校の8割程度であり，乳幼児教室などの体制で対応している学校もあります。最近は，全国の視覚特別支援学校（盲学校）（高等部単独校以外）で0歳児からの育児相談や支援に応じており，具体的な育児へのアドバイス活動や保護者への援助などを活発に行っています。

　こうした場で，早期に支援を必要とする視覚障害のある子どもたちには視覚の疾患だけでなく，知的遅れや肢体不自由等の重複した障害のある場合が多く，その状況にも軽度から重度までの多様な様相があり，支援活動には多岐にわたる知識と指導の専門性が求められる現状となっています。さらに視覚特別支援学校（盲学校）では一般の幼稚園，保育所や通園施設等に通う視覚障害幼児に対しても障害への専門的な支援に当たるなど，地域の視覚障害教育のセンター的役割を発揮しています。

　一方，地域によっては視覚障害に対応した乳幼児への相談や支援を行っている視覚特別支援学校（盲学校）以外の機関があります。それは主に福祉機関で大都市を中心に設置されています。こうした機関も含めた医療，福祉，教育機関の連携が今後ますます期待されています。

早期教育のあゆみ

　盲学校における早期教育についてその歴史をひもときますと，大正13年（1924）に設置された横浜訓盲院や昭和2年（1927）に開設された東

京盲学校（現在の筑波大学附属視覚特別支援学校）の初等部の予科に始まります。なお，この予科というのは，義務教育が実施されていなかった当時，年齢超過の児童を適宜初等部に入学させるための準備教育機関としての役割も果たしていましたので，幼児だけでなく，年齢の高い児童も含まれていました。盲学校幼稚部の本格的な発展は，第二次世界大戦後，昭和22年（1947）公布の学校教育法で，特殊教育諸学校に幼稚部が位置づけられるようになってからのことです。幼稚部は前記の2校に加えて，昭和27年（1952）に京都府立盲学校，昭和37年（1962）に大阪市立盲学校に開設されました。その後数年を経て，視覚障害児に対する早期教育の必要性が叫ばれる中で機運が盛り上がり，全国各地の盲学校に幼稚部が設置されていきました。

　視覚障害児の早期教育は今日ようやく充実期に入り，視覚特別支援学校（盲学校）における教育の中でも重要な役割を担う時代を迎えているといえます。

(2)　両親への支援
両親の心の支え

　視覚障害児の早期支援においてまず大切なことは，両親への心の支えとなることです。かけがえのない我が子に障害があると告知された両親の心の打撃は耐え難く辛いものです。そして医師の告知の直後からは，眼疾患に応じて手術や治療などの療養を余儀なくされ，さらによりよい医療的措置を求めて，病院巡りをすることもあります。小さな子どもの医療機関とのかかわりは，遠距離の通院，待ち時間，入院時の付き添いなど親子共々，心身の大きな負担となり，さらに兄弟姉妹や家族への犠牲を余儀なくする場合も多く，両親の疲労は増大します。

　そのうえ，幼い子どもは様々な感染症を患ったり，病弱のために親が子育てに不安を増すこともあります。早期の教育相談や支援の活動は，こうした親の心の動揺や不安感を温かく受けとめ，その心に寄り添いな

がら両親が緊張をほどき，気持ちにゆとりが得られるような取り組みにしたいものです。

障害の受容

両親が我が子の障害の事実をあるがままに受け入れるようになるには，長い年月を必要とします。多くの親は，我が子の障害を悲しみ，現実を否定したいと嘆き苦しむ厳しい心の葛藤をかかえ，育児意欲をなくしてしまうようなこともあります。しかし，母子の強い絆や母親の明るい積極的な働きかけが，子どもの育つ最も大きな力となることを考えると，母親の少しでも早い心の立ち直りを望むところです。

こうした場合の支援は，視覚障害に対応する配慮やアドバイスが中心になりますが，両親にとって，我が子の将来にかかわる不安は大きく，それに応えた幅広い情報の提供にも努めていかねばなりません。

また，障害児をもった母親の安らぎの場として，同じ障害のある子どもを育てている親との出会いがあげられます。同じ障害による苦しみを分かち合うことで，気持ちを楽にできる効用は大きいのです。そのため，親が相互に交流できるような懇談会などを積極的に開催して，両親の支援に役立てていきたいものです。

早期支援は，両親が障害のある我が子をいとおしみ，慈しんでより積極的なかかわりで子育てができることを目指すものといえるでしょう。

(3) 早期の発達と育児への配慮

人間の五感の中で，視覚は情報収集の多くを担っているといわれますが，子どもに視覚の障害があっても，適切な支援が行われるならば，ほぼ通常と同じ道筋をたどって成長していきます。しかし，視覚的な刺激や情報の不足から外界への関心が育ちにくく，発達のいくつかの領域で滞りを生ずることがあります。

視覚に障害のある子どもは，人や物や環境への自発的な興味をもちにくい状況に置かれていますが，一緒にかかわり，楽しんでくれる人と共

に外界への関心が広がっていくものです。子どもが接する身近な人々のかかわり方は，子どもの認知，運動，手指の機能，ことばなどの発達を左右しますが，ひいては心身の発達の全般に大きな影響を及ぼすものとなります。したがって養育者は，子どもが安心感のある中で，新たな外の世界に関心を向け，挑戦できるよう，その意欲を養っていくことが大切です。養育者の中には，早く歩かせようとか，ことばの力をつけようなどと子どもへの励ましに力を入れすぎる例がありますが，障害があってもそれのみにとらわれることなく，子どもの心身の全体と側面の関係をみつめつつ，相互に働きかけるという姿勢が重要です。発達支援の無理強いはかえって子どもの心の萎縮を招き，退行をもたらす結果となることが多いので注意をしたいものです。

全身的運動の発達

視覚に障害のある子どもの運動面の発達は，視覚映像が得られないことによって様々に影響を受けます。具体的な影響としては，①身体を自発的に動かすきっかけを得にくいこと，②人の振る舞いに触発されて身体の運動や動作を模倣する機会を得にくいこと，③自身の安全の確保が困難なこと，などがあげられます。

特に盲児の早期の運動発達では，移動面に意欲をもちにくいために，うつ伏せ姿勢で頭を上げない，後ろ向きのずり這いが長い，這い這いをしない，などの様相を見せたり，ひとり歩きの始まりが遅くなったりすることがあります。そのため，視覚に障害のある乳幼児に対しては，大人が十分なスキンシップと声かけを行い，揺さぶりなどをはじめとして全身を動かす様々な姿勢や動きに親しませていきます。そして安全で自由に動ける場を確保し，子ども自身が自ら身体を動かす喜びを感じて，新たな動きに挑戦していけるようにすることが大切です。

寝返りからひとり歩きにいたる視覚障害児の運動発達は，障害がない子どもの場合よりもはるかに個人差が大きいものです。育児の不安から，親は子どもを叱咤激励する気持ちになりやすいのですが，個々の子ども

の育ちをゆとりをもって見守ることが大切です。

手指機能の発達

　視覚的な外界認知の困難な盲児にとっては，触覚の役割が非常に大きく，発達支援のためには，手指の機能を高める必要があります。しかし，視覚障害があると物の存在を把握できないために関心をもちにくく，物に手を出さなかったり，手指の操作能力に課題が生じたりしやすくなります。また，時に物に触れることを極端に嫌う事例があったりします。

　手指の動きを高めるきっかけは，母親の顔や身体との触れ合いとか，大人と共に興ずる手遊びなどであり，物との接触も，身近な生活道具や玩具をなめたり，叩いたり，投げたりなどを繰り返し楽しむことがきっかけとなります。

　一方，手指の使用と観察の力は，知的発達の裏づけを伴って，子どもが主体的に外界に働きかけることによって向上していくものです。また，視覚障害児の外界への関心は，母親や身近な人との安心感のあるかかわりの中で培われることが多いので，養育者は周囲の事物に好奇心や探求心がもてるように，さらにその意欲をかき立てていくように配慮することが必要です。

　また，食べ物を自ら口に運び，衣服を脱ぎ着するなどのような日常生活の随所に手指の機能を使う場があるので，家庭では過保護にならないようにして，子ども自らが必要に迫られて力が養えるようにしていかねばなりません。

　なお，手指の使用は身体の安定が確保されて発揮される力であり，そのためには手指を支える腰や足，腕が育つように全身を発達させる取り組みも大切です。

認知とことば

　母子の絆を結ぶ交流のうち，目と目の交わし合いの役割は大きいのですが，視覚障害児の場合は，母親の温かいスキンシップや明るい声，快い揺らしのリズムなどに依存して気持ちの安定を得ています。そうした

中から，外の世界へ関心をもたせるようにするには，音声の刺激が最も大切です。特に歌や音楽は，強い関心と喜びをもたらします。ただ，子どもが喜ぶからといって長い時間，歌やメロディ，テレビの音声などを聞かせっ放しにすることには注意が必要です。視覚障害児にとっては，生活の様々な音をとらえて環境の理解を深めていくことが大切であり，楽しい時間とは区切りをつけ，貴重な聴覚的情報を存分に活かして自らの生活体験と有効に関連づけられるようにしていきたいものです。

　一方，触覚的な認知については，音声的な情報収集よりも本人の主体的な意欲を必要とします。触覚的な情報は母親との心地よいスキンシップによって育まれ，子どもの探索意欲によって広がっていくことは手の機能で述べた通りですが，触り心地に大人が共感を示したりして意欲をさらに盛り立てるようにできるとよいでしょう。

　視覚的情報に比べると，聴覚による情報や触覚的情報は，物事の部分的認知になりやすいという側面があります。そのため，事物の全体をとらえるために，視覚障害児には，聴覚的な経験や触覚的な体験を相互に活かし，ほかの情報も加えてともに関係づけられるようにしていく配慮が大事です。

　そのためには，「マンマの時間かな」，「ビスケット食べますよ」などの事前のことばかけで心構えを促したり，「黄色のオレンジジュースはつめたいわね」，「お隣のワンちゃんが鳴いている，誰か来たかな？」などの語りかけによる状況の解説で，見通しをもたせたりすることです。このような子どもの一つ一つの体験に付加されることばの情報は，子どものイメージを豊かにし，生活の実感に伴う適切な概念形成に役立っていきます。

　子どもが生活経験を重ねる中で，事物や事象の認知・認識が進み，ことばは習得されていきます。ことばは人間の最も注目される発達の指標となるものであり，視覚障害児のことばの発達には障害の影響が気にかかるところです。しかし，聴覚や知的な発達に問題がなければ，ことば

の習得にはほぼ支障がないといえるでしょう。ことばは音声による学習が主体であり，視覚情報の有無にかかわらず，母と子の愛着に包まれた応答の繰り返しが基礎の力を培っていくものです。ただ，ことばはコミュニケーションの手段となるものですから，視覚障害児にはことばの発信元や受け手が明確に把握できるように，向き合う方向などに気づかせるようにしていくことが大事でしょう。

　こうして子どもが自ら音声を鋭敏にとらえ，物によく触れ確認し，におい等の感覚やほかの多くの情報で事物の認識を広げて，ことばに裏づけされる適切な概念づくりができるよう配慮をしていきます。

睡眠リズムと食事

　人間の体内時計の周期は１日が約25時間といわれますが，光の刺激が大きく作用し，夜になれば長い睡眠をとるようになって，１日24時間の周期が確立していきます。睡眠リズムは，生後３〜４カ月程度で身につくとされていますが，全盲の乳幼児には形成されにくい傾向があり，さらに知的な遅れを伴う重複障害児にはリズム異常を起こすケースが目立ちます。睡眠リズムは光だけでなく，日中の人との触れ合い，運動，音の刺激，食事などの生活行動やほかの様々な影響因子もあって昼夜が明確になり，確立が助長されます。睡眠のリズムは子どもの生活の基盤となるものであり，このリズムが狂うことがあると，本人にも家族にも生活に支障を来す大きな負担となります。

　そのため，視覚障害児には，昼間は身体を十分動かして活性化させ，食事や昼寝，入浴などの時間を一定にしたりする規則正しい生活を送るようにし，夜は静かに入眠しやすい状況をつくるように心がけることが大切です。こうした生活には，家族の協力が必要不可欠となるでしょう。

　生活の重要な基盤となるものに，もう一つ食事があります。毎日大きな変化もなく繰り返される食事行動ですが，視覚障害児の場合には特に注目してほしいと思います。視覚に障害があるとどうしても過保護になりやすいので，子どもが自らの力を発揮できるように導くことが大切で

す。こうした自立への早期からの配慮の基本には，子どもが食べ物を口に入れる前にその食品の名称をきちんと伝えたり，食べ物の味や形状，温度などの説明を加えたりして，子どもに心の準備をさせるという事前情報の伝達があります。視覚障害は予告情報に不足が生じるために，子どもはスプーンを急に口に運ばれてびっくりしたり，予期した物と異なる食べ物を食べさせられるなどの経験から，警戒心を抱きやすいのです。

また，そうした事前の情報は子どもが食べ物に気軽に手を出し，触って，自らの触覚による観察力を育むことにもつながります。乳幼児早期にいろいろな食べ物に触れるということは，食べ物への関心を高めて食生活を豊かにしたり，また，触感覚を鋭敏にするような手指機能の発達にも貢献します。

2　幼児期の支援の内容と配慮点

ここでは主として視覚障害児の幼児期における中・後期の発達にかかわる支援について取り上げますが，幼稚部で行われる指導内容と，配慮すべき点として解説したいと思います。対象となる視覚障害児にはすでに述べたように，知的発達遅滞などの重複する障害のある子どもが多数存在しますが，視覚障害のみの子どもと共通した課題が多いので，ともに含めて考えていきます。

(1)　基本的生活習慣

子どもが自立するためには，基本的な身辺処理の力を身につけなければなりません。食事，排泄，衣服の着脱，衛生などといった能力は子どもの日常生活の中で家庭が中心になって養う力ですが，障害のある幼児の場合には，教育の場においても支援の中心に置かなければならない項目です。

食　事

　過保護や発達の遅れ等から，食べることに意欲をもたない，食べ物を噛み砕くことができないなどの課題を抱える幼児もおり，取り組みには多くの時間を要します。

　食事には細かな目標がいくつもありますが，以下のようにまとめてみました。

① 　食べ物を自らの手で自分の口に運ぶこと：どのような形態であってもその意欲を培うことが大切です。そのために初めはつかみやすく，口に入れやすい形にするなどの工夫をしていきます。

② 　食べ物を上手に触ること：数多くの食品を触らせます。においや味等の情報とともに食品を認識する重要な手段であり，手先による観察の原点として十分に時間を取ります。指先の鋭敏な触感覚を養う機会ともなります。

③ 　スプーン，フォーク，はしを使って食べること：スプーンのかえしやはしの持ち方など，視覚障害児にとっては技術的に難しい面もありますが，道具を使って食べることを身につけるため，手づかみと並行して持たせるようにすることが大切です。

④ 　姿勢に気をつけること：視覚を用いない盲児や物に目を近づけて見る弱視児は，食事においても姿勢の悪さが目立ちます。このため食事用のテーブルをやや高めにしたり，食器を持ったりして，食べ物のほうを口に近づけたりする工夫が必要となります。

⑤ 　数多くの食品をまんべんなく食べられるように，偏食にならないようにすること：視覚からの予告情報が不足する視覚障害児は，警戒心が強く，新たな食品を拒むことが多いものです。そこで日頃から数多くの食品を口にするように心がけなければなりません。

⑥ 　友達となごやかに食事ができるようにすること：友達と語らいながら楽しい食事ができるようになるには，食膳に並ぶ料理の位置や器を把握したり，あまり食べ散らかさないようにしたりする等，いくつか

のマナーを身につける必要もあります。

排　泄

尿意・便意の伝達から，基本的な動作や操作，排尿・排便前後の衣服の始末までの完全自立に向けた取り組みがあります。

ここでは同時に，汚いという感覚を知らせ，清潔感を養うことも重要です。トイレは様々な形があるため，どんなものにでも対応できるよう外部の施設等も利用して経験を積ませていきましょう。

図8-1　降園時，靴下を履く盲児

衣服の着脱

脱衣や着衣が生活の中でスムーズにできるようにします。衣服の扱いは視力を必要とする面が多くあり，視覚障害児にとってはその力の育成に困難を生じるところですが，手指の操作能力の向上とともに，着実に上達していくものです。したがって，手指の巧緻性を高めるためにも，着替えを習慣づけることが大切です。

ここでは，意欲的に成就感を味わいながら取り組めるよう，衣服に手がかりをつけたり，扱いやすい布地のものを選んだりするなどの工夫を要します。また，着脱の自立には，次の着衣のための配慮として衣服の

整理整頓が必要ですから，裏返しにならないように脱いだり，脱衣したものをたたんだり，決まった場所に始末するという習慣を併せて早いうちから身につけていくとよいでしょう。

　衛　生

　手を洗う，顔を洗う，歯を磨く，鼻をかむ，髪の手入れをする等の生活の基本動作や身辺の清潔の習慣も，幼児期に身につけさせたい事柄です。また，家庭へのアドバイスに，入浴時に体を洗いながらボディイメージを養ったり，異性の体の違いを知る場としたりするような配慮も加えて，家庭との連絡を密にし，これらの生活習慣の確立に導いていきます。

　(2)　**人・物・環境との対応**

　人とのかかわり

　視覚を通して，ほかの子どもの遊ぶ様子等が分からない視覚障害児は，子ども同士で遊ぶ欲求が育ちにくいものです。むしろ騒々しい声や不愉快な音を立てる同世代の仲間を恐ろしく感じたり，煩わしく思ったりし，接触を拒む例も多いのです。幼稚部では教員との信頼関係を築き，気持ちの安定を図ることを基礎に，大人とのかかわりに自信をもたせた上で，友達に関心が向けられるようにしていきます。そうして，友達と同じ遊びがしたいという欲求をもてるようになることが大切です。

　視覚障害児の遊びは，種類も範囲も限られ，友達との触れ合いが少なくなりがちです。そこで教員が仲立ちとなったり，助言をしたりすることによって友達関係を成立させ，遊びを発展させていきます。友達とのかかわり方を学ぶことは，幼児期の大きな課題であり，社会性の基礎となるものです。

　手指による触覚的な観察

　視覚障害がある場合には，手先による触覚的な観察が情報収集の重要な手段となります。これと並行して，手による操作は外界への働きかけともなり，世界を広げる役割を担います。そしてさらに道具を使用する

ことによって，知的な発達が促進されていくわけです。

手や指を使う力は，生活動作の中で多くが養われていきますが，幼稚部の活動では，造形遊びにこの能力の向上をよくみることができます。砂，水，泥等の自然の素材に十分触れさせ，シャベルなどの道具の使用も含めていきます。このほか，粘土で様々な形を作ったり，紙工作等ではさみやテープを使ったりして，ごっこ遊びなどにも発展させ，十分に指先の鋭敏な感覚や操作能力を養っていくとよいでしょう。

触覚による認知は部分的な把握になりやすいため，部分と全体の関係をとらえられるように触ったり，部分から全体を，あるいは全体から部分を推測する観察ができるようにすることが大切です。

運動・歩行

視覚に障害があると，身体の動きが少なくなり，発達全般にも影響する場合があります。機能的には障害がなくても，「走る」，「跳ぶ」などのほか，「腕を伸ばす」，「ひざを曲げる」などの生活の基本動作すらできない視覚障害児も多いのです。そこで，トランポリンや鉄棒，平均台，マット等の運動器具・用具を使ったり，鈴入りボールや縄跳び等による遊びやリズム運動，体を使った様々なゲーム等を通して，多くの運動体

図8-2　幼稚部におけるリズム運動

験をさせていかなければなりません。

　特に発達遅滞のある視覚障害児には，運動を楽しませながらこのような身体づくりに導くことが大切です。

　自立した歩行については，幼児期の目標として，次のような4項目があげられます。

　①音源への直進歩行
　②姿勢の良い歩行
　③介添による安定した歩行
　④慣れた場所での目的歩行

ことば・認識

　視覚障害児のことばの発達には，確かな概念の形成を裏づけとすることばと事物・事象との対応に，きめ細かな配慮をしていきます。そのためには，物によく触れて確かめ，また，音やにおい等もとらえる等，すべての感覚器官を用いて観察させ，事物の認識を広げ，深める指導を行います。

　特に空間の認知のために，前後，左右，上下等の位置や方向，距離等に気づかせること，形態の把握のために，形の意識化を図ること，数量や時間に対する感覚を養うこと，などを生活の中で，具体的状況を通して学んでいけるようにすることが肝要です。例えば「3歩前に歩いた右に帽子がありますよ」とか「ピアノの左の大きな箱にボールをしまってください」などの説明や指示の方法は，このような感覚を育てます。

　また，絵を描くことは，全盲の子どもたちにとっても大事な経験です。物の形を手や指先による触知覚で把握したり，ボールペンや点筆等の道具を使用する手指の力を養ったりすることになるからです。教具としては，網板を敷いてクレヨンで描かせたり，レーズライター等を利用したりしていきます。これは低視力の子どもにも有効です。絵といっても，なぐり描きや点を打つことから楽しませ，線の交錯によって様々な形ができたり，丸，三角，四角の基本図形を学ばせたりして発展させていき

ます。

　このほか，個人使用の物や場所に貼る子どもの名前や絵本の文章は，点字や拡大文字を用いて表記し，文字に触れる機会を作っていくとよいでしょう。そうして，ことばの一つの音節が一つの文字に対応しているというような，ことばと文字の関係に関心をもてるようにしていくわけです。活用する教材には，さわる絵本や拡大絵本等があります。

　一方，言語発達に遅滞のみられる場合，特に盲児では，音声反復のやりとりを楽しませるようなことばの土壌作りを心がけ，聴く力を育て，子どもの心に共感を与えるような語りかけをするなど，ことばの発達を促す配慮をしていきます。

音楽・リズム
　音楽やリズムは，視覚障害児の多くがハンディを受けずに興味・関心をもち，喜びを得ることのできる分野です。この快さが生活への意欲を高め，豊かな心情を培うことになります。

　音楽に親しませるためには，わらべ歌をはじめ，歌や曲目に季節感の漂うものや，心躍るリズムのものを取り上げたり，いろいろな音色を味わう十分な時間的余裕をとって，美的感覚や繊細な情感を育てることに役立てたいものです。また，手遊び等の身体の動きを伴った歌遊びを数多く取り入れて，ボディイメージを形成し，日常生活や遊びで表現される身体の基本動作を知るきっかけを作っていきます。このほか，身近にある打楽器や鍵盤楽器を奏でたり，音質のよい音響機器から聴けるようにして，豊かな音の感覚が身につくようにするとよいでしょう。

視覚障害児特有の癖への対応
　視覚障害児たちには，「目押し」や「身体揺すり」などの癖のようになったいくつかのしぐさが見られます（常同行動）。これは身体の刺激を求め，快感を味わっている行動にも見えます。特に目押しについては，極端に強く押したり，あまりにも頻繁に目の周りを触ったりし，眼球やその周辺を傷つけて充血を起こしたり，細菌感染をまねいたりする重症

の例もあります。これらのほとんどは，光覚程度はある視覚障害児に見られ，ブラインディズム（Blindism）とも呼ばれます。視覚障害児は，外界への興味や関心が育ちにくいことや身体を活動させる欲求が満たされないために，自己の身体を刺激する感覚遊びに浸ってしまうためのようです。身体を前後に大きく揺すったり，疲れを知らぬようにぴょんぴょん跳び続ける行動は，運動量の不足が発端にあると思われます。一方，手動弁程度の視力や弱視の子どもたちの中には，眼前で手をひらひらさせ，光の揺れを楽しむ姿も見られます。

　これらはいずれも，子どもたちが身体を十分に動かし，外界に関心を向け，いろいろな遊びを楽しめるようになると減少に向かうものです。むやみに禁止するのではなく，子ども自身が楽しめ，満足のできる活動や運動に導く指導の中で，改善させることが有効です。

(3) 弱視幼児に対する特別の支援

　視覚障害の中で，弱視児は見える子どもとして安易に扱われがちです。しかし，疾患の状態等，見え方は千差万別であって，個々のケースに合わせたよりきめの細かい支援を必要とします。また，子どもの視覚は感受性の高い幼児期までに意識的に使って発達を促すことが大切だといわれています。そのため弱視幼児には，保有する視力の最大限の活用をめざす，次のような配慮が重要です。

見ようとする意欲の育成

　弱視幼児は，視力が低いことから，視覚を通して外界の物をはっきり認知することができないため，見ようとする十分な構えが育ちにくい状態に置かれがちです。そのため，光刺激のある玩具等も利用し，さまざまな遊具を間近で見せて楽しませながら，積極的に見ようとする意欲を育てていきます。

細部まで確実に見る態度の育成

　視力やそのほかの眼の機能は，明確な映像をとらえることによって発

達していきます。そのため幼稚部には，明度差や彩度差があるコントラストのはっきりした認知しやすい色調の遊具や玩具類，あるいは，文字が大きく，輪郭の明瞭な挿し絵のある絵本を備えます。

　また，弱視幼児自身の持ち物を識別しやすいもので取り揃えたりし，見やすい環境を整えます。そして，物の細部の様子を確認したり，その違いを探求する喜びを味わわせます。そうして細部まで確実に見る集中力を養っていきます。同時に部分の特徴を把握しながら全体像をしっかりつかむようにし，生活の随所で配慮のあることばかけに努めます。

触覚や聴覚の有効な活用

　視覚から情報が十分取り入れられず，物事の認識があいまいになりやすい弱視幼児には，視覚を補う手段として，手指の触覚による観察や音声をうまく利用する方法を身につけさせ，活用できるようにしていきます。

図8-3　ブロックで遊ぶ弱視幼児

手指の操作能力や巧緻性の育成

　弱視幼児は，視覚刺激の不十分さから，手の使用の不足を招いています。そのため，生活の中でも努めて手を使うように働きかけていきます。さらに，手先の操作を伴う玩具や遊具を活用したり，はさみ等の道具の

使用を重点的に指導したりして手指の働きを向上させ，併せて目と手の協応動作の能力を高めていきます。

描画の援助や文字への関心の育成

　描画の取りかかりには，クレヨン，絵の具，サインペン等を用いた塗りたくりやなぐり描きがありますが，弱視幼児にはぬり絵等も見る力を養うために有効です。また，教員と共に語らいながら，物の形体，例えば人の顔，電車や自動車等パターンとして表す基本的な方法を描く喜びにつなげていきます。幼児の絵は創造性に満ちているといわれますが，描き方の基本には視覚からの模倣が大きな力となっており，視覚体験が不足する弱視幼児には，意図的なパターンとしての描き方を学ぶことが大切でしょう。それと並行して，自由画，創造画に発展させていきます。物を描くことは物を確実に見る力の育成を必要とする弱視幼児にとって，有用な視覚認知能力の向上の手段となるものです。

　また，文字については，弱視幼児は日常の生活から文字に親しむ機会が少ないため，子どもの実態に応じて興味関心を育て，音声言語と文字が対応する感覚を養うよう援助をしていきます。書字については弱視の特性から間違った認識を与えないよう，あるいは矯正しにくい癖をつけないような注意もします。こうした支援には子どもが確実に見える環境を整備し，見えていることを確かめつつ行う必要があります。

　これらに並行して，クレヨンや鉛筆等による筆圧を保持する力も，就学前につけておきたいものです。

視経験の拡大

　弱視幼児は，視力のほかに視野等の視機能にも障害のある場合が多く，見る経験が不足しています。したがって，それを補うために視経験を豊かにもてるよう努めなければなりません。市販の見やすい絵本や弱視幼児のための拡大絵本，さわる絵本等の利用は有効な手段です。このほか野外に積極的に出かけ，体験的に学習を積むことも大切です。

レンズ等の補助具の使用

　個々の弱視児の必要に応じて眼鏡や各種レンズ等の使用に関するアドバイスもできるとよいでしょう。これらは眼科医や眼鏡の専門家が実際の調整を行っていますが，幼児の生活や遊びの様子から，教員が必要に応じてレンズ類を与えてみることも大切です。

　併せて，レンズ等の補助具使用の練習も，子どもの実態や必要に応じて行っていきます。

　以上が視覚特別支援学校（盲学校）幼稚部の視覚障害の特性に応じた支援の概要です。幼稚部の教育は，対象の子どもたちの支援を家庭との密接な協力関係のもとで進めていかねばなりません。育児に当たる保護者の役割は障害児の場合には特に大きく，保護者への対応は幼稚部教員の大切な教育活動の一環となります。

(4)　保護者への対応
心理的援助と育児への助言

　障害児をもつ親にとって，子どもの障害はそれを知った当初は受け入れ難いものです。重複した障害をもつ場合はさらに厳しい状況となります。視覚障害児の発達を阻害する要因には，行動制限，視覚情報の不足等と並んで，親の障害受容の困難性をあげる場合があります。特にその難しさが大きいと，母親の育児意欲の減退を招きやすいからでしょう。

　教員はそのような親の心情をくみ取り，親の心の安定を図りながら，子どもの成長を共に喜び，励まし合う関係を作り上げたいものです。このような中で障害への認識を深め，理解をすすめていきます。子どもの障害の受容は一朝一夕にできるものではなく，子どもへの支援とともに心がけていかねばならない課題です。視覚障害児の育児や教育について，親はたびたび不安を感じ，気持ちが不安定になるため，教員はさりげない心の支えができる存在でありたいものだと思います。

視覚障害児の育児についての情報は得にくいものであり，また母親は，ともすれば子どもの眼の障害にのみ心を奪われて，育児がおろそかになりがちです。そこで視覚障害児の親に対して，折にふれ，あるいは懇談会などを通じ，家庭における様々な配慮事項を助言します。例えば，生活習慣，歩行，身体づくり，触覚による観察，手指の操作，生活経験の拡大，友達づくり，ブラインディズムへの対応，弱視幼児の目の使い方等の項目について，具体的できめ細かな助言ができるようにし，親の育児能力の向上を目指していきます。

親の相互交流

　視覚特別支援学校（盲学校）等において支援活動が行われる場では，視覚障害幼児の親たちが集まり，交流ができます。同じ障害のある子どもたちを育てる親同士の交流には，他のものに代え難いコミュニケーションが図られるといいます。親同士であるがゆえに，育児の不安や家庭生活の悩み等をお互いに話し合える，そのことによって心の負担が軽減され，母親たちは心の支えと生きる勇気を得られた，という体験談をよく聞きます。さらには，育児のアドバイスや教育に関する情報を交換しあう有益な場ともなるわけで，こうした親同士の交流は，学校側も積極的に設定する必要があると思います。

3　幼稚部における教育の基本

(1)　幼稚部における教育の特性

　幼稚部教育の基準には，「特別支援学校幼稚部教育要領」が示されています。

　幼稚部教育は，学校教育法の第22条に「幼稚園は，義務教育及びその後の教育の基礎を培うものとして幼児を保育し，幼児の健やかな成長のために適当な環境を与えて，その心身の発達を助長することを目的とする」とあるように，指導者は子どもの発達を温かく見守り，望ましい方

向に発達するよう側面から援助する，というのが本質となっています。子どもは自分で活動する様々な体験の中で，発達に必要なことを身につけていきます。したがって，子どもたちの活動をよく観察し，心身の障害を前提として，その中で育とうとしている発達の芽を見つけ，支え，伸ばすことが大切で，幼稚部教育ではそのための環境を構成し，活動を展開することが必要となるわけです。幼児期にはこうした教育の中で，人として生きていく基礎の力としての意欲，心情，態度を育てていくのです。

このような幼児教育の基本を理解するために，次のいくつかの側面から考えてみます。

環境による教育

幼稚部の教育は，子どもたちが主体的に，自分から周りの様々なものに働きかけて活動し，発達を促すようにすることが基盤になります。しかも視覚障害児は，その障害から行動の制限を受けたり，経験不足になりがちで，意欲に乏しく，受け身の生活態度を身につける傾向にありますから，視覚障害児には特に自主性を養う教育が重要です。したがって，幼稚部では，何より子どもたちの主体性を最大限に尊重する姿勢を忘れてはならないと思います。

幼稚部の生活では，子ども自らが周りに働きかけ，そこから刺激を受けることを繰り返しながら，いくつもの活動ができるような展開を考えていくことになります。また，子ども自身が発達に必要な経験を積み重ねることが可能なように，環境を構成しなければならないのです。

この「環境」の内容には，保育に使われる教材，遊具・用具等という物的環境とともに，教員・友達といった人的環境があります。また，活動の長さや活動を行う場所のような時間，空間，自然，そしてこれらが相互に作用して醸し出す雰囲気なども含まれます。したがって幼稚部教育でいう「環境」とは，幼児の生活にかかわるすべての状況を意味するのです。

その環境の中で，子どもたち自身が「楽しそう」，「やってみたい」と心を動かされて，「おもしろい」，「楽しいね」と活動する，このように意欲をかき立てられ，子どもが自主的に充実感に満たされながら取り組めるような働きかけができる環境構成が必要とされているわけです。こうして，そのような活動が様々につながっていく中で，子どもたちの主体性を促す，幼児期にふさわしい教育が行われていきます。

　こうした環境は，子どもの状況に合わせて次々に変化していくものです。そしてこの中では，子どもたちが必要な経験をするために適切なものとなるように，変えていく状況が常に起こってきます。環境は変化するものととらえておくことは，指導者にとって重要な心構えとなります。

　このように，子どもの主体性が重視されるためには，環境による教育が必要ですが，なかでも，その環境を作り上げていく最も重要な役割を果たし，環境による教育の中心になるのは教員です。

遊びの重要性

　幼稚部の子どもたちの生活のほとんどは，一般の幼稚園と同じように遊びで構成されます。この「遊び」ということばのとらえ方は幼児教育においては，子どもの自発的な活動と解釈されねばならず，仕事や勉強をせずにぶらぶらすることの意味ではないわけです。幼稚部の教育は，このような前提の上で，学齢期以降の教科に分かれた授業とは性格を異にしています。

　子どもたちにとっての一つ一つの遊びには，発達のあらゆる側面が組み込まれています。したがって，遊びを発達のいろいろな視点から把握し，その絡み合いを考慮して，さらに遊びの展開・発展を図る中でそれぞれの発達の側面を助長させていくことが大切です。

　特別支援学校幼稚部の教育要領には，幼児のバランスのとれた全面発達をめざすため，「健康」，「人間関係」，「環境」，「言葉」，「表現」という幼稚園と同様の5領域に加えて，特別の領域として，障害のために調和的発達を妨げられがちな側面を補うことをねらいとした「自立活動」

の領域が設定されています。

これらの領域というのは，本来，子どもたちの発達を促すために総合的な指導をする視点として考えられたもので，いわば子どもたちの発達を見る観点に当たるものです。

総合的な支援の必要性

幼稚部における生活や活動には，人間発達のいろいろな側面が様々に絡み合っており，子どもたちの主体性や自発的な行動を尊重した支援を行っていくとき，一つの遊びや活動において，ある側面だけを取り上げようとしても大変不自然になってしまいます。したがって，幼児期の教育には，この時期の発達の特性をふまえた総合的な指導というものが必要になるわけです。幼稚部教育要領の領域に示されているそれぞれのねらいや内容は，子どもたちの活動において，一人一人に経験してほしいもの，発達を促したいものを考える指針になります。また，環境を構成し，総合的な支援をするときの視点として利用できるものです。

幼稚部における自立活動

幼稚部では，特に視覚障害に対応した専門的な支援を行う必要があり，このため「自立活動」の領域が重視されるところです。幼稚部における「自立活動」は，必要に応じて，特別の時間を設定して行われる場合もありますが，「自立活動」の内容には，日常の生活や身近な活動の中で，配慮のある支援を行えば目標達成ができるものも少なくありません。ここで何より大切にすべきことは，「自立活動」の領域においても，ほかの領域と同様に総合的な支援を忘れてはならないということです。

総合的な支援の例

ここで子どもたちの運動場での「鬼ごっこ」を例にとって，総合的支援の具体的視点を考えてみます。この活動では，子どもたちの走り回るという経験に主眼が置かれ，また行動制限を受ける視覚障害児にとっての運動発達の促進という側面のみを重視したとらえ方をしてしまいがちです。しかし，子どもたちには次のような大変重要な経験もあるわけで

す。それは，鈴の音等で存在を知る鬼に，捕まらないようにするにはどのように方向をとらえたらよいかと聴覚的，空間的感覚を働かせること，そしていかに逃げるべきかと知恵を巡らし行動すること，一方，友達と触れ合う中でコミュニケーションを図り，ことばの発達や人間関係を育てること，また，外気にあたり，地面や自然の様子も観察することなど，一つの活動には，子どもたちが成長していく多くの要素が含まれているのです。したがって，活動のねらいには，これらの項目をも盛り込むべきであり，それと同時にその一つ一つを大事に見落とさずに指導していくことが大切なわけです。

(2) 視覚障害児のための保育環境の整備

　視覚障害は幼児の成育に多大の影響を及ぼします。人の受けとめる情報の8割は視覚からといわれますが，幼児の心身の発達の上で，視覚情報の不足は大きな課題です。このほか，行動の制限を受けることも負担となります。幼稚部教育では，こうした発達の阻害を受けやすい視覚障害児のために，特別に配慮された保育環境を構成していかなければなりません。

心の安定が得られる環境

　子どもたちが保育の場に馴染み，いろいろな音に耳を傾け，自ら様々に感覚を働かせて行動するには，心の安定が必要です。しかし，視覚障害児は，周囲の状況を把握しにくいため，強い不安感をもったり，極端な警戒心を抱いたりする傾向があります。したがって，このような子どもには，何より安心のできる環境であることが肝要です。

　それには，まず保育者が子どもとの間に十分な信頼関係を築いていかねばなりません。優しい語りかけや体との触れ合いをもちながら，自然に子どもの心が開かれる温かい雰囲気を作っていくことです。子どもたちがのびのびと遊びを楽しみ，充実感に満たされるには，安心のできる環境づくりが基盤となります。

また，障害の重複した子どもたちは自らの気持ちを表す力が弱いという配慮から，担当者は細やかな観察でその気持ちを受けとめ，さらに十分な温かい絆を築き上げることが大切でしょう。

応答する環境

　目からの情報や刺激を受けにくい視覚障害児は，周りの人々に自ら語りかけたり，物に手を出したりする行動が育ちにくいものです。視覚障害児が外の世界に興味や関心を起こしていくには，子どもの声や動き等に呼応した保育者からの受け答え，あるいは遊具などからの反応等，子どもの働きかけに環境が応えることが必要です。それは「とってもうれしそうね」等と子どもの表情や声をとらえたり，「それは積木よ」等と子どもの手の動きなどのちょっとした行動を保育者が優しく，丁寧に受けとめ，語りかけによって応えたりすることです。また，遊具等については，子どもからの働きかけに快い音や感触のよい手触り等の反応のあることが求められます。

　こうした応答する環境の中で，視覚障害児の自発的な行動は培われ，促進されていきます。主体的行動力を養うためには，子どもの心に添った形で環境が応える働きかけで育てていきます。

身体の動きを誘発する環境

　外界からの刺激を受けとめにくく，自由な行動に制約を受けやすい視覚障害児には，身体の動きが容易に誘われ楽しめる環境を整えなければなりません。保育者は子どもの体を抱き上げたり，走ったり，ころげまわったりと，共に体を動かし，体の動きの心地よさを味わわせるとともに，身体の各部の動きを全身で実感できるようにすることも必要です。また，リズム感のある音楽で，心楽しく踊るということも視覚障害児の喜びを誘います。

　このほか，生活の身近に運動遊具を置いて，視覚障害児が気軽に自発的にそれらを楽しむことができるようにしたいものです。そしてこの子どもたちのための遊具には，ブランコやトランポリンのような身体の揺

れを楽しむ物のほかに，よじ登ったりする土の山やぶら下がりのできる太い綱など，様々な運動経験のできるものが用意されるとよいでしょう。

情報を受けとめやすい環境

空間に関する情報障害といわれる視覚障害では，視覚以外の聴覚や触覚，あるいは嗅覚，味覚等他の感覚を使って様々に情報を補うことになります。

音の世界に生きるともいわれる全盲児には，聴覚の刺激は大きな存在です。そして様々な音は，生活行動の手がかりになり，また，快い音色は，大きな喜びとなります。この声や音による情報伝達には，音を聞き取るための静けさも時に応じて必要でしょう。

触覚による伝達では，触って把握しやすい形態や材質の遊具・玩具を取り揃え，それらの収納場所をほぼ一定にする，立体シール（ボタンやビーズ等手芸用品を活用）や点字シールを個人名を確認できる場所に貼る，などがあります。また，保育室を中心とした空間は，認知が可能なように触って位置が確認できるような物の配置を考え，基本となる物はなるべく固定して，移動をさせないような配慮も必要です。このほか，野外活動において，香りや匂いで自然の観察をしたり，食することのできる収穫物などで，その実体験を豊かにしたりします。保育者は視覚以外の感覚を活用できるよう工夫をし，視覚障害児が探索行動を行いやすい環境を整えることが大切です。

活動を精選し発展拡大のできる環境

保育では，子どもたちが様々な望ましい経験ができるように，多くの活動を盛り込みたいところです。しかし，触覚による情報の収集には，長い時間を要します。しかも生活経験の乏しくなりがちな視覚障害児の場合は，特に動作も遅く，一つ一つの活動は大変ゆっくりしたテンポで進んでいくため，このテンポに合わせて，繰り返しじっくり取り組ませることが大切です。このようなプロセスは，視覚障害児にとって重要な学習過程ですから，大切に見守り，援助をしていかねばなりません。し

たがって，幼稚部では多くの種類の中から望ましい活動を精選し，数少ない取り組みで力を養うことを考えていく必要があります。

この精選のポイントとしては，子どもたちの興味や関心を活かしていること，子ども自身の力が培える本質的な経験ができること，繰り返し楽しむことができることがあげられます。

また，視覚障害児は，新しい遊びに興味や関心をもちにくく，活動の発展拡大にも困難性をもつ傾向があります。そのために子どもたちが楽しく遊び，さらに興味をそそる状況をつくり，新たな展開のできる活動に発展させることが重要です。視覚障害児の中には，常同行動に没したり，自己の世界に浸って，新たな経験をまったく拒否したりする例も多く見受けられます。このような場合には，少しずつそのこだわりから脱していけるような援助が必要でしょう。遊びの働きかけには，教員自身が共に十分楽しみながら，雰囲気を盛り上げたり，歌やリズムを取り入れたりする工夫が，効果を上げると思われます。

環境構成は教員の力

以上のような観点を考慮して幼稚部教育の環境を考えますが，この場合特に重要なことは，子どもたちに直接かかわって指導に当たる教員が環境の要であるということです。

視覚映像を十分受けとめられない子どもたちにとって，様々な指示や説明に，教員のことばが大変重要な役割を演じます。そこでは，状況が受けとめられやすいような抑揚やメリハリのあることばかけが大切ですし，また，場の状況の予測と確かめが容易にできるような工夫も求められます。

繰り返しになりますが，幼児教育においては，教員が一方的に子どもの活動の方向を決定するという指導方法は適しません。幼稚部の教育では，子どもの育ちや状況を見ながら臨機応変に援助したり，環境を変えたりすることが大切なのです。このような，幼児の主体性を尊重しつつ，発展的な活動を引き出す指導には，教員の感性や創造性，表現力等がそ

のまま教育の力となって表れます。特に幼児の視覚の障害を補い，心身共に人格の深いかかわりによって子どもたちを導く教員は，教育技術を磨くばかりでなく子どもたちに対する愛情に満ちた人間性を養うことが大切なのだと思います。

(3) 保育の実際

　幼稚部教育が学齢期以降の教育とはずいぶん異なったものであることを述べてきました。ここではさらに理解を深めるために，視覚特別支援学校（盲学校）の幼稚部における活動の実際を「砂遊び・泥遊び」の例で取り上げてみます。この保育指導では，視覚障害児の健全な発達を促すための障害への配慮を中心に解説したいと思います。

指導例（砂遊び・泥遊び）

　砂や泥による遊びは，視覚障害児にとって基礎的でもあり，発展性のあるものといえます。一般に，砂や泥は粘土や紙等より以前に，より自然体で，可塑性に富み，幼児にとっては扱いやすく，快感の味わえる素朴な素材といえるでしょう。砂遊びは子どもの遊びの中で最もポピュラーなものですが，盲児には，砂や泥を不気味なもの，気持ちの悪いものととらえて，触ることのできない場合が少なくありません。このような子どもたちが，砂に手を出してくれるようになるには，かなり長い時間を要することもあります。

　砂遊びには必ず水を使用します。砂は水をしみ込ませると形が作りやすく，扱いやすい素材となり，カップで型抜きをするプリン作りなどは好評です。そのうちおだんごやおむすびもでき，これらを使ったままごとやお店やさんごっこにも発展します。大きな山を作ったり，深い穴を掘ったりして楽しめるようになると，ダイナミックな砂場遊びが展開されていきます。水はたっぷり注がれて，池や川となり，海にも見立てられていきます。ホースで流し込まれる大量の水の流れで心を躍動させ，おもしろさが高まります。橋やトンネル作りは現実の形や機能を認識す

る機会となり，知識を広げていくことになります。ここではシャベルなどを使う経験もでき，道具の持ち方，扱い方の練習にもなるわけです。ホースの使用は，時にシャワー遊びに発展し，雨ごっこを満喫しながら，ホースの口を押さえることで指の力をつけた男の子もいました。砂場が大きな遊びの舞台になるころ，その周辺には水があふれて地面が泥田になります。それを利用して，手のひらや足の指にまつわりつくべたべたした泥の感触を経験させ，砂から泥へと素材としても幅を広げることができます。

　このような楽しい活動でも，砂や泥を極端に嫌い，遊びにのれない子どもたちがいます。そのような時の工夫として，温水を使うこともあります。温かいお湯に手を浸すことは抵抗が少ないので温水シャワーでお湯遊びを満喫させ，その段階を経てから砂場に行き，水遊び，砂遊びに導くように，気長に取り組むわけです。

　水や砂や泥は心の緊張をほぐし，開放感を味わわせたり，心の安らぎをもたらして感情を安定させる働きがあるといわれます。視覚障害児はこのような深い満足感を得るなかで，事物の認識を広げ，人とのかかわりをもち，手や指の鋭敏な感覚や操作能力を養っていけるのです。

4　幼稚園や保育所等に通う視覚障害児への援助

　幼稚園，保育所や通園施設等に通園する視覚障害児が視覚特別支援学校（盲学校）等で支援を受けるケースは増加しており，対象者には０歳児や重度の重複障害のある子どもも含まれています。

　ここでは，そのような双方の指導を受ける視覚障害児に対して，支援や教育相談の助けとなる内容について考えたいと思います。すでに，視覚障害児の教育に適した環境や指導の配慮事項は，「2　幼児期の支援の内容と配慮点」で述べましたので，この項では視覚障害児が多数の目の見える子どもたちと共に集団生活する際の具体的な留意事項について，

解説していきます。

　視覚障害児には，盲児と弱視児が含まれ，それぞれ配慮の方法に違いがあります。また弱視児においても見え方の程度によって支援に差が生じます。しかし，弱視児の中でも低視力や視野の狭い場合には，盲児と類似した外界認識や行動の傾向が見られます。したがって，支援の方法にも盲児から弱視児まで基本を同じくし，共通に配慮するものが多くあるので，特に盲児を対象とした以下の記述においても，弱視児にも該当するものが多いことを理解していただきたいと思います。

安全面での配慮

　視覚障害児が幼稚園，保育所で目の見える活発な子どもたちと生活する場合には，園の担当者は大変不安に思うものです。その第一は，園の内外における安全面だといいます。視覚に障害があると，物にぶつかる，段差から落ちる行動等を危惧し，階段をスロープにする等の危険防止策を講ずる場合もみられます。しかし，建物内部の物の位置や手がかりをきちんと把握させ，予測できるようにすれば，視覚の障害をそれほどに心配することはありません。空間認知に必要なのは，分かりやすい手がかりの存在であって，その上で危ない箇所を事前にしっかり伝えることや，窓を乗り越えるような危険な行為をさせないようにすることです。集団生活において気配りをしなければならないのは，むしろ手がかりの無い園庭や大きなホール，広い遊戯室の中心部等です。これらの場所は，視覚障害児にとっては位置がとらえにくいために，子ども同士のぶつかり等を生じることがあるからです。特に盲児の場合では，素早い飛び出し等は見られず，動きがゆっくりで行動半径も狭いものです。したがって，安全面について案ずることは，思いのほか少ないといえます。

　しかし，日常的な配慮として，保育室内外に置かれている物の突出をなくしたり，手で触って落下しやすいものや壊れやすい置物を片づけたりすること，ドアを半開きにしておかないことなどの注意は必要です。

　ちなみに，盲児にとっての階段は，段差が一定しており，かえって安

心できるところです。階段では駆け足になったり，じゃんけんゲーム等の遊び場として利用したりするというような興味深い話もあります。

環境の理解

　入園の準備として，視覚障害児に対しては事前に時間をとり，幼稚園や保育所での生活に，スムーズに溶け込んでいくようにするため，保育室の位置，保育室と廊下のつながり，出入り口，園庭，通路，室内の物の配置等，内外の空間認知ができるように努めていきます。そして毎日の生活の中で徐々に安心して単独行動ができるように見守っていくことが重要でしょう。

　空間を理解する場合においても，盲児は，手で触ったり，音やにおい等の感覚を活用したりします。そのため，盲児自身のとらえる情報を大切にしながら，援助の手だてを講じていくことが有効です。例えば，所属する保育室の入り口や集会室，遊戯室のような頻繁に出入りする場所には，鈴のような音の出るものや手触りの異なる標識を取りつけます。また，それぞれの位置を確認する場所の固有の音やにおい等に気づかせ，把握が容易になるように，ことばかけに努めたりすることも大切です。視覚障害児たちが安心して活動するためには，このような手がかりを大事にし，さらにそうした物の位置をむやみに変えないようにする注意が必要でしょう。

人や物との触れ合い

　盲児にとって人や物の存在は，体や手に触れたときに実感できるものです。特に保育者との身体接触は重要で，保育者の身体の動きによっても周囲の状況を知ることができますが，顔の表情が読み取れない盲児には，温かい身体の触れ合いが何より心の安定をもたらすものといえるでしょう。物との触れ合いは子どもの世界を広げ，物の認識を拡大する上で大切ですが，感触や材質の観察だけに終わらせず，物の形や大きさなどにも気づかせ，類似の物との比較をさせたり，ほかの子どもたちの視覚的な感想なども聞かせて，多角的にとらえることができるように配慮

していくとよいでしょう。

視覚障害幼児の遊びにみられる傾向

［ひとりごと］

　特に盲児の場合に，ひとりごとをつぶやく姿を目にすることがあります。たくさんの仲間に囲まれていながらも，目の前の世界とはまったくかけ離れた話を一人で楽しむといったもので，周りの人々には異様に感じられるわけです。これは周りにいる人々の様子がとらえにくく，仲間との遊びにもかかわりにくいために，自分一人の世界に浸ってしまうからです。このような状態にある時，保育者が共にその世界を楽しんでくれたり，その話を発展させてくれたりするのは，盲児にとって大きな喜びとするところです。こうして自己の世界に浸っている時には，共感を大切にしながら，友達との遊びに誘っていく架け橋を作ってほしいと思います。

［音遊び］

　子どもたちがにぎやかに遊ぶ中で，視覚障害児は何もせず，うつむいたり，どこを向いているともなく遠目にはぼーっとして何もしていないように見えることがあります。しかしこうした時，実際にはこの子どもたちは様々な音を聞いて楽しみ，それなりにその生活にかかわっていることが多いものです。このほか，自動車の音を真似たり，電車やバスのアナウンスを再現したりして悦に入っていることもあります。ここでも保育者は子どもに共感して共に楽しみながら，周囲の状況を説明し，より深く周りの環境にかかわれるように働きかけるとよいと思います。

　一方，この子どもたちの中には，目の前の事象に関係なく，保育室内外の音に敏感に反応し，急に笑ったり泣いたりする子どもがいて，見えない子どもたちが音の世界に生きていることを実感させられることがあります。また，特異な反応として突然の大きな物音，工事に使う掘削機，モーター等の音に異常な不快感を表明し，大きなわめき声をあげる例もあります。このような時には，子どもの気持ちを温かく受けとめ，恐怖

感を和らげられるように状況を説明して安心させることが大切です。
　［こだわり］
　視覚からの刺激によって，新たな遊びに興味や関心をもちにくい子どもたちには，引き戸の開閉による電車ごっこに固執したり，ブランコに乗れば長くその揺れを楽しんだりと，こだわりの強い面を見せる場合があります。また，柔らかい皮膚の感触を好み，側にいる者のほっぺたに執着する等の自己感覚的遊びに浸る例もあります。これらの行動は，周りの子どもたちには受け入れ難いことがあるのですが，ほかの友達の動きの激しさや運動量の違い，ルールの複雑な遊びについていけないこともあって，盲児にはこのような傾向が助長されているように思われます。少しずつほかの遊びに関心が向くような保育者の働きかけが必要でしょう。
　［時間がかかる］
　音や手先の感覚によって判断したり遊びを楽しんだりする視覚障害児は，一つ一つの動作やその方法を獲得するために，多くの時間を要します。経験を積み重ねた上でスムーズな行動ができる大人の視覚障害者とは違い，具体的な事象を学ぶ途上にある幼児は，それぞれの行動にたっぷりとした時間を必要としています。周りの子どもたちのスピードに合わせることは二の次にして，本人の意欲を喚起し，励まして生活行動や課題に取り組めるように配慮することが大切です。

友達とのかかわり

　視覚障害児には，成育期に仲間と触れ合う経験が不足し，友達の遊ぶ様子を見ることが困難なために，友達とのつき合い方がへたな面があります。特に盲児の場合の友達とのかかわりは，身体の接触による伝達やことばによる交流が主体になるため，日常の遊びで関係が維持できる友達の人数はあまり多くはありません。また，そのうえ，集団の中で子どもたちが奏でる騒音に閉口することもあって，友達との交流をまったく拒む例もあるほどです。しかし，どのような子どもたちも，一様に心の

奥底では仲間と触れ合いたいという欲求をもっているものです。保育者はそのことを理解し，集団生活に慣れていく過程で仲間に関心をもたせ，じゃれあったり，手をつなぎ合う等，友達の存在を実感できるような楽しい遊びを通じて友達関係を育むように働きかけてほしいと思います。

目の見える子どもたちと共に生活し遊ぶ工夫

目の見えない，あるいは見えにくい子どもたちが，見える子どもたちの世界で同等に同じ遊びを楽しんでいくには，以下のようなポイントに沿った工夫を必要としています。

①視覚の情報を音の刺激として加える。
  ・鬼ごっこの時に鬼に鈴を持たせる。
  ・玉入れ等では目標の網袋から音が出る仕掛けを取り付ける。
  ・鈴入りボール（メロディボール）を用いる。
  ・じゃんけんを行う時は目の見える子どもたちと共に「じゃんけんグー」，「じゃんけんパー」等の手のしぐさに合わせて声にも出して勝負する。

②触覚的観察の手だてを用いる。
  ・絵や図を描く時は網板を敷いたり，表面作図器を使用する。
  ・クレヨンに点字シールか立体シールを貼り，色を表示する。
  ・形態や色の違いを様々な素材を使い，手触りの違いによって識別できるようにする（さわる絵本等）。
  ・形の違いで楽しめるようにする（ブロック，パズル等）。
  ・園庭や床に描かれる枠線（ガイドライン）表示に，ゴムラインやマット等を用いる。

③目の見える子どもたちと共に遊ぶ時，視覚障害児の得意とする遊びを取り入れる。
  ・音探しゲーム，音当てゲーム
  ・しりとり
  ・楽器演奏

以上いくつかをあげましたが，このような手だてとともに友達との楽しいかかわりの中で，友達が見る視覚情報を上手に活かして遊べるように援助していくことも大切です。
　このほか，日本玩具協会の「目や耳の不自由な子どもたちも一緒に楽しめるおもちゃカタログ」を参考にして，玩具を選ぶ方法があります。

保育者のことばかけ
　視覚障害児は，周囲の状況がとらえにくく，また，その場の雰囲気を理解できないことが多いため，ことばによる周囲の状況説明が大切です。活動の始めや終わりなどもことばが添えられると，場面の変化を明確に理解することができます。また，友達の遊んでいる様子も把握できるように，適宜解説するという配慮も大切です。
　このほか，こうした子どもたちに働きかけるときには，事前に「手をつなぎましょう」，「行きましょう」等の予告をすることが大切です。本人に心構えができてから行動に移るため，急な働きかけでびっくりすることが少ないのです。
　視覚障害児は友達と遊んでいる中で，ことばや動作での対応にタイミングをのがすこともあり，ずれてしまう場面も見受けられます。保育者はこんな時に，ちょっとしたことばかけで補い，友達とのやりとりを手助けしていってほしいと思います。

弱視幼児への配慮
　弱視児は視覚活用が可能なため，見える子どもとして処遇される場合が多く，必要とする指導の手が行き届かない面があります。弱視児の見え方は，眼疾や視機能の欠損状況等の加減で千差万別であり，一概にその状態を述べることはできませんが，保育における大まかな配慮事項についてはすでに記述した通りです。それに加えて，幼稚園，保育所における配慮としては，次のことがあげられます。
　［絵本や紙芝居］
　多くの子どもたちと一緒に見る場合，遠くの絵や図柄はどうしても明

確に見ることができません。したがって一番前に席を取り，時折本人に近づけて絵を見せる方法がてっとり早い手だてですが，そのような手段が取れないときには，個別に絵本や紙芝居をじっくり見る機会を確保したり，あるいは家庭に持ち帰るなどの貸し出せる方法を講じるとよいでしょう。

　［見本を用いた説明］

　例えば，造形活動で紙細工や折り紙の活動のモデルを保育者が示す場合は，弱視児には手元でもう一度，その過程を見せ，確認させる必要があります。さらに子どもの場合は，自分が把握できていなくとも，それを伝える方法が分からず，保育者には視覚の障害に起因していることが理解できない場合もあります。

　［表示の図や線，文字］

　弱視児が見やすい図や文字は，太く大きめで，地色とのコントラストが明確な色使いのものです。保育室の表示物や絵本，かるた，ゲーム類はこのような観点で選ぶとよいでしょう。トランプは弱視者用が販売されています。

　このほか，造形活動の際の折り線やはさみで切り取る線，文字を書き入れる枠線等は，ある程度の太さと濃さを必要とします。

　［運動動作］

　日常の動作や様々な運動を行う場面で，弱視児には身体の動かし方にぎこちなさを多く見かけます。視覚経験が不足し，模倣による学びの機会が不十分になる弱視児は，ダンス・踊り，マット・跳び箱等の様々な運動をする時の部分的動作の習得が不十分になりがちです。このような面の指導においては，時間をかけてていねいに個別に対応することが求められます。

　［ボール遊び］

　ボール遊びは，ころがしたり，蹴ったり，受けとめたりする動作において，目と身体の協応力が養える遊びです。弱視児が大勢の友達と十分

にスピードにのって遊ぶためには困難がありますが，ボールを大きめにする，地面の色にとけ込まない色を選択する，時にはメロディボールを使用するなどに配慮すると，活発な活動を引き出すことができます。

保護者とのかかわり

　幼稚園や保育所で多くの目の見える子どもたちに囲まれた視覚障害児の親は，生活の場で気を遣うことが多いものです。親は我が子の行動をほかの子どもたちと比べて，落ち込んだり閉鎖的になったりし，また，園の関係者や保育者，そして他の保護者たちにも負い目を感じて，様々な場面で過敏に反応し，多大なストレスをもちやすいのです。

　保育者がそのような親の心を思いやり，親たちの悩みや心配事，不満等に対して親身になって耳を傾け，相談相手になって支えていくことは，子どもの教育と同様に重要でしょう。指導者側と親の信頼関係が維持されてこそ，子どもは安定した心で生活できるようになります。

【参考文献】
1) 湖崎克：「小児の目の病気」，医歯薬出版，1979.
2) 五十嵐信敬：「視覚障害幼児の発達と指導」，コレール社，1993.
3) 文部科学省：「特別支援学校学習指導要領解説　総則等編（幼稚部・小学部・中学部）」，教育出版，2009.
4) 文部科学省：「特別支援学校学習指導要領解説　自立活動編（幼稚部・小学部・中学部・高等部）」，海文堂出版，2015.
5) 猪平眞理編著：「視覚に障害のある乳幼児の育ちを支える」，慶應義塾大学出版会，2018.

第9章　視覚障害者の職業

1　視覚特別支援学校（盲学校）における職業教育

　視覚特別支援学校（盲学校）高等部には，高等学校と同等の3年課程の本科とさらにその上に専攻科が置かれています。本科には普通科と職業学科が，専攻科には職業学科のみがあります。本科の職業学科には，保健理療科，音楽科，総合生活科，生活技能科があり，専攻科には保健理療科，理療科，理学療法科，音楽科，生活科，生活情報科，研修科，鍼灸手技療法科，鍼灸手技療法研修科，柔道整復科があります。

理療科等

　理療科教育とは，「あん摩マッサージ指圧師，はり師，きゅう師等に関する法律」に基づいて行われる理療師養成のための職業教育をさします。我が国の盲学校であん摩等の教育が始まったのは，明治14年（1881）のことでした。以来社会に多くの理療師を輩出し，現在も視覚特別支援学校（盲学校）における職業教育の根幹をなしています。高等部専攻科には，あん摩・マッサージ・指圧師養成の保健理療科3年課程と，あん摩・マッサージ・指圧師，はり師，きゅう師養成の理療科3年課程の二つの課程があります。高等部本科保健理療科では，高等学校としての一般教科等とあわせて専門教科を履修し，高卒の資格とあん摩・マッサージ・指圧師の資格取得のための受験資格を得ることができます。また，平成27年度には大阪府立大阪南視覚支援学校専攻科に定員10名の柔道整復科が開設されています。

　卒業後は，病院，診療所，リハビリテーションセンター，治療院のマッサージ師や鍼灸師として就職するほか，老人ホームや企業における職員のための健康維持増進を図るヘルスキーパーの職域も徐々に広がっています。また，自宅等で治療院を開業する者もいます。

理学療法科

理学療法科は，医学的リハビリテーションの主軸をなす理学療法士を養成する課程で，昭和39年（1964）4月に東京教育大学附属盲学校（現在の筑波大学附属視覚特別支援学校）と大阪府立盲学校（現在の大阪府立大阪南視覚支援学校）に，そして翌年4月には徳島県立盲学校に設置され，当初はリハビリテーション科と呼ばれていました。この3校に理学療法科が設置された後の昭和40年（1965），「理学療法士及び作業療法士法」が制定されています。この法律の制定過程で視覚障害者をしめだす動きがありましたが，盲学校理療科教員連盟（理教連）などの強い反対運動で視覚障害者の欠格条項を削除することができました。しかし，徳島県立盲学校の理学療法科は平成21年3月をもって廃科され，現在は2校のみとなりました。卒業生は病院や施設等へ就職しています。

音楽科

明治14年（1881），東京の楽善会訓盲院で箏曲を教えたのを契機に，おもに邦楽を中心とした音楽科が設置されました。現在，筑波大学附属視覚特別支援学校と京都府立盲学校に本科音楽科3年課程と専攻科音楽科3年課程が設置されています。なお，ピアノ調律師の養成は大阪府立盲学校，京都府立盲学校，山形県立山形盲学校で行われていました。

生活科・生活技能科・総合生活科・情報処理科

横浜訓盲学院専攻科には生活科が設置されています。重複障害のある人たちに豊かな生活と自立を実現するために基礎となる力を養うことを目的としたもので，教育年限は3年となっています。

福岡県立福岡高等視覚特別支援学校に設置されている生活技能科は，平成2年度（1990）から始まった課程です。平成8年度（1996）に福岡県立高等盲学校が新設されたのに伴い，移設されました。視覚障害とほかの障害を併せ有する生徒が在籍し，日常生活に必要な能力と就労のための作業能力を育成し，社会的自立をめざしています。

総合生活科は，千葉県立千葉盲学校高等部本科に設置されています。

昭和47年（1972）に家政科として発足し，家庭生活に関する知識と技能を総合的に習得し，家事に従事する能力を養うことを目的とした課程でした。現在は，基礎学力の習得・定着を図りながら，体験的な学習を充実させた職業教育を行い，職業自立ができる生徒を育成することをめざして，情報，福祉，家庭，職業の4つの系列を設けています。

秋田県立視覚支援学校には1年課程の生活情報科が平成22年度に設置されました。中途視覚障害者等を対象に日常生活動作や歩行，点字等のリハビリテーション的内容を学習で取り上げた初めての学科です。

大阪府立大阪南視覚支援学校では，平成4年度（1992）より全国の盲学校で初めて専攻科に2年課程で定員10名の情報処理科を設置しました。視覚障害者のコンピュータ・プログラマーは，一つの職域として注目されていましたが，平成27年3月31日をもって閉科となりました。

2　視覚特別支援学校（盲学校）以外の施設における職業教育・訓練

理療師養成施設

視覚特別支援学校（盲学校）以外に，主に中途で視覚に障害を受けた人を対象にした厚生労働省が管轄する理療師養成施設が設置されています。国立施設では埼玉県所沢市に国立障害者リハビリテーションセンター自立支援局（2008年10月までは「国立身体障害者リハビリテーションセンター」），この他に函館視力障害センター，神戸視力障害センター，福岡視力障害センターの4カ所があります。いずれも，あん摩・マッサージ・指圧師，はり師，きゅう師養成の高卒以上3年課程を設置しています。このほか，ヘレン・ケラー学院（東京都），京都府視力障害者福祉センターがありますが，施設によって設置する課程は異なっています。このような養成施設を卒業後は施術所開業のほか，治療院や病院等へ就職しています。

筑波技術大学

昭和62年（1987），視覚と聴覚に障害のある人を対象にした国立3年制の短期大学として開学した筑波技術短期大学は，平成17年（2005）10月に4年制大学となり筑波技術大学と名称を変更しました。視覚に障害のある学生を受け入れる保健科学部には，保健学科と情報システム学科（定員10名）があり，保健学科には鍼灸学専攻（定員20人）と理学療法学専攻（定員10人）の二つの専攻分野があります。平成22年度から大学院修士課程の技術科学研究科が設置されました。

国立障害者リハビリテーションセンター

ここでは理療教育のほかに，社会生活上必要な訓練と作業能力の習得をとおして一般就労を目標にする就労移行支援が受けられます。職業準備訓練，職場体験訓練，技能習得訓練，実習などがあり，それぞれ24カ月以内の訓練を行っています。

国立職業リハビリテーションセンター

視覚障害者情報アクセスコースでは，拡大読書器や点字ディスプレ，音声化ソフトや画面拡大ソフトを活用し，一般事務及びOA機器の操作における基礎的な知識・技能を習得した上で，パソコンによるビジネスソフトの利用を中心とした事務処理に必要な知識・技能を習得します。

日本ライトハウス視覚障害リハビリテーションセンター

昭和40年（1965），岩橋英行氏によって日本初の「職業・生活訓練センター」として出発しましたが，平成4年（1992）4月より「視覚障害リハビリテーションセンター」と名称変更をしました。職業訓練部は大阪障害者職業能力開発校からの委託を受け，障害者能力開発訓練事業として，いずれも1年課程の「情報処理科（パソコン活用コース）」，「ビジネス科電話交換コース」，「ビジネス科会計・経営コース」を設置しています。

障害者職業能力開発校

全国に13カ所ある障害者職業能力開発校では，障害者であれば訓練を受講できますが，視覚障害者を受け入れているのは前述した国立職業リ

ハビリテーションセンターの他に，宮城，神奈川，大阪，岡山，広島，福岡の障害者職業能力開発校があります。いずれも，OA機器を使用した事務処理に必要な実務的知識と技能を学ぶことができます。

日本視覚障害者職能開発センター

ここは視覚障害者を対象とした身体障害者通所授産施設と能力開発訓練施設です。「録音タイプ速記コース」と医師の所見や診断内容の口述録音をそのまま書き取り報告書を作成する技能を身につける「医療トランスクライバーコース」，一般企業で就労を希望する人たちがパソコンやビジネススキルを身につける「事務処理科」があります。

3　視覚障害者が従事する，その他の職種

理療関係教職員

前述した視覚特別支援学校（盲学校）をはじめとする理療師養成の職業コースで教鞭をとる教員を養成しているのは，2年課程の筑波大学理療科教員養成施設です。ここを修了した者は，視覚障害特別支援学校（盲学校）の理療科・保健理療科関係の教員として活躍しています。

普通教科職員

一般の高校などで音楽，英語，社会，数学等，普通教科の教職に就いている視覚障害者もいます。しかし障害等級が1・2級の重度の視覚障害者は少なく，視覚特別支援学校（盲学校）の教員となっているケースが多いようです。また現職の教員が中途で失明し，リハビリテーションを受けた後，原職復帰が実現する場合もあります。一方，新規採用については，点字あるいは拡大文字による教員採用試験の実施が不可欠です。現在，多くの自治体で点字受験を実施していますが，採用については，健常者と視覚障害者を事実上区別している自治体が多く，さらに最近の試験は倍率が相当高くなっていることもあって，視覚障害の新規採用者は非常に少ないのが現状です。

公共図書館職員，点字図書館職員及び点字出版所職員

　誰でも利用できる公共図書館は，障害のある人も重要な利用者です。我が国では，1970年代の視覚障害者読書権保障協議会などの運動によって，視覚障害者向けのサービス業務を実施している図書館は300館を超えており，その中には視覚障害者が司書として就職している館もあります。障害者関係のサービスとしては，対面朗読や図書の貸出のほか，点字出版が少ないため，活字本の点訳あるいは音訳，点訳・音訳講習会などの業務も行っています。

　点字図書館では，通常の公共図書館と同じく，視覚障害者への貸出などの業務のほか，活字本を点訳・音訳して点字図書やDAISY図書等を製作することも主要な業務となっています。このような中で全国の点字図書館には，館長，点字校正員，点字指導員として視覚障害者が就労しています。また全国約30の点字出版所にも視覚障害者が就労し，校正業務等に従事しています。

4　視覚障害者の職業における諸問題

理療業

　視覚障害者の職業といえば，あん摩・マッサージ・指圧，はり，きゅうといういわゆる三療が邦楽（琵琶・箏曲・三味線）とともに，長い間職業的自立の根幹をなしてきました。特に理療業は，1920年代には視覚障害者がその9割をも占めていました。しかし近年，理療に対する社会的評価の高まりと相まって，晴眼の三療従事者が増加傾向にあり，現在では視覚障害者の比率はあん摩・マッサージ・指圧師，はり師，きゅう師のいずれも30％を割り込んでしまいました。このように，一時期視覚障害者の専業とまでいわれた理療業も視覚障害者の安定した職業とはいえなくなってきました。その理由は，晴眼者鍼灸養成校の相次ぐ増設に伴う鍼灸分野への晴眼者の進出と高等教育化によるものです。昭和22年

(1947）に施行された「あん摩マッサージ指圧師，はり師，きゅう師等に関する法律」が昭和63年（1988）に大幅に改正されました。その内容は，入学資格が中学卒業から高等学校卒業になったこと，修業年限が2年から3年になったこと，都道府県知事による試験が国家試験になったこと，それに伴い免許授与者が都道府県知事から厚生労働大臣になったことなどです。しかし，晴眼者は高卒が厳密に求められていますが，視覚障害者は当分の間中卒でもよいことになっています。このことが晴眼者と視覚障害者との格差を生み出し，視覚障害者の理療師の資質低下を招くという心配が起きています。また，国家試験への移行とともに，視覚特別支援学校（盲学校）卒業者の合格率が下がり，職業自立の道にも大きな問題をなげかけています。

重複障害者の比率の増加と自立

視覚障害者関係の様々な取り組みの中で，特に重複障害者の問題がクローズアップされてきたのは，昭和54年（1979）の養護学校義務教育化前後といわれます。その後，盲学校在籍児童生徒は減少する中で，重複障害児童生徒の占める割合は増加の傾向にあります。そのほとんどは，発達遅滞を併せ持つ重複障害であり，聴覚障害など他の身体障害との重複障害児童生徒は，視覚特別支援学校（盲学校）においてはごくわずかです。こうした状況の中，彼らの視覚特別支援学校（盲学校）卒業後の進路が大きな問題となっています。しかし視覚特別支援学校（盲学校）卒業後の進路は，従来から理療関係職種が大部分であり，理療関係の道に進めない者の進路が今後の大きな課題の一つになっています。従来，こうした重複障害者は，盲重複を受け入れる数少ない施設に入所する道しかないという状況でしたが，近年においては，現場教員の努力もあって，知的障害関係や肢体不自由関係の施設で受け入れてもらったり，地域の通所施設に通ったりする者が増加してきました。また，軽作業で一般の企業等に就職する者も見られるようになってきました。今後とも重複障害者の進路のあり方を求めていく努力が望まれます。

5　視覚障害者の職業の課題

　日本障害者雇用促進協会では，平成2年（1990），全国視覚障害者雇用促進協会に委託し，21世紀を展望した視覚障害者雇用に関して「視覚障害者雇用の現状と雇用拡大に関する調査研究」報告書をまとめました。すでに四半世紀前のものですが，現在でも通じる提言なので，以下においては，これを踏まえて今後の課題の要点をまとめてみます。

公の責任の明確化

　これは「障害者の雇用の促進等に関する法律」で定められている雇用率の達成に関しての提言です。この法律は平成30年（2018）4月に改正され，定められた雇用率は以下の通りになっています。

一般の民間企業	2.2%
国，地方公共団体	2.5%
都道府県等の教育委員会	2.4%

　このように，国と地方公共団体などの公の機関は，民間より高い雇用率が定められています。これらの機関は，概ね雇用率は達成されていますが，さらに雇用を拡大するためには，これらの機関が率先して視覚障害者の雇用を進める態度を明らかにすべきだとして，視覚障害者の採用が事実上排除されることのないような別枠採用制度の確立と，すべての公の採用にかかわる試験に点字受験を認めることを提案しています。

　しかしながら，2018年には国や地方自治体による障害者雇用率の水増し問題が明らかになり，大きな社会問題となりました。

現実に即した職業リハビリテーション体制の確立

　我が国の労働行政の中で，最も立ち遅れているのが視覚障害者の職業リハビリテーション体制であるという指摘があります。その大きな背景には，視覚障害者の自立と就労の対策を理療業だけに頼ってきたという歴史があります。しかし現在では，適切な介助制度や障害補償機器の進

展によって，あらゆる職業が視覚障害者の対象となるようになってきたといっても過言ではありません。ところが理療をはじめ，視覚特別支援学校（盲学校）や国立視力障害センター等での職業教育・訓練の課程は，それぞれの教科指導で手一杯の現状にあり，各種の補償機器の活用法などを身につけて，卒業後すぐに職業人として自立するための体制が十分整っているとはいえない状況にあります。

　そこで，国立職業リハビリテーションセンターや日本ライトハウス視覚障害リハビリテーションセンター，日本盲人職能開発センター等の一部の施設で行われているように，視覚障害者用の補償機器を使いこなせる力を身につけるには，一定の期間が必要との認識にたち，この種の訓練施設の拡充と強化を前述した調査研究報告書で提案しています。具体的には，視覚障害者のための多様な職種に対応できる就業前訓練，及び実際の職業訓練が受けられる機関を全国各ブロックに少なくとも1カ所以上設けること，また視覚特別支援学校（盲学校）や視力障害センターなどに卒後訓練を委託し，希望によって6カ月から1年の就業前訓練と職業訓練を実施すること，さらに各視覚障害者と雇用主を結び，カウンセリングを行う専門的な知識と経験を持つ視覚障害者雇用専門官を少なくとも都道府県単位に配置すること等も提案しています。

ハンディを補う職場介助者制度の拡充と障害補償機器の開発の推進

　職場介助者制度（ヒューマンアシスタント）とは，民間企業等で働く重度視覚障害者の適切な雇用管理のために，昭和63年（1988）から実施されたものです。当初は「事務的職種」に適用の範囲は限られていましたが，平成10年（1998）より病院勤務者やヘルスキーパーのカルテの処理，理療業開業者の出張治療のガイドヘルパーや運転手の雇用等へも適用されるようになりました。

　障害補償機器の開発は，近年めざましいものが見られます。視覚障害者用機器の中で，盲人用ワープロは視覚障害者固有の文字であった点字と普通の文字との互換を可能にし，もっとも障害の大きかった文書処理

をほとんど解決させるまでに進歩しました。ここではさらに，これらの機器開発を促進させるための資金援助や製品購入の補助までの一貫した援助措置を前述した調査研究報告書で提言しています。その結果，最近では民間企業（民間の福祉施設を含む）での視覚障害者の雇用にあたっては支度金制度が新設され，コンピュータを中心とするOA機器購入の一部を援助しています。

雇用の場の創造

　視覚障害者の理療業は，個人営業が大半を占めています。そこで，この営業主に一定の公的援助を行って，新たな雇用の場を生み出すことが職場開拓につながります。そのためには，設備等を改善するための融資の援助，視覚障害者を雇用しているために困難な事務的処理を行う人を雇用するための賃金の一部助成，あるいは経営に役立つ講習会の開催などを雇用促進協会を中心に行う必要があること等を前述の調査研究報告書で提言しています。また，ヘルスキーパーの雇用の拡大も期待される職域です。ヘルスキーパーとは，各企業の生産現場において，あん摩・はり・きゅうの施術を行う人のことです。企業内における施術が，生産性の向上と福利厚生の充実につながるという点から，理療の新たな職域といわれており，これまで徐々に実績をあげてきています。しかし，直接生産の向上に結び付かないと認識している企業もあり，その輪を飛躍的に広げるところまでには至っていません。そこで，「ヘルスキーパー派遣センター方式」を提案しています。これは，視覚障害者のあん摩・はり・きゅう師を必要数雇用するヘルスキーパー派遣センターを設立し，個々の事業所の施術需要をまとめて，希望に応じて各事業所に派遣する方式です。

　次に，視覚障害者関連施設・団体への雇用の推進です。点字図書館，点字出版所，中途失明者訓練施設，職業訓練校等の視覚障害者関連の施設や団体には，従来から多くの視覚障害者が雇用されており，幅広く活躍しています。点字の指導や校正など，視覚障害者が担うべき職種も多

く，これらの関係施設等への雇用を積極的に進めていくことを提案しています。

福祉的就労の場の拡大と最低賃金の保障等

前述の通り，知的障害を併せ持つ生徒の卒業後の進路は新たな問題として大きく広がっています。一般就労が困難な障害者のための安定した継続就労ができる場が求められています。そこで，視覚障害者のための第3セクターや福祉工場を国の責任で作るとともに，現在の第3セクターや福祉工場に，視覚障害者の雇用を進めるよう提言しています。また，重度の発達遅滞を併せ持つ視覚障害者の事実上の就労や生きがいの場となっている授産施設や小規模作業所に雇用納付金などの援助の手を差し伸べることも，今後望まれている施策です。

【参考文献】
1) 高齢・障害・求職者雇用支援機構：「視覚障害者と働く―理解と配慮で，ともに働く環境づくり―」，2013．
2) 世界盲人百科事典編集委員会：「世界盲人百科事典」，日本ライトハウス，1972．
3) 障害者職業総合センター：「視覚障害者の雇用拡大のための支援施策に関する研究」，調査研究報告書 No.91, 2009．

第10章　視覚障害と福祉

　わが国においては2006年（平成18年）に国連総会で採択された「障害者の権利に関する条約」（通称「障害者権利条約」）が平成26年（2014）1月に批准されて，ようやく締約国になりました。この間，平成23年8月には障害者基本法が新しく共生社会の実現を基本理念として改正されるなど，種々の法整備が行われています。また，平成25年4月からは「障害者自立支援法」が「障害者の日常生活及び社会生活を総合的に支援するための法律」（障害者総合支援法）に改められました。このなかで障害者の地域生活と就労・自立の支援を積極的に進めるために，福祉

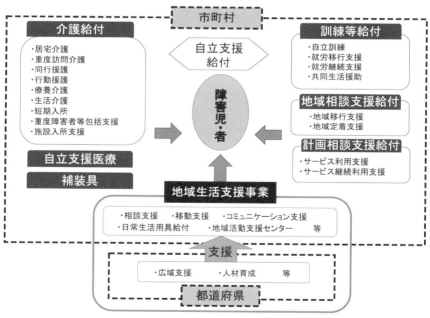

厚生労働省資料より。

図10-1　障害者総合支援法に基づく給付と事業

サービス，公費負担医療等は障害の種別にかかわらず共通の制度の下で行うこととし，身近な市町村が実施主体となって，住民に一元的に提供される仕組みとなりました。そこではサービスを利用する人が応分の費用負担を行いつつも，国と地方公共団体の負担を明記し，必要なサービスを充実させるため就労支援に力を注ぐことや，支給の決定経過の明確化等が目指されています。平成28年（2016）4月には「障害者差別解消法」が施行され，雇用，教育，医療，公共交通など，障害者の自立と社会参加に関わるあらゆる分野を対象とした差別解消の推進を図るための大きな一歩が踏み出されました。

表10-1　障害児が利用できる主な福祉サービス

サービスの名称		サービスの内容
障害児通所支援	児童発達支援	障害児に対して，児童発達支援センター等の施設への通いにより，日常生活における基本的な動作の指導，知識技能の付与，集団生活への適応訓練その他必要な支援を行う。
	医療型児童発達支援	上肢，下肢又は体幹の機能の障害のある児童に対して，医療型発達支援センター等への通いにより，児童発達支援及び治療を行う。
	放課後等デイサービス	就学している障害児に対して，授業の終了後又は休業日に児童発達支援センター等の施設への通いにより，生活能力の向上のために必要な訓練，社会との交流の促進その他必要な支援を行う。
	居宅訪問型児童発達支援	重度の障害等により外出することが著しく困難な障害児に対して，居宅を訪問して発達支援を行う。
	保育所等訪問支援	保育所その他の児童が集団生活を営む施設等に通う障害児に対して，その施設を訪問し，その施設における障害児以外の児童との集団生活への適応のための専門的な支援その他必要な支援を行う。
障害児入所支援	福祉型障害児入所施設	保護，日常生活の指導及び，独立自活に必要な知識の付与を行う。
	医療型障害児入所施設	保護，日常生活の指導及び，独立自活に必要な知識の付与及び治療を行う。

「社会福祉の動向」（2019）及び厚生労働省資料より。

一方，児童福祉法の改正が行われて18歳未満の障害児支援でも一層の強化が図られ，平成24年4月からは障害種別等に分かれていた障害児施設が一元化されたほか，新しく「放課後等デイサービス」や「保育所等訪問支援」制度が設けられました。このサービスの内容が表10-1です。

　さらに，障害児相談支援については，市町村を基本とした身近な地域で障害児の専門機関や都道府県が支える相談体制を構築すること，また，障害児支援利用計画の作成などによって乳幼児期から学齢期，青年期，成人期を通じたトータルな支援の充実も目指されることになりました。

　こうした障害についての相談や支援に関わる福祉機関としては，福祉事務所，児童相談所，保健所，心身障害児総合通園センター，身体障害者福祉センター，身体障害者更生相談所などがあります。居住地域では民生委員・児童委員，心身障害者相談員なども相談窓口となっています。

　この他，視覚障害の専門施設としては全国的に点字図書館（視覚障害者情報センター等）が設置され，また，視覚障害者の総合的支援を行う福祉施設も数カ所あってさまざまに活動しています。

　なお，本書で既に解説されているように，各都道府県にある視覚障害特別支援学校（盲学校）でも，視覚障害のある乳幼児から成人までの相談や支援にあたっており，視覚障害者への福祉的活動の一助となっています。

視覚障害児（者）に関わる主な福祉制度

(1) 手　帳

身体障害者手帳

　身体上の障害がある児（者）に対して交付される身体障害者手帳は，障害に対する様々な援助を受けるために必要とされます。身体障害者福祉法では身体障害として，視覚障害，聴覚障害など10種類が規定されており，それぞれの障害別に重度の側から1級～6級の等級が定められて

います。
　このうち，視覚障害の等級は表10-2のように示されています。

表10-2　視覚障害の障害程度等級（平成30年7月改正）

1級	視力の良い方の眼の視力（万国式試視力表によって測ったものをいい，屈折異常のある者については，矯正視力について測ったものをいう。以下同じ）が0.01以下のもの	
2級	1	視力の良い方の眼の視力が0.02以上0.03以下のもの
	2	視力の良い方の眼の視力が0.04かつ他方の眼の視力が手動弁以下のもの
	3	周辺視野角度（Ⅰ/4指標による。以下同じ）の総和が左右眼それぞれ80度以下かつ両眼中心視野角度（Ⅰ/2指標による。以下同じ）が28度以下のもの
	4	両眼開放視認点数が70点以下かつ両眼中心視野視認点数が20点以下のもの
3級	1	視力の良い方の眼の視力が0.04以上0.07以下のもの（2級の2に該当するものを除く。）
	2	視力の良い方の眼の視力が0.08かつ他方の眼の視力が手動弁以下のもの
	3	周辺視野角度の総和が左右眼それぞれ80度以下かつ両眼中心視野角度が56度以下のもの
	4	両眼開放視認点数が70点以下かつ両眼中心視野視認点数が40点以下のもの
4級	1	視力の良い方の眼の視力が0.08以上0.1以下のもの（3級の2に該当するものを除く。）
	2	周辺視野角度の総和が左右眼それぞれ80度以下のもの
	3	両眼開放視認点数が70点以下のもの
5級	1	視力の良い方の眼の視力が0.2かつ他方の眼の視力が0.02以下のもの
	2	両眼による視野の2分の1以上が欠けているもの
	3	両眼中心視野角度が56度以下のもの
	4	両眼開放視認点数が70点を超えかつ100点以下のもの
	5	両眼中心視野視認点数が40点以下のもの
6級	視力の良い方の眼の視力が0.3以上0.6以下かつ他方の眼の視力が0.02以下のもの	

障害は指定された医師の診断を受けて認定され，各市区町村の役所又は福祉事務所に，診断書等の書類の提出によって手帳が公布されます。

療育手帳

知的障害児（者）が所持することによって一貫した指導・相談が受けられ，各種の援助や措置を受けやすくするためのものです。障害の程度によりＡ（重度），Ｂ（その他）に区分されています。

18歳未満の場合は児童相談所，18歳以上の場合は障害者更生相談所の判定を受けて申請を行います。相談窓口は居住地を管轄する福祉事務所です。

(2) **各種手当**

障害児（者）に対する主な手当の制度には次のようなものがあり，その手続きや相談は市区町村の役所や福祉事務所で行っています。なお，手当の支給に当たっては，所得制限や他の手当と併給できない等の規定があります。

特別児童扶養手当

精神又は身体に障害を有する20歳未満の児童を扶養している父母又は養育者に支給されます。支給額は対象児童の障害の程度，１級（重度），２級（中度）によって異なります。

障害児福祉手当

在宅の20歳未満の重度障害児童で，日常生活において常時介護を必要とする状態にある場合に支給されます。

特別障害者手当

日常生活において精神又は身体に著しく重度の障害があるため，常時特別の介護を必要とする20歳以上の在宅重度障害者に支給されます。

児童扶養手当

ひとり親家庭や父母に重度の障害がある場合等に，18歳未満の児童，及び20歳未満で政令の定める程度の障害の状態にある児童に対して，父，

母，もしくはその養育者に支給されます。

その他

このほか全国的に自治体独自の手当制度として「重度障害者福祉手当」等があります。問い合わせは，管轄する役所や福祉事務所です。

(3) **年金等**

障害基礎年金

国民年金に被保険者として加入している期間中に病気やけがによって障害者になった場合に支給されます。

また，20歳前に初診日のある障害については，保険料納付要件が満たされていなくても20歳から支給されます。

障害厚生年金

厚生年金保険の被保険者が病気やけがによって障害者になり，労働ができない，または労働が制限を受ける程度になった場合に，国民年金の障害基礎年金に併せた形で支給されます。また，障害が軽い場合に一時金としての障害手当金の支給もあります。

心身障害者扶養共済制度

地方公共団体の条例において，心身障害者の保護者の相互扶助の精神に基づいた，心身障害者の将来に対して保護者の抱く不安の軽減を図る制度です。地方公共団体に掛け金を納付した加入者（保護者）が死亡又は重度障害の状態となった時以後，支給されます。

(4) **税金の減免**

税金面では心身に障害のある人について特別措置がとられ，次のような負担の軽減があります。

所得税及び住民税の控除

本人，あるいは控除対象配偶者又は扶養親族が障害者の場合，所得税及び住民税の一定額が控除され，納める税金が減額されます。

このほか，重度の障害者を同居して扶養している場合に，同居特別障害者扶養控除があります。

視覚障害者の個人事業の非課税

両眼の視力の喪失又は両眼の視力（矯正視力）が0.06以下の人が，あん摩・マッサージ・指圧，はり，きゅう，柔道整復，その他の医業に類する事業を個人で営む場合は，事業税は非課税です。

身体障害者用物品の非課税

身体障害者が使用するための特殊な性状，構造，機能をもつ物品の譲渡や貸与等の場合，視覚障害者用では，盲人安全杖，点字器等の消費税は非課税です。

自動車に関する税の減免

障害者又は障害児（者）と生計を一にする人が所有し運転して，障害児（者）が社会活動を行う上で必要とする自動車については，自動車税，軽自動車税，及び取得時の自動車取得税が減免になります。なお，障害の等級により制限があります。

その他

相続税の税額控除や特定扶養信託契約に基づく贈与税の非課税，銀行等の預貯金の利子非課税制度もあります。

(5) 日常生活の援助

障害のある人の日常生活が適切に営まれ，身体障害児（者）の自立と社会参加を促進するための施策が講じられています。

補装具費の支給（購入・修理）

障害者等の身体の欠損や機能の損傷を補って，日常生活や職業においてより活動しやすくするため，必要な補装具を購入または修理したりする費用が支給されます。原則として利用者の負担は1割ですが，世帯の所得に応じて設定されます。

視覚障害者用補装具には，盲人安全杖，義眼，眼鏡（矯正眼鏡，遮光

眼鏡，コンタクトレンズ，弱視眼鏡）があります。

日常生活用具の給付

障害者等の生活の便宜を図るため，日常生活用具が給付又は貸与されます。視覚障害児（者）用の日常生活用具には次のものがあります。

給付品目は，・点字図書　・点字器　・点字タイプライター　・点字ディスプレー　・視覚障害者用情報・支援用具（※）　・視覚障害者用ポータブルレコーダー　・視覚障害者用拡大読書器　・視覚障害者用活字文書読み上げ装置　・視覚障害者用時計　・音声式体温計　・音声式体重計　・電磁調理器　・歩行時間延長信号機用小型送信機　などです。

共同利用のものには視覚障害者用ワードプロセッサーがあります。

また，（※）印の視覚障害者用情報・通信支援用具は，視覚障害者用のパーソナルコンピュータ周辺機器やアプリケーションのことです。

なお，利用者の費用の負担額は市町村で判断することになっています。

このほか，地方自治体によっては，身体障害者の社会参加のために各種の事業を行っているところがあります。視覚障害関係では次のようなものがあります。問い合わせは福祉事務所か市区町村の役所です。

・点字による即時情報ネットワーク事業
・ガイドヘルパーのネットワーク事業　・盲導犬の貸与事業
・点字，声の広報等発行事業　・日常生活に必要な技能（歩行，点字等）の訓練事業　・点訳奉仕員等の養成事業　・点字図書，録音図書，DAISY図書の貸し出し事業　・図書の対面朗読サービス事業　など

(6)　**医療費の援助**

以下の申請の窓口は市区町村の役所です。

自立支援医療の給付

（**育成医療**）　18歳未満の身体に障害のある児童で，その身体障害を除

去，軽減する手術等の治療によって確実な効果が期待されるものに対して支給されます。

(更生医療) 身体障害者手帳を持つ18歳以上の身体障害者で，その障害を除去・軽減する手術等の治療によって確実な効果が期待されるものに対して支給されます。

いずれも利用者負担額は原則1割ですが，世帯の所得に応じて上限額が設定されています。

重度心身障害児（者）医療費助成

重度の心身障害児（者）が医療機関で国民健康保険や各種医療保険によって診療を受ける場合，保険の自己負担分について助成されるものです。自治体ごとに多少異なりますが，一般に身体障害者手帳1～2級と3級の一部，療育手帳の重度の障害者等が対象となります。

(7) 各種料金の割引

JR等運賃の割引

旅客運賃割引の対象者は，大きく二つに分けられています。

まず一つは，第1種身体障害者と療育手帳Aの交付を受けている知的障害者です。第1種身体障害者については，それぞれの障害で規定されていますが，視覚障害の場合は，1～3級と4級の一部になっています。これらについては，本人のほか，介護者も運賃割引の対象となります。二つ目は，上記以外の手帳を交付されている身体障害者と知的障害者で，本人のみの割引が基本ですが，定期乗車券を使用する12歳未満の者は，介護者も割引の対象となっています。

適用される車線は，JRの鉄道，航路，自動車線，及び相互に乗り入れている私鉄社線となっており，普通乗車券，定期乗車券，回数券，急行券において本人と介護人1人が5割引となります（自動車線の定期乗車券は3割引，小児定期乗車券は割引なし）。ただし身体障害者が普通乗車券によって単独で利用する場合は片道が100kmを超える区間とな

ります。なお，身体障害者手帳は購入の際に呈示し，携帯する必要があります。

航空運賃の割引

割引率は利用する区間によって異なるので，各航空会社に問い合わせる必要があります。

対象は満12歳以上の第1種障害者（視覚障害では身体障害者手帳1～3級と4級の一部，療育手帳A所持者）とその介護者1名です。このほか満12歳以上の第2種障害者（第1種障害者以外の身体障害者手帳，療育手帳所持者）本人が割引になります。

その他の交通運賃割引

私鉄社線には，JR各社と同様の割引制度を取り入れている例もあります。また，それぞれの自治体では，バスや地下鉄の割引制度が設けられていたり，タクシーの割引券配布等が制度化されていたりします。

有料道路通行料金の割引

身体障害者が自動車を自ら運転する場合，あるいは重度の身体障害者（視覚障害では1～3級と4級の一部）又は重度の知的障害者が乗車し，その移動のために介護者が運転する場合に，有料道路通行料金が50％の割引になります。対象車は障害者1人に1台のみ，市区町村の役所で事前の登録が必要です。ETCカードの使用についても事前の手続を要します。

郵便料金の免除

点字郵便物，及び盲人本人や指定を受けた施設の盲人のための通信文や録音物等著作物は無料で送ることができます。また，特性のコンパクト・ディスク，点字用具，白杖及び録音装置等盲人の支援のために作成された各種の器具，用具は送料が無料です。

放送受信料の減免

「身体」「知的」「精神」いずれかの障害者が世帯構成員であり，世帯全員が市町村民税非課税の場合に全額免除となります。また，世帯主が

身体障害者手帳を保持する視覚障害者，聴覚障害者の場合に半額の免除になります。

　このほか，携帯電話では障害者割引や番号案内料が無料になるサービスが設定されていたり，各地域には公共施設の利用料金が全額あるいは半額の免除になる措置があったりします。

【参考文献】
1)　社会福祉の動向編集委員会編集：「社会福祉の動向2015」,「社会福祉の動向2019」中央法規出版，2015,2019.
2)　内閣府「平成27年版障害者白書」「令和元年版障害者白書」2015,2019.
3)　厚生労働省ホームページ「障害者福祉」
　　http://www.mhlw.go.jp/stf/seisakunitsuite/bunya/hukushi_kaigo/shougaishahukushi/
4)　全国児童発達支援協議会：「障害児通所支援の今後の在り方に関する調査研究　報告書」, 2014.

視覚障害教育に関わる基礎的文献

1　学習指導要領

1) 文部科学省：「特別支援学校幼稚部教育要領／特別支援学校小学部・中学部学習指導要領」，海文堂出版，2018.
2) 文部科学省：「特別支援学校高等部学習指導要領」，海文堂出版，2019.
3) 文部科学省：「特別支援学校学習指導要領解説　総則等編（幼稚部・小学部・中学部）」，開隆堂出版，2018.
4) 文部科学省：「特別支援学校学習指導要領解説　各教科等編（小学部・中学部）」，開隆堂出版，2018.
5) 文部科学省：「特別支援学校学習指導要領解説　自立活動編（幼稚部・小学部・中学部・高等部）」，開隆堂出版，2018.
6) 文部省：「特殊教育諸学校学習指導要領解説—盲学校編—」，海文堂出版，1992.

2　辞典・事典類

1) 大川原潔他編：「新訂特殊教育用語事典」，第一法規，1982.
2) 大山正・今井省吾・和気典二編：「新編感覚・知覚心理学ハンドブック」，誠信書房，1994.
3) デル・オルト／マリネリ編　中野善達監訳：「障害とリハビリテーション大事典」，湘南出版社，2000.
4) 内山喜久雄監修　佐藤泰正他編：「視覚聴覚障害事典」，岩崎学術出版社，1978.
5) 世界盲人百科事典編集委員会：「世界盲人百科事典」，日本ライトハウス，1972.
6) ジル・サルディーニャ，スーザン・シェリー，アラン・R・ルッツェン，スコット・M・ステイドル著　中田英雄監訳：「盲・視覚障害

百科事典」，明石書店，2009.
7) 今野喜清他編：「第3版　学校教育辞典」，教育出版，2014.

3　視覚障害教育概論

1) 青柳まゆみ・鳥山由子：「視覚障害教育入門―改訂版―」，ジアース教育新社，2015.
2) 香川邦生編著：「四訂版　視覚障害教育に携わる方のために」，慶應義塾大学出版会，2010.
3) 小林一弘：「視覚障害教育の実際」，あずさ書店，1995.
4) 佐藤泰正編：「視覚障害学入門」，学芸図書，1991.
5) 全国盲学校長会編：「視覚障害教育入門Q&A」，ジアース教育新社，2002.
6) 全国盲学校長会編：「新訂版　視覚障害教育入門Q&A」，ジアース教育新社，2018.
7) 大川原潔：「視覚障害教育の理論と実践」，第一法規，1980.

4　視覚生理・病理

1) 湖崎克：「小児の目の病気」（「小児のメディカル・ケア・シリーズ1」），医歯薬出版，1979.
2) 原田政美編：「視覚障害［第2版］」（「リハビリテーション医学全書12」），医歯薬出版，1982.
3) 原田政美：「眼のはたらきと学習」，慶應通信，1989.
4) 丸尾敏夫：「エッセンシャル眼科学」，医歯薬出版，2000.

5　弱視・ロービジョン

1) 新井三樹編：「ロービジョンケア―疾患への対応―」，メジカルビュー社，2003.
2) 稲本正法他編：「教師と親のための弱視レンズガイド」，コレール社，

1995.
3) 氏間和仁：「見えにくい子どもへのサポートQ&A」，読書工房，2013.
4) 香川邦生編著：我が国における弱視教育の展開，あずさ書店，2013.
5) 弱視医学・教育研究会：「弱視者の教育と医学──父母と教師と眼科医のために」，慶應通信，1966.
6) ジョーズ・T・ランドル編　簗島謙次・石田みさ子監訳：「ロービジョン　理論と実践」，日本盲人福祉委員会，1992.
7) 高橋広編：「ロービジョンケアの実際」，医学書院，2002.
8) バーバラ・ブラウン著　簗島謙次監訳：「ロービジョンハンドブック」，診断と治療社，1999.
9) 丸尾敏夫編：〈ロービジョンへの対応〉「月刊　眼科診療プラクティス」，文光堂，2000.
10) 簗島謙次：「ロービジョンケア」，金原出版，2004.

6　心理

1) 河内清彦：「学生および教師の視覚障害者観」，文化書房博文社，1990.
2) A・ゲゼル著　新井清三郎訳：「視行動の発達」，日本小児医事出版社，1983.
3) 小柳恭治：「触覚の世界」，光生館，1978.
4) 佐藤泰正：「視覚障害児の心理学」，学芸図書，1974.
5) 佐藤泰正：「視覚障害児の読書速度に関する発達的研究」，学芸図書，1984.
6) 佐藤泰正編著：「視覚障害心理学」，学芸図書，1988.
7) 佐藤泰正編：「視覚障害学入門」，学芸図書，1991.
8) 東京都心身障害者福祉センター：「盲乳幼児の養育指導」，日本盲人福祉研究会，1978.
9) 鳥居修晃：「視覚の世界」，光生館，1979.

10) 鳥居修晃：「視覚障害と認知」，放送大学教育振興会，1993.
11) 村中義夫：「盲人の触運動による線図形認識」，日本オプタコン委員会，1989.
12) 文部省編：「盲児の感覚と学習」，大蔵省印刷局，1968.
13) 文部省：「視覚障害児の発達と学習」，ぎょうせい，1984.
14) 山本利和：「視覚障害者の空間認知の発達」，二瓶社，1993.
15) D・H・ウォーレン著　山本利和監訳：「視覚障害と発達」，二瓶社，1998.

7　視覚障害教育の歴史と制度

1) 大河原欽吾：「点字発達史」，培風館，1937.
2) 大川原潔：「特殊教育の発展とその経緯」，第一法規，1990.
3) 岡本稲丸：「近代盲聾教育の成立と発展—古河太四郎の生涯から—」，NHK出版，1997.
4) 加藤康昭：「盲教育史研究序説」，東峰書房，1972.
5) 加藤康昭：「日本盲人社会史研究」，未来社，1974.
6) 小林一弘：「南山小学校視力保存学級に関する研究」，あずさ書店，1984.
7) 鈴木力二編著：「図説盲教育史事典」，日本図書センター，1985.
8) 下田知江：「盲界事始め」，あずさ書店，1991.
9) 東京教育大学雑司ヶ谷分校「視覚障害教育百年のあゆみ」編集委員会：「視覚障害教育百年のあゆみ」，第一法規，1976.
10) 〈道ひとすじ—昭和を生きた盲人たち〉編集委員会：「道ひとすじ—昭和を生きた盲人たち—」，あずさ書店，1993.
11) 日本ライトハウス21世紀研究会編：「わが国の障害者福祉とヘレン・ケラー」，教育出版，2002.
12) 岸博実：「視覚障害教育の源流をたどる——京都盲唖院モノがたり」，明石書店，2019.

8　視覚障害教育の指導
幼児教育
1)　五十嵐信敬編著：「目の不自由な子の育児百科」，コレール社，1987.
2)　五十嵐信敬編著：「目の不自由な子の運動あそび100選」，コレール社，1988.
3)　五十嵐信敬：「視覚障害幼児の発達と指導」，コレール社，1993.
4)　五十嵐信敬編著：「目の不自由な子の感覚教育百科」，コレール社，1994.
5)　東京都心身障害者福祉センター：「盲乳幼児のための育児ノート」，日本盲人福祉研究会，1981.
6)　セルマ・フレイバーグ著　宇佐美芳弘訳：「視覚障害と人間発達の探究」，文理閣，2014.
7)　猪平眞理監修：ビデオシリーズ「視覚障害乳幼児の支援　第1〜4集」，全国視覚障害早期教育研究会，2005〜2013.
8)　猪平眞理編著：「視覚に障害のある乳幼児の育ちを支える」，慶應義塾大学出版会，2018.

点字・歩行関連
1)　草島時介：「点字読書と普通読書―研究と指導法―」，秀英出版，1983.
2)　澤田真弓・原田良実：「中途視覚障害者への点字触読指導マニュアル」，読書工房，2004.
3)　全国視覚障害者情報提供施設協会：「点訳の手引き　第4版」，全国視覚障害者情報提供施設協会，2019.
4)　全国視覚障害者情報提供施設協会：「点訳の手引き　第3版　Q&A」，全国視覚障害者情報提供施設協会，2004.
5)　「点字表記辞典　改訂新版」編集委員会：「点字表記辞典　改訂新版」，博文館新社，2002.
6)　谷合侑・黒崎恵津子：「点字技能ハンドブック―視覚障害に関わる

基礎的知識—」，視覚障害者支援総合センター，2002.
7) 日本点字委員会編：「日本点字表記法　2018年版」，日本点字委員会，2019.
8) 日本点字委員会編：「点字数学記号解説　暫定改訂版」，日本点字委員会，2000.
9) 日本点字委員会編：「点字理科記号解説　暫定改訂版」，日本点字委員会，2001.
10) 日本点字図書館点字部編：「点訳のための触図入門」，日本点字図書館，1986.
11) 福井哲也：「初歩から学ぶ英語点訳　四訂版」，日本点字図書館，2008.
12) 福井哲也：「エッセンシャルガイド統一英語点字 UEB で何が変わるか」，日本ライトハウス，2015.
13) 文部省：「点字楽譜の手引き」，日本ライトハウス，1984.
14) 文部科学省：「点字学習指導の手引［平成15年改訂版］」，日本文教出版，2010.
15) 牟田口辰己：「盲児に対する点字読み指導法の研究——点字読み熟達者の手の使い方の分析を通して」，慶應義塾大学出版会，2017.
16) 全国盲学校長会：「見えない・見えにくい子供のための歩行指導 Q＆A」，ジアース教育新社，2016.

教科等の指導

1) 大川原潔他編：「視力の弱い子どもの理解と支援」，教育出版，1999.
2) 大川原潔編著：「養護・訓練の基本と展開」，第一法規，1990.
3) 文部省：「歩行指導の手引き」，慶應義塾大学出版会，1984.
4) 香川邦生・藤田和弘編：「自立活動の指導—新しい障害児教育への取り組み—」，教育出版，2000.
5) 香川邦生：「分かりやすい『自立活動』領域の捉え方と実践—個々の実態に応じた行動要素の活用—」，教育出版，2015.

6) 香川邦生:「障害のある子どもの認知と動作の基礎支援—手による観察と操作的活動を中心に」, 教育出版, 2013.
7) 香川邦生・千田耕基編著:「小・中学校における視力の弱い子どもの学習支援」, 教育出版, 2009.
8) 小柳恭治, 加藤安雄編著:「視覚＜双書養護・訓練1＞」, 明治図書, 1976.
9) 北山恵美子:「見えにくい人の初めてのパソコン—買い方・使い方入門—」, 大活字, 2001.
10) 視覚障害調理指導研究会:「視覚障害者の調理指導」, 日本盲人福祉研究会, 1981.
11) 鈴木文子・福田美恵子:「弱視・全盲の子どものためのはじめての料理ハンドブック」, 大活字, 1998, 2000.
12) 鈴木力二:「盲学校というところ」, あをい会, 1965.
13) 鳥山由子:「視覚障害指導法の理論と実際」, ジアース教育新社, 2007.
14) 文部省:「観察と実験の指導」, 慶應義塾大学出版会, 1986.
15) 文部省:「視覚障害児のための言語の理解と表現の指導」, 慶應義塾大学出版会, 1987.
16) 文部省:「重複障害教育の手引き」, 東洋館出版, 1970.
17) 文部省:「重複障害児指導事例集」, 東洋館出版, 1983.
18) 文部省特殊教育課内特殊教育研究会編:「通級による指導の手引—解説とQ＆A—」, 第一法規, 1993.
19) 渡辺すみ:「盲学校のそろばんてびき書［改訂版　教師用］」, 自費出版, 1984.
20) 芝田裕一:「視覚障害児・者の理解と支援［新版］」, 北大路書房, 2015.

9　視覚障害者の生活・労働・福祉

1) 柏倉秀克：「中途障害者の心理と支援—視覚に障害のある人々を中心に」，久美，2011.
2) 国立身体障害者リハビリテーションセンター：「視覚障害者のための生活訓練」，国立身体障害者リハビリテーションセンター，1982.
3) 視覚障害日常生活訓練研究会：「視覚障害者の日常生活訓練［改訂版］」，視覚障害者支援総合センター，1997.
4) 視覚障害者のための大学進学の手引き編集委員会編：「視覚障害者のための大学進学の手引き」，日本盲人福祉研究会，1987.
5) 芝田裕一：「視覚障害者のリハビリテーションと生活指導」，日本ライトハウス，2000.
6) 鈴木文子：「視覚障害者の在宅指導—技術指導と家族の援助—」，日本盲人福祉研究会，1988.
7) 高柳泰世編：「見えない人見にくい人のリハビリテーション」，名古屋大学出版会，1996.
8) 谷合侑：「チャレンジする盲人の歴史」，こずえ，1989.
9) 東京都心身障害者福祉センター：「盲人の家庭生活動作」，日本盲人福祉研究会，1977.
10) 山田幸男・小野賢治：「視覚障害者のリハビリテーション」，日本メディカルセンター，1989.
11) 日本盲人福祉研究会：「視覚障害者（児）の教育・職業・福祉」，日本盲人福祉研究会，1989.
12) 日本盲人福祉研究会：「視覚障害者労働白書［1987年増補版］」，日本盲人福祉研究会，1987.
13) 日本盲人福祉研究会編：「視覚障害者の教育・職業・福祉—その歴史と現状—」，日本盲人福祉研究会，1989.
14) 松井新二郎：「視覚障害者福祉ハンドブック」，日本盲人社会福祉施設協議会，1987.

15）　吉野由美子：「視覚障害者の自立と援助」，一橋出版，1997.

10　理解・啓発書
1）　赤座憲久：「目の見えぬ子ら」，岩波書店，1961.
2）　石井みどり：「はじめての点字」（「バリアフリーの本２」），偕成社，2000.
3）　小林一弘監修：「指はまほうの探知機―目に障害のある子どもたち―」，ポプラ社，1995.
4）　小林一弘：「視力0.06の世界―見えにくさのある眼で見るということ―」，ジアース教育新社，2003.
5）　下田知江・島筒睦子：「母と教師の往復ノート」，日本点字図書館，1968.
6）　鈴木栄助：「ある盲学校教師の30年」，岩波書店，1978.
7）　鈴木栄助：「眼を指に代えて―母と教師のための教育方法論―」，岩崎学術出版社，1988.
8）　竹内恒之：「目に障害のある子といっしょに」（「バリアフリーの本１」），偕成社，2000.
9）　西村陽平・成子良子編：「掌の中の宇宙」，偕成社，1991.
10）　日本児童教育振興財団：「目の不自由な人の生活を知る絵本　朝子さんの一日」，小学館，1993.
11）　日本児童教育振興財団：「目の不自由な人の心を知る本　朝子さんの点字ノート」，小学館，1995.
12）　ピーター・ホワイト著　茂木俊彦監訳：「目の不自由な人たち」，小峰書店，2000.
13）　本間一夫・岩橋英行・田中農夫男編：「点字と朗読への招待」，福村出版，1983.
14）　本間一夫・岩橋明子・田中農夫男編：「点字と朗読を学ぼう」，福村出版，1991.

15) 共用品推進機構：「弱視の人に出会う本」，小学館，2001.
16) 伊藤亜紗：「目の見えない人は世界をどう見ているのか」，光文社新書，2015.

11　自伝・伝記

1) 粟津千代：「光に向かって咲け―斉藤ユリの生涯―」，岩波書店，1986.
2) P・アンリ著　奥寺百合子訳：「点字発明者の生涯」，朝日新聞社，1984.
3) 池田澄子：「愛の点字図書館長」，偕成社，1994.
4) 岩橋武夫：「光は闇より」，日本ライトハウス，1947.
5) H・ケラー著　岩橋武夫訳：「わが生涯」，角川書店，1966.
6) A・サリバン著　槙恭子訳：「ヘレン・ケラーはどう教育されたか」，明治図書，1995.
7) B・バーチ著　乾侑美子訳：「ブライユ―目の見えない人が読み書きできる"点字"を発明したフランス人」，偕成社，1992.
8) 古澤敏雄：「本間一夫　この人，その時代」，善本社，1997.
9) 本間一夫：「指と耳で読む」，岩波書店，1980.
10) 本間一夫：「点字あればこそ」，善本社，1997.
11) 村上八千代：「音景色」，ミネルヴァ書房，1983.
12) C・マイケル・メラー著　金子昭他訳：「ルイ・ブライユの生涯　天才の手法」，日本点字委員会，2012.
13) 吉田比砂子：「目が見えなくても」，講談社，1977.
14) 和波その子：「母と子のシンフォニー」，音楽之友社，1976.
15) 和波孝禧：「音楽からの贈り物」，新潮社，1994.
16) 大内進 監修・新井隆広 漫画・広瀬浩二郎 ストーリー協力：「ルイ・ブライユ――点字を発明した19世紀のフランス人」，小学館，2016.

12　教材・教具

1) E&C プロジェクト：「バリアフリーの生活カタログ」，小学館，1997.
2) 弱視者問題研究会：「見えない・見えにくい人の便利グッズカタログ」，大活字，1999.
3) 日本視覚障害リハビリテーション協会編集協力：「視覚障害者のための情報機器＆サービス」，大活字，2003.
4) 日本盲人社会福祉施設協議会盲人用具部会：「視覚障害者用福祉機器の手引き書［改訂版］」，日本盲人社会福祉施設協議会，2002.
5) 独立行政法人国立特別支援教育総合研究所編著：「『拡大教科書』作成マニュアル」，ジアース教育新社，2005.

13　視覚障害関連定期刊行物

1) 「視覚障害」，視覚障害者支援総合センター
2) 「視覚障害教育」，全日本盲学校教育研究会
3) 「視覚障害教育の現状と課題」，全国盲学校長会
4) 「視覚障害教育ブックレット」，視覚障害教育ブックレット編集委員会
5) 「視覚障害リハビリテーション」，日本ライトハウス視覚障害者リハビリテーションセンター
6) 「弱視教育」，日本弱視教育研究会
7) 「テルミ」，日本児童教育振興財団
8) 「点字毎日」，毎日新聞社

索　　引

＜人名索引＞
石川倉次　24，115
岩橋英行　263
奥村三策　25
熊谷実弥　19
小西信八　24
谷口富次郎　25
遠山憲美　19
フォールズ　20
古河太四郎　19，20
山尾庸三　18
ルイ・ブライユ　78，115

＜事項索引＞
A～Z
ADA　73
ADHD　29，42，52，55，56
BLENNZ　78
DAISY　221，265，279
ICF　42，160，163
　　ICF モデル　161
ICIDH　160
IDEA　73
IEP　72，73
IFSP　72
ITP　73
LD　29，42，52，55，56

あ行
啞院　19
啞教場　21
アポロブレーラー　199
暗順応　1，2，137
暗点　2，137，140

暗幕不良状態　4，136
按摩術営業取締規則　25
あん摩・マッサージ・指圧　97，265，278
あん摩・マッサージ・指圧師　50，51，260，262，265，266
「医学モデル」から「生活モデル」へ　162
線図形のイメージ　123
　　→面図形のイメージ　122
　　→立体のイメージ　122
瘖啞教場　19
インクルーシブ教育システム　30，31，43，44
インクルージョン　72，75，77，81，93
絵地図　123，125
L字構造　172
エレファックス　46，48
遠距離視力　10，12
黄斑部変性　2，15
大阪模範盲啞学校　21
音遊び　254
音当てゲーム　256
音探しゲーム　256
音楽科　97，260
音声式体温計　279
音声式体重計　279
音声ブラウザ　219

か行
外受容器感覚　180
介助犬　216
ガイドヘルパー　268，279
下学年（下学部）適用　105，107，108

学習障害　29, 42, 55
拡大教科書　45〜49, 99, 195, 196, 214
　　→弱視用拡大教科書　45
拡大教材　46, 139, 142, 195, 213
拡大鏡等の使用　28, 87〜90
拡大コピー機　213
拡大読書器　3, 46, 138, 195, 213, 214, 263
核になる体験　131, 147, 183, 186
角膜　4〜7, 136, 138
学用品選定の条件　142
学級編制基準　97, 100
学校教育法　56, 86, 192, 225, 242
学校教育法施行令の改正　26, 27, 87
カニタイプ　199
画面音声化ソフト　218
画面拡大ソフト　217, 263
感覚
　　感覚教育　171
　　→外受容器感覚　180
　　→自己（固有）受容器感覚　180
　　→内受容器感覚　180
　　→八つの感覚　180
眼球の構造　5
感光器　131, 134, 212
眼疾患　15, 16, 31
眼振　1, 4, 14
杆体細胞　7, 8, 136
義眼　278
基準点の設定　190
基本的生活習慣　231
きゅう師　51, 260, 262, 265, 266
求心性視野狭窄　2, 4
教育課程　28, 31, 102, 107, 154, 158, 172, 174
　　教育課程の基準　37〜40, 43, 103
　　教育課程の特色　106

教育課程の編成　31, 107, 154
教育措置　26〜28
　　教育措置の基準　1
教育的専門性　70
教科書バリアフリー法　47, 195, 196
教科と自立活動　169, 170
教科を合わせた指導　104
教材
　　→拡大教材　46, 139, 142, 195, 213
　　→触察教材　134
　　→半立体教材　134
　　→立体教材　134, 204
教室模型　123, 124
矯正視力　1, 2, 11, 26, 29, 278
京都府視力障害者福祉センター　262
切れ続き　121
近距離視力　12, 13
空間座標軸　121, 122, 187
具体的で達成可能な目標の設定　177
クラウディング現象（混雑現象）　11
訓盲点字　24
計算盤　207〜209
携帯用点字器　121, 188, 198
ゲシュタルト法則　145
校外通級　100
高機能自閉症　29, 52, 55
高原現象（プラトー）　140
光源不足状態　4
虹彩　4, 6, 9
高等部の学科　97
合理的配慮　30, 58
交流及び共同学習　41, 43, 69, 93
国際障害分類基準（ICIDH）　160
国際生活機能分類（ICF）　42, 160, 163
国立障害者リハビリテーションセンター　262

297

国立職業リハビリテーションセンター 268
国立点字図書館 82
瞽女 18
古典的自立 157〜159
個別移行計画（ITP） 73
個別家族サービス計画（IFSP） 72
個別教育計画（IEP） 72，73
個別の教育支援計画 30，41，42，60，65，66，174，175，179
個別の指導計画 30，40〜42，60，66，103，108，173〜179
ゴム磁石 123，188
混雑現象 11
混濁状態 4，136
コントラストの増強 139
コンパス 210，211

さ行

サーモフォーム 201，202
最小可読視標 12，13，152
最大視認知力 12，152
最低賃金の保障 270
作図教具 134
座標軸 121，187
　　　→空間座標軸 121，187
　　　→身体座標軸 121，187
さわる絵本 203
三角定規 134，142，211
三療の国家試験 51
視覚機構 5
視覚障害教育支援センター 82
視覚障害教育の専門性の維持・向上 70
視覚障害教育リソースセンター 79
視覚障害原因等調査 15，16
視覚障害者情報センター 274
視覚障害者読書権保障協議会 265

視覚障害者の三大不自由 181
視覚障害者用時計 279
視覚障害の障害程度等級 275
視覚特別支援学校（盲学校）の数と在籍者数 94
視覚の役割 180
色覚
　　色覚異常 14
　　色覚の検査 13〜15
色視野 13
視機能 1，10
　　視機能障害 26
　　視機能の検査 13
視経験の拡大 240
自己（固有）受容器感覚 180
視神経 5，9
指数弁（眼前指数） 3
字づまり視力 11
指導計画 40〜42，102，107，174
　　指導計画作成 106，108，173，176
指導形態の検討 108，111
指導内容の枠組みの設定 108，111
児童発達支援センター 273
自動文書朗読システム 221
字一つ視力検査 11，12
弱視
　　弱視学級 28，35，48，68，99，150
　　弱視学級在籍児童生徒数 35，36
　　弱視教育 29，48，49，151
　　弱視児（の定義） 3
　　弱視者 26
　　弱視特別支援学級 62，89，98〜100
　　弱視用拡大教科書 45
　　弱視幼児 238〜240，257
　　弱視レンズ 3，46，99，138，142，149，187，212〜214

298

視野
　　視野（の）障害　1
　　視野の限定状態　137
　　視野の制限　4
　　→色視野　13
　　→単眼性視野　13
　　→両眼性視野　13
　　→求心性視野狭窄　2，4
就学基準　28，87，92
重点的な課題　113
重点目標の設定　110
手指
　　手指機能の発達　228
　　手指の操作能力や巧緻性　239
　　手指の粗大運動や微細運動　188
手動弁（眼前手動）　3，238
巡回教師　79
巡回指導　76，83，100
準ずる教育　95，154，155
準盲　26
　　準盲児（の定義）　3
障害基礎年金　277
障害厚生年金　277
障害児通所支援　273
障害児入所支援　273
障害児入所施設　273
障害児福祉手当　276
障害者差別解消法　30，273
障害者職業能力開発校　263
障害者自立支援法　159，272
障害者総合支援法　30，159，272
障害者の権利に関する条約（障害者権利
　　条約）　30，43，57，58，72，76，
　　163，272
障害者の雇用の促進等に関する法律（障
　　害者雇用促進法）　30，267
障害（の）受容　226，241

障害のあるアメリカ国民法（ADA）　73
障害のある個人教育法（IDEA）　73
情報障害改善　182
情報処理科　261～263
照明不良状態　136
常用する文字　151
触運動の統制　117
触覚教材　203，204
職業
　　職業課程　97
　　職業教育　25，50，51，62，95，
　　　　260，262
　　職業自立　262，266
　　職業リハビリテーション体制　267
触察教材　134
触地図　134，206
職場介助者制度　268
触覚による弁別　117
シリコンラバー　200
自立
　　自立活動のＬ字構造　172
　　自立支援医療　279
　　→古典的自立　157-159
　　→尊厳的自立　158，159
　　→幼稚部における自立活動　245
視力
　　視力検査　11，12
　　視力障害　1，38
　　視力保存学級　48
　　→遠距離視力　10，12
　　→矯正視力　1，2，11，26，29，278
　　→字づまり視力　11
　　→裸眼視力　1，11
真空成形機　201，202
真空成形装置　202，203
人事交流　70，71
心身障害児総合通園センター　274

心身障害者扶養共済制度　277
身体座標軸　121，187
身体障害者更生相談所　274
身体障害者手帳　274，280
身体障害者福祉センター　274
身体障害者補助犬法　216
身体揺すり　237
振とう状態　4，137
水晶体　4～7
錐体細胞　7，8
睡眠リズム　230
スクールカウンセラー　43
図形群化　144，145
図形の弁別と構成・分解　117
鈴入りボール　235，256
砂遊び　250，251
墨字・点字自動変換ソフト　217
３Ｄプリンタ　204，205
生活技能科　97，261
税金の減免　277
全国視覚障害者雇用促進協会　267
全国盲学校普通教育連絡協議会（普連協）　194
線図形のイメージ　123
センター的機能　41，43，49，60，63，64，66～72，75，77，82，83
全盲　3
早期教育　68，224，225
総合生活科　97，261
ソフト
　　→画面音声化ソフト　218
　　→画面拡大ソフト　217，263
　　→墨字・点字自動変換ソフト　217
　　→点字文書作成ソフト（点字エディタ）　218
　　→日本語点字ワープロソフト　216
算盤　171，206～208

尊厳的自立　158，159

た行

大活字　46，48
他校通級　100
多指の使用　189
タブレット端末　214
単眼性視野　13
単純化　139
弾力的な特例規定　107
チームアプローチ　176
痴院　19
地球儀　206
注意欠陥／多動性障害　29，42
中心暗点　2，7，136
中途失明者　188，199，269
超音波メガネ　214
聴導犬　216
重複障害
　　重複障害教育　50，62，73，75，83
　　重複障害児童生徒　36，174
　　重複障害者に対する教育課程編成　104
　　重複障害者に対する指導計画作成の手順　114
通級指導教室　28，52，54，70，90，150
通級による指導　28，62～65，68，83，86，92～94，100
通常の学級に在籍する全盲児童生徒　92
筑波技術大学　263
筑波大学理療科教員養成施設　264
手当
　　→障害児福祉手当　276
　　→特別児童扶養手当　276
　　→特別障害者手当　276
デジタル教科書　48
デジタル録音図書システム　221

手による操作　234
テラタイプ　199
点字
　　　点字学習のレディネス　116
　　　点字器　188，196，198，278
　　　点字教科書　44，45，192〜194，202
　　　点字校正員　265
　　　点字シール　248，256
　　　点字指導員　265
　　　点字受験　264，267
　　　点字触読　118〜120
　　　点字タイプライター　121，188，
　　　　198，279
　　　点字ディスプレー　263，279
　　　点字図書　78，265，279
　　　点字図書館　221，265，269，274
　　　点字の書き　120
　　　点字の点の構成　117
　　　点字の発明　114
　　　点字の読み取り（の）学習　119，
　　　　120
　　　点字盤　119〜121，196〜199
　　　点字プリンタ　220
　　　点字文書作成ソフト（点字エディタ）
　　　　218
瞳孔　4〜6
統合教育　73，75，76，79
透光体　4〜6，140
当道座　18
特殊教育　18，19，29，34，40，52，54，
　　55，65，86
特別支援教育コーディネーター　59
特別支援教育を推進するための制度の在
　　り方について（答申）　55
特別支援教室　56，62
特別児童扶養手当　276
特別障害者手当　276

特別な教育課程　104
特別な教育的支援（SEN）　74
凸図　201
凸地図　206
凸文字　129
泥遊び　250

な行

内受容器感覚　180
日本訓盲点字　24
日本語点字ワープロソフト　216
日本盲人職能開発センター　268
日本ライトハウス視覚障害リハビリテー
　　ションセンター　263，268
認知能力の指導　144，146，147
認定就学者　28，31，91
認定特別支援学校就学者　31，91
年金
　　　→障害基礎年金　277
　　　→障害厚生年金　277
ノイズの除去　139
能動触　116
ノーマライゼーション　72，87，92

は行

パーキンズブレーラー　198，199
バーバリズム（唯言語主義）　129〜132
バキュームフォーマー　202，203
白杖　188，214，215，281
話しことばの学習　118
鍼，灸　97
鍼灸存廃問題　50
はり師　51，260，262，265，266
鍼術灸術営業取締規則　25
半盲　2，3
半立体教材　134
ピアノ調律科　51

301

ピアノ調律師　261
光の屈折　6，7
ひとりごと　254
ヒューマンアシスタント　268
ヒューマンケア協会　157
標準規格　47
標準点字器　196，197
表面作図器　123，188，200，256
ピンクタワー　122
ピンディスプレイ　216，219
ピンホール効果　6
ピンボケ状態　4，136
フェライト磁石　124
ぶどう膜　9
ブライユ点字　24
ブラインディズム　238，242
プラトー（高原現象）　140
古川氏盲唖教育法　20
ブレーラー
　　　→アポロブレーラー　199
　　　→パーキンズブレーラー　198，199
　　　→ライトブレーラー　199
分度器　134，142，171，210
分まわし　211
分離型の教育　93
併用する文字　151
ヘルスキーパー　260，268，269
ヘレン・ケラー学院　262
保育環境の整備　246
放課後等デイサービス　274
訪問教育　39，40，73
訪問支援　274
ボール遊び　149，258
保健理療科　50，95，97，260，264
歩行指導　78，167，171
歩行地図　123
保護者参加　176

ボディイメージ　121，187

ま行

マッサージ　25
マリオットの盲点　13，14
マン・ツー・エンバイロメント　156
マンツーマンの指導　50，156
見えても見えずの段階　143，144，146
見えないものまで見ることができる段階
　　　143，144
未熟児網膜症　16，32，34
三つの障害レベル　160
見る意欲　139，153
見る能力相応に見ることができる段階
　　　143，144，146
明暗弁（光覚）　3
メインストリームスクール　75
メールソフト　219
目押し　237
眼鏡　278
メタルインセッツ　123
メロディボール　256
面図形のイメージ　122
盲唖院　19～21，25
盲唖学校　18，19，21，22，24，25
盲院　19
盲学校等在籍幼児児童生徒数　34
盲学校用点字教科書　44，45
盲児　3
　　　盲児（の定義）　3
　　　→準盲児（の定義）　3
盲者　26，27，29
盲者及び弱視者に対する教育的措置　27
盲人安全杖　278
盲点
　　　→マリオットの盲点　13，14
盲導犬　214～216，279

網膜　7
モーワットセンサー　215
文字
　　→常用する文字　151
　　→併用する文字　151
物差し　134，171，211

や行

八つの感覚　180
夜盲　2
指散歩　124
幼稚部教育　40，242，245，249，250

ら行

ライトブレーラー　199
裸眼視力　1，11
楽善会訓盲院　19～21，24，25，261
ランタンテスト　15
ランドルト環　10
理学療法科　51，95，261
リズム運動　235

リソースセンター　78～80，83
立体
　　立体教材　134，204
　　立体コピー　124，129，201，202
　　立体シール　248，256
　　立体のイメージ　122
　　立体模型　123～125，204
領域を合わせた授業　104
両眼性視野　13
料金の割引　280
両手の協応　171，189
両手読み　118，119
理療科　95，97，260，264
　　理療科教育　50，260
理療教育　25
レーズライター　200，236
録音図書　279

わ行

分かち書き　120，121
ワンズワース感覚支援サービス　75

共同執筆者紹介

猪平眞理（いのひら・まり）
宮城教育大学名誉教授。全国視覚障害早期教育研究会主宰。
1947年生まれ。お茶の水女子大学家政学部児童学科卒業。
筑波大学附属盲学校教諭，宮城教育大学教育学部教授などを経て現職。
著書等『特別支援教育への招待』（共著，教育出版，2005年），『特別支援教育支援員ハンドブック』（共著，日本文化科学社，2010年），ビデオシリーズ「視覚障害乳幼児の支援　第1～4集」（監修，全国視覚障害早期教育研究会，2005～2013年）など。

大内　進（おおうち・すすむ）
独立行政法人国立特別支援教育総合研究所名誉所員，客員研究員。
手と目でみる教材ライブラリーを運営。
1949年生まれ。筑波大学大学院教育学研究科修士課程修了。
筑波大学附属盲学校教諭，独立行政法人国立特別支援教育総合研究所上席総括研究員などを経て現職。
著書『小・中学校における視力の弱い子どもの学習支援』（共著，教育出版，2009年），『特別支援教育コーディネーターの役割と連携の実際』（共著，教育出版，2012年），『我が国における弱視教育の展開』（共著，あずさ書店，2013年），『ルイ・ブライユ（学習まんが人物館）』（監修，小学館，2016年）など。

牟田口辰己（むたぐち・たつみ）
広島大学大学院教育学研究科特別支援教育学講座教授。
1952年生まれ。筑波大学大学院教育学研究科修士課程修了。
筑波大学附属盲学校教諭などを経て現職。
著書『歩行指導の手引』（共著，慶應通信，1985年）など。

（2016年9月現在）

＜執筆分担＞

第1章，第2章，第5章-1・3，第6章……………………………香川邦生
第3章・第4章，第7章-2，視覚障害教育に関わる基礎的文献………大内　進
第5章-2，第7章-1，第9章……………………………………牟田口辰己
第8章，第10章…………………………………………………猪平眞理

●テキストデータの提供について
　視覚に障害がある方が，本書のテキストデータをご希望の場合は，本書定価にて販売いたします。詳細は下記編集部までお問い合わせください。

＜問合せ先＞慶應義塾大学出版会「教育と医学」編集部
Tel 03-3451-0931　Fax 03-3454-7024
Email　kyouikutoigaku@keio-up.co.jp

編者紹介

香川邦生（かがわ・くにお）

視覚・触覚情報支援教育研究所主宰。
1940年生まれ。広島大学教育学部卒業。
国・公立学校教諭，文部省初等中等教育局特殊教育課教科調査官，筑波大学教授，健康科学大学教授などを経て現職。
著書『小・中学校における視力の弱い子どもの学習支援』（共編著，教育出版，2009年），『特別支援教育コーディネーターの役割と連携の実際』（共編著，教育出版，2012年），『障害のある子どもの認知と動作の基礎支援』（教育出版，2013年），『我が国における弱視教育の展開』（編著，あずさ書店，2013年），『分かりやすい「自立活動」領域の捉え方と実践』（教育出版，2015年）など。

　　五訂版　視覚障害教育に携わる方のために

1996年　3月25日　初　版第1刷発行
2000年　4月28日　改訂版第1刷発行
2005年　6月10日　三訂版第1刷発行
2010年10月20日　四訂版第1刷発行
2016年　9月30日　五訂版第1刷発行
2020年　4月 1日　五訂版第2刷発行

編著者─────香川邦生
著　者─────猪平眞理・大内　進・牟田口辰己
発行者─────依田俊之
発行所─────慶應義塾大学出版会株式会社
　　　　　　　〒108-8346　東京都港区三田2-19-30
　　　　　　　TEL〔編集部〕03-3451-0931
　　　　　　　　　〔営業部〕03-3451-3584〈ご注文〉
　　　　　　　　　〔　〃　〕03-3451-6926
　　　　　　　FAX〔営業部〕03-3451-3122
　　　　　　　振替　00190-8-155497
　　　　　　　http://www.keio-up.co.jp/
装　丁─────本永惠子
印刷・製本──奥村印刷株式会社
カバー印刷──株式会社太平印刷社

Ⓒ2016 Kunio Kagawa, Mari Inohira, Susumu Ouchi, Tatsumi Mutaguchi
Printed in Japan　ISBN 978-4-7664-2367-9

慶應義塾大学出版会

視覚に障害のある乳幼児の育ちを支える

猪平眞理 編著　大切な乳幼児期の発達を促すためには何が大切か。長年、視覚障害に関わる医療や教育に携わってきた著者たちが、支援や指導の基本、保護者支援の具体的な方法と配慮の仕方を伝える待望の書。　◎2,000円

盲児に対する点字読み指導法の研究
―点字読み熟達者の手の使い方の分析を通して

牟田口辰己 著　視覚障害教育の中でも特に専門性が求められるのが点字教育である。教育現場での四半世紀にわたる地道な実践をもとに、子どもの点字読速度の発達過程を探り、点字読み熟達者の調査から効率的な両手の使い方を追究する。　◎5,000円

表示価格は刊行時の本体価格（税別）です。

慶應義塾大学出版会

障害の重い子どもの目標設定ガイド
授業における「学習到達度チェックリスト」の活用
徳永豊 編著　知的障害などで学ぶことの困難さが大きい子どもの学習評価の画期的ツールである「学習到達度チェックリスト」の仕組み，具体的な活用方法，実践事例を解説。本書を購入すると「学習到達度チェックリスト」等をダウンロードし使用できる。　　　　　　　　　　　　　　　　　　　　　　　　　◎1000円

障害の重い子どもの発達理解ガイド
教科指導のための「段階意義の系統図」の活用
徳永豊・田中信利 編著　乳児の発達とその系統性を基礎に、障害の重い子どもの目標設定のための、確かな根拠を提供。さらに、発達の系統性や発達段階ごとのつながりを活用し、学びの順序性について授業の実践事例とともに解説する。◎1000円

重度・重複障害児の対人相互交渉における共同注意
コミュニケーション行動の基盤について
徳永豊 著　乳幼児が獲得する「共同注意」の形成までを「三項関係形成モデル」として示し、障害が重度な子どもの事例研究によって、「自分の理解」や「他者への働きかけ」「対象物の操作」の発達の筋道を示す。　　　　　　　　　　◎3600円

期待を超えた人生　全盲の科学者が綴る教育・就職・家庭生活
ローレンス・スキャッデン 著／岡本明 訳　「アクセシビリティ」の技術の啓蒙・普及に大きく貢献した、米国の全盲の科学者の自叙伝。障害のある若者やその家族へのアドバイスと提案が満載。IT 開発、ユニバーサルデザイン関係者も必読。視覚障害等対応の「テキストデータ引換券」付。　　　　　　　　　　◎2800円

遠城寺式 乳幼児分析的発達検査法〈解説書〉
九州大学小児科改訂新装版
遠城寺宗徳ほか著　子どもの発達の様相や発達障害の状態について、発達の各機能に分析して測定する簡便な検査法の解説書。巻末に付録（検査用紙見本、検査に使える絵カードと色紙）付き。　　解説書◎800円／検査用紙（50枚1組）◎800円

表示価格は刊行時の本体価格（税別）です。

慶應義塾大学出版会

子どもの心とからだを考え・支える人のために
教育と医学

奇数月1日（年6回）発行（偶数月27日発売）　編集：教育と医学の会

●**子どもの問題と向き合う雑誌です**
教育学、心理学、医学、社会学をはじめ多角的な視点から、特集を組んで解説します。毎号、以下の3つの分野から1つを特集します。

- **発達障害、特別支援教育**…教育、医学、心理の視点から、役立つ情報を提供します。
- **子どもの心**…いじめ、不登校などにも関連する、子どもの発達と心をめぐるさまざまな問題とその対策と支援を考えます。
- **教育方法**…教授法、学級・学校経営、教員の働き方、コミュニケーションなど、喫緊の課題を取り上げます。

【主な連載】
●**教育のリアル——現場の声とエビデンスを探る**
　内田　良（名古屋大学大学院教育発達科学研究科准教授）
●**再考「発達障害」―子どものこころの診療室から―**
　篠山大明（信州大学医学部附属病院子どものこころ診療部医師）
●**希望をつくる教育デザイン**
　南谷和範（大学入試センター研究開発部准教授）
●**未来をひらく健康教育**
　江藤真美子（福岡市養護教諭）

▶A5判 88頁　定価760円
▶定期購読は1年（6冊分）4,200円（送料込）

※価格は税込（2020年3月現在）。